473.66

LETTRES
DE
LA MARQUISE DU DEFFAND
À
HORACE WALPOLE.

TOME II.

DE L'IMPRIMERIE DE C.-F. PATRIS,
RUE DE LA COLOMBE, N° 4, DANS LA CITÉ.

LETTRES
DE
LA MARQUISE DU DEFFAND
À
HORACE WALPOLE,
DEPUIS COMTE D'ORFORD,

Écrites dans les années 1766 à 1780; auxquelles sont jointes

DES
LETTRES DE MADAME DU DEFFAND
À VOLTAIRE,

ÉCRITES DANS LES ANNÉES 1759 À 1775.

Publiées d'après les originaux déposés à Strawberry-Hill.

TOME SECOND.

A PARIS,
Chez TREUTTEL et WÜRTZ, rue de Lille, n° 17;
Et à Strasbourg, même Maison de commerce.

1812.

LETTRES
DE
LA MARQUISE DU DEFFAND
À
MONSIEUR H. WALPOLE.

LETTRE LXXVI.

Paris, lundi 15 janvier 1770.

Le Devonshire (1) enfin part mercredi, et je vais commencer ma gazette; Dieu sait comment je m'en tirerai. Je ne vous réponds pas d'être fort claire, parce qu'il y a bien des choses dont je vous parlerai, lesquelles je n'entends pas bien moi-même.

Il faut commencer par la maréchale de Mirepoix; je ne suis ni bien ni mal avec elle, et sa position présente ne m'a rien fait changer

---

(1) Le duc actuel de Devonshire, par qui cette lettre devait être portée.

à ma conduite. Vous croyez bien qu'elle ne me parle pas avec confiance, et je ne tâche pas à l'y induire; elle vient rarement à Paris, je ne la vois pas toutes les fois qu'elle y vient, elle y est actuellement; je fus la voir avant-hier à l'heure de son thé. Je ne lui fis point compliment sur ses grandes entrées, personne n'ose lui en parler; cette grâce lui donne beaucoup plus de ridicule que de considération. *Grandes entrées!* ces mots n'ont rien de magnifique que le son. M. Chauvelin les a, mesdames de Maillebois et de Souvré les ont eues par les charges de maître de la garde-robe qu'avaient leurs maris; il valait bien mieux avoir les boutiques de Nantes (2). La dame du Barri avait sollicité pour qu'on les donnât à la maréchale, mais le roi les lui donna à elle-même. Le grand-papa ne s'est point mêlé de tout cela; il ne se raccommodera point avec *la maréchale*. La dame du Barri ne prend nul crédit, et il n'y a pas d'apparence qu'elle en prenne jamais : elle n'a ni d'affection, ni de haine pour personne; elle pourra dire ce qu'on lui fera dire comme un

---

(2) Quartier particulier de la ville de Nantes qui appartenait au domaine royal, et dont le revenu était d'environ 30,000 francs, à la disposition du roi.

perroquet, mais sans vue, sans intérêt, sans passion; ce n'est pas avec un pareil caractère, que l'on parvient à gouverner. Le triumvirat Broglio, d'Aiguillon, et Maillebois (3), qui voudraient s'en faire un appui, sont ennemis les uns des autres. Ce dernier est si décrié, que personne ne se rallie à lui. Les deux premiers ont une sorte d'intelligence entre eux, mais le d'Aiguillon est craint, ses amis sont des sots; sa conduite en Bretagne a donné mauvaise opinion de son caractère; pour s'établir et s'impatroniser à la cour, il lui a fallu payer douze cent cinquante mille livres les Chevau-légers qui n'avaient jamais été vendus que cinq à six cent mille livres. Le petit comte de Broglio, qui sans contredit est celui qui a le plus d'esprit et de talent, ne tient à personne; il blâme, il fronde, il ne lui importe avec qui; je passai hier la soirée avec lui chez la Bellissima, il eut une conversation d'une heure avec le C........, qui est, comme vous savez, un vrai automate; il croit tirer parti de la grosse duchesse, de la Bellissima; enfin, ses moyens me paraissent pitoyables; il est con-

---

(3) Le comte de Maillebois, lieutenant-général, fils du maréchal de Maillebois.

fondu de ce qu'on vient de faire pour M. de Castries (4); et c'est là le plus grand trait de politique du G. P.(5) : Dieu veuille qu'il ne se soit pas trompé. Pour parler de cette affaire, il faut reprendre les choses bien plus haut. Feu le maréchal de Belle-Isle avait fait M. de Castries lieutenant-général hors de son rang, par une promotion particulière. M. de Beauvau, qui était son ancien, jeta feu et flammes; on était dans une crainte perpétuelle qu'il ne se battît contre M. de Castries; tous les parents et amis communs s'employèrent pour empêcher cet incident : quand le G. P. devint ministre, on obtint de lui qu'il réparerait les torts de M. de Belle-Isle, en faisant M. de Beauvau lieutenant-général, en lui rendant son grade d'ancienneté. Suivant la morale, cela n'était point injuste, mais cela était contre toute règle et sans exemple; c'était un affront fait à M. de Castries; son ressentiment fut extrême; il fit alors un serment authentique de ne jamais se réconcilier avec le grand-papa. Tout le monde blâma le G. P. de ce qu'il avait fait pour M. de Beauvau, et M. de Beauvau

---

(4) Le maréchal de Castries, père de M. de Castries qui est encore vivant.

(5) Le grand-papa, c'est-à-dire, le duc de Choiseul.

m'avoua lui-même que, si le G. P. avait été à sa place, et lui à la sienne, il n'aurait pas fait la même chose pour lui. Le G. P. ne tarda pas à sentir qu'il avait mal fait, et il avait un grand désir de se réconcilier, mais cela était impossible. Enfin madame du Barri est arrivée. La conduite de M. de Castries a été sage et honnête, il n'a eu ni empressement ni froideur ; il n'a point formé de nouvelles liaisons. Il était ami de M. de Soubise (6) et de madame de Brionne (7). On soupçonne cette dame (qu'on dit être bien avec le G. P.) d'avoir travaillé à sa réunion avec M. de Castries. Ce qui est de certain, c'est que le grand-papa proteste qu'il y a six mois qu'il travaille au projet qu'il vient d'exécuter, et qu'ils n'étaient que trois qui en eussent connaissance ; le roi, lui, et M. de Castries. Il en donne pour preuve que jamais secret n'a été si bien gardé, c'est ce que je lui ai entendu dire ; et il ajouta qu'il y avait bien long-temps qu'il cherchait une occasion de

---

(6) Charles de Rohan, prince de Soubise.

(7) Madame de Brionne, née Rohan-Rochefort ; elle épousa M. de Brionne, de la maison de Lorraine. Le prince de Lambesc, connu par l'imprudente conduite qu'il tint à la tête de son régiment au jardin des *Tuileries*, au commencement de la révolution, était son fils.

réparer ses torts avec M. de Castries, et qu'il avait saisi avec joie la nécessité où on était de faire des changements dans la Gendarmerie ; qu'il fallait en former un corps comme celui des Carabiniers, et y nommer un commandant ; que personne ne lui avait paru plus digne de cet emploi que M. de Castries ; qu'il n'avait point eu d'autre objet en le choisissant, que le bien du service : qu'il n'avait point eu en vue sa réconciliation. Voilà le langage que je lui ai entendu tenir. M. de Castries déclare de son côté, qu'il n'a point reçu cet emploi à la condition que cela le rendrait ami du G. P., qu'il ne pouvait jamais le devenir, mais qu'il ne serait plus son ennemi, et qu'il serait toujours d'accord avec lui et dans une parfaite intelligence dans toutes les choses de son devoir et de son service. En conséquence, il n'a point été ni chez la grand'maman, ni chez sa *belle-sœur*. Je doute un peu, je vous l'avoue, malgré ce que j'ai entendu dire au G. P., qu'il n'eût espéré une meilleure issue de cette affaire quand il a commencé à l'entreprendre ; mais ce qui est de certain, c'est que la cabale du Barri n'a eu aucune part dans cette affaire. Enfin, quoiqu'il en arrive, cela ne peut pas être regardé comme un pas de clerc, parce que le choix est bon, et que les amis de M. de Castries, qui sont en grand nombre, doivent être appaisés; tout ce qui peut arriver de pis, c'est de faire soupçonner le grand-papa d'un peu de légèreté et de faiblesse.

Les Beauvau qui étaient en Languedoc aux États, arrivent à la fin de la semaine; je suis curieuse de savoir ce que dira le prince.

Le grand-papa ne me paraît dans aucun danger pressant; mais tout ceci n'a point pris couleur. Pour la du Barri, elle n'est point à craindre, mais le chancelier (*Maupeou*) joint au contrôleur général (*l'abbé Terray*), voilà ce qui est un peu suspect.

A l'égard de moi, mon ami, je suis fort tranquille; je ne crois pas que l'on m'ôte ma pension, et en vérité ce n'est pas ce qui m'occupe. La paix, la paix, voilà ce qui m'intéresse; *et s'il fallait tout bouleverser*, perdre ma pension, et encore davantage, pour nous assurer que nous ne serons jamais en guerre, j'y consentirais sans balancer.

Vous ne serez pas trop content du récit que je viens de vous faire. Je n'ai point la chaleur nécessaire pour rendre les récits intéressants, je vois tout ce qui se passe avec assez d'indifférence, nulle confidence particulière ne me met en jeu; l'abbé et le marquis (*de Castellane*) sont les Sénèque et les Burrhus (8) de la grand'maman; quand je suis seule avec elle, et qu'elle a quelque ouverture avec moi, ses secrets lui échappent, mais elle ne les confie pas. Convenez que cela diminue beaucoup de l'intérêt. Je vous ai dit que je vous parlerais de l'abbé; je pense qu'il est provençal, un peu jaloux, un peu valet, et peut-être un peu amoureux. Le marquis est précepteur, misantrope et fort indifférent. Le grand papa est plus franc que tous ces gens-là, et j'en apprends plus dans une soirée avec lui, qu'en quinze jours avec tous les autres. Mon intention est de vous tout dire, mais ma mémoire ne me sert pas bien; si j'étais à portée de vous voir, je vous dirais mille choses qui sans doute m'échappent; mais laissons la politique.

Le président depuis trois jours a la fièvre et la tête entièrement partie. Vernage (9) cependant n'en est point inquiet; moi je le suis, et je doute qu'il passe l'hiver. Sa perte apportera

---

(8) Elle fait allusion à la tragédie de *Britannicus* de Racine, où Agrippine se plaint de ce que Sénèque et Burrhus l'empêchent de voir Néron.

(9) Célèbre médecin.

du changement dans ma vie; mais je ne veux point anticiper les choses désagréables, c'est bien assez de les supporter quand elles sont arrivées.

Je suis bien avec vous, vous êtes content de moi, voilà ce qui me console de tout.

LETTRE LXXVII.

Paris, mercredi 24 janvier 1770,
à 10 heures du matin.

Qui m'aurait dit que la gazette deviendrait un jour pour moi la lecture la plus intéressante? je n'aurais jamais pu le croire; cependant cela est arrivé; je la parcours, j'arrive à l'article de Londres, et j'ai de la joie ou de l'inquiétude. La première séance de votre parlement(1) m'avait fort réjouie, ce qui a suivi me trouble; mais je voudrais que cette gazette s'expliquât plus clairement. Ce M. Yorke(2) qui est chan-

---

(1) Le 9 janvier 1770.

(2) M. Charles Yorke, second fils du lord chancelier Hardwicke, et père du comte actuel d'Hardwicke. Lors de la démission du lord Camden, il accepta le grand sceau, sur l'ordre du roi, le mercredi 17 janvier, fut créé pair avec le titre de baron Morden, et mourut le samedi suivant.

Les otages, après la paix d'Aix-la-Chapelle, furent le

celier, n'a-t-il pas été otage en France avec un milord Cathcart? J'estropie peut-être son nom. Que font tous vos amis dans ce moment-ci? J'ai ouï dire que le duc de Richmond avait parlé assez vivement dans la première assemblée. Mais M. Chamier, que vous m'annoncez, répondra peut-être à toutes mes questions. Je suis fort aise de son retour: j'avais impatience du départ du Devonshire, aujourd'hui je trouve qu'il est parti trop tôt; j'aurais voulu qu'il retardât de huit jours, mais toutes choses vont de travers.

Je vis hier la grand'maman, après dix jours d'absence; je souperai demain avec le grand-papa. Ce soir j'aurai chez moi les Bellissima, les Grossissima, les Bétissima, et tous les Ennuyeussissima; je suis Tristissima. Je ne sais pas pourquoi Diogène cherchait un homme; il ne pouvait lui rien arriver de mieux que de ne le pas trouver; s'il avait été forcé de s'en

---

comte de Sussex et le lord Cathcart; mais le colonel, depuis sir Joseph Yorke, troisième fils du lord chancelier Hardwicke, et frère de M. Yorke ci-dessus nommé, n'a pas été du nombre des otages; il a été nommé secrétaire d'ambassade à Paris, immédiatement après cette paix, et y est resté jusqu'en 1753, qu'il fut nommé ministre plénipotentiaire en Hollande.

séparer, cet homme unique lui aurait fait prendre tous les autres en aversion ; il n'y a de bien et de mal que par la comparaison ; mais vous n'aimez pas les *traités*, brisons là et venons à des faits.

Le baron de Gleichen est de mes connaissances celle dont je fais le plus d'usage. Il me voit souvent; son esprit n'est pas à mon unisson, mais il en a ; son cœur est bon, il me marque du goût et de l'amitié : hé bien ! hé bien ! il est rappelé ; j'en suis fâchée, je le trouverai à redire ; je disputais avec lui, enfin il valait mieux pour moi qu'aucun des gens qui me restent ; il est franc, il est sincère, il n'est ni italien, ni gascon, ni provençal. Il me semble que tous nos septentrionaux ne prennent pas racine ici, cela me déplaît beaucoup : ai-je tort, ai-je raison (3)?

---

(3) M. Walpole lui répondit à ce sujet : « Je trou-
» verais votre baron une perte bien légère. Son cœur
» peut être droit, mais son esprit ne l'est guères. De ce
» que Voltaire s'est mis en tête d'être philosophe, lui qui
» de tous les hommes l'est le moins, on se croit de l'es-
» prit dès qu'on a affiché la philosophie, sans songer
» que la philosophie affichée cesse de l'être. Les charla-
» tans de la Grèce et ceux de Paris sont également ridi-
» cules. Quand tout le monde était dans l'aveuglement,
» il fallait peut-être un effort pour se mettre au-dessus

La grand'maman se porte bien, et le grand-papa, pour le moins aussi bien que jamais ; vous m'en félicitez, et vous faites bien.

Mais dites-moi si je dois être sans inquiétude. Je ne saurais m'expliquer plus clairement ; devinez ma pensée, si vous pouvez, et répondez-y, si cela est possible.

Nous avons eu ici un milord Stormond (4), qui, je ne sais pourquoi, a voulu faire connaissance avec moi ; je n'en vois pas la raison, si ce n'est de me manquer de politesse. Il soupa chez moi, il y a aujourd'hui huit jours, il partit hier sans m'être venu dire adieu. Cette conduite a été pour la plus grande gloire de la Bellissima et de la Grossissima de qui il était un courtisan assidu.

Voilà les événements de mon petit tourbillon. Jugez de sa petitesse par les misères qu'on y observe ; l'esprit en est rétréci. Comme cette lettre vous arrivera peu après celle que vous

---

» des préjugés ; mais quel mérite y a-t-il à n'en point
» avoir, quand c'est ridicule que d'en avoir ? On sait si
» peu, qu'il ne demande pas beaucoup de génie pour
» avouer qu'on ignore de tout ; et voilà le sublime des
» philosophes modernes, dont, sauf votre permission,
» était votre triste baron ».

(4) Le feu comte de Mansfield.

porte le Devonshire, je ne vous fatiguerai pas en la rendant plus longue; adieu, mon ami, ne vous lassez point de m'écrire; des sept jours de la semaine il n'y en a pour moi qu'un seul qui soit heureux.

LETTRE LXXVIII.

Jeudi, 1er février.

J'ATTENDAIS de vos nouvelles par le courrier d'hier, ne doutant pas que le Devonshire ne fût arrivé à Londres le vendredi 26.

Je n'ai point voulu faire partir cette lettre-ci, elle ne contient rien qui puisse vous intéresser, elle ne partira que lundi; j'aurai sûrement de vos nouvelles dimanche, et je vous apprendrai d'ici à ce temps-là les nouvelles opérations de notre contrôleur général. Ma journée d'hier se passa *sans rien de remarquable*; je ne sortis point, parce que je devais souper chez moi, et je ne sors point ces jours-là. J'eus à souper mesdames de la Vallière, d'Aiguillon, de Forcalquier, et de Crussol; MM. de Broglio, Pontdeveyle, Walpole, Chamier, de Creutz, votre nièce (1), la Sanadon, et moi. Au milieu du souper arriva la

_____

(1) Madame Cholmondeley.

marquise de Boufflers, qui n'avait pas voulu rester chez mad. la comtesse de la Marche(2), parce que tout le palais royal y était venu. Sur les une heure, le chevalier son fils vint nous trouver; il y a eu un wisk et un vingt-un.

On ne parla que de la guérison de mad. la duchesse de Luynes : elle avait eu le bras démis il y a trois ou quatre mois, les chirurgiens le lui avaient remis tout de travers, elle était restée estropiée, il fallait que son bras fût soutenu par une écharpe, et elle ne pouvait pas remuer les doigts; les chirurgiens prétendaient qu'elle avait un os fêlé, et disaient tous qu'il faudrait en venir à lui couper le bras. Il y a en Lorraine une famille qu'on appelle les Valdageoux, parce qu'ils habitent le village de ce nom, qui ont un talent singulier et infaillible pour remettre les membres cassés ou démis; on a fait venir un de cette famille qui, après avoir examiné le bras de madame de Luynes, a affirmé qu'elle n'avait point d'os fêlé, et qu'il répondait de sa guérison, mais que, comme le bras avait été mal remis, il s'était formé une espèce de calus qu'il fallait commencer par dissoudre; c'est ce qu'il a fait : il

―――――――――

(2) Princesse de Modène, mariée au fils unique du prince de Conti.

n'y a que quatre jours, qu'avec des douleurs inouies qui ont duré très-long-temps, et où il a fallu employer la force de plusieurs hommes, il lui a remis si parfaitement le bras qu'elle s'en est servie sur-le-champ, et qu'elle s'en sert actuellement tout comme de l'autre. Ce pauvre homme logeait chez un de ses amis, et il y a dix ou douze jours qu'étant à une porte où il voulait entrer, il fut attaqué par deux hommes; il reçut un coup d'épée qui heureusement n'a pas été dangereux; actuellement, il loge à l'hôtel de Luynes. La rage des chirurgiens contre ces bonnes gens qu'on appelle les Valdageoux est si grande, qu'ils ont obtenu dans leur pays d'être toujours accompagnés d'un homme de la maréchaussée, quand ils vont d'un lieu à un autre. Adieu, à demain.

Vendredi, 2 février.

Les édits ont paru; toutes les pensions perdent selon leur valeur, celles au-dessous de six cents francs ne payent que ce qu'elles payaient depuis long-temps, un dixième; celles de mille deux cents francs, un dixième et demi, ainsi par gradation jusqu'à deux mille écus qui est ma classe; et celle-là et toutes celles qui sont par delà sont taxées aux trois dixièmes; ce qui, comme vous voyez, avec la retenue de deux vingtièmes, fait un tiers de diminution; ainsi de deux mille écus que j'avais, je perds deux mille francs, et mille francs sur les papiers royaux font mille écus; c'est un malheur, mais qui m'affecte médiocrement; je voudrais n'avoir pas à en craindre d'autres, il y en a qui me seraient bien plus sensibles. Je n'ai nulle raison qui me les fasse prévoir, mais je ne puis m'empêcher de les craindre; revenons aux pensions. A l'instant que l'arrêté a paru, Tourville (1), que vous connaissez, et qui est l'ami de l'abbé Terray, a couru chez lui et lui a dit qu'il ne venait pas lui parler pour lui, quoiqu'il perdît cinq cents écus sur sa pension, mais qu'il venait le solliciter pour moi; que mon âge, mes malheurs, et le genre de ma gratification qui était *sur l'état de la maison de feu la reine*, me mettaient dans le cas d'une exception; qu'il ne pouvait jamais donner à lui Tourville une marque d'amitié à laquelle il fût plus sensible. Le contrôleur général

---

(1) M. de Tourville était officier aux Gardes-Françaises, et s'était distingué dans toutes les occasions par la conduite la plus honorable; il épousa mademoiselle de Sommery.

a répondu qu'il me connaissait, qu'il serait fort aise de m'obliger, mais qu'il s'était imposé la loi de ne faire aucune exception ; que tout ce qu'il pouvait faire, c'était de lui indiquer le moyen de réparer ma perte ; qu'il fallait que je tâchasse d'obtenir une grâce nouvelle ; que si M. de Choiseul ou quelque autre la demandaient pour moi, loin de s'y opposer, il concourrait de tout son pouvoir à me la faire obtenir. Voici ce que j'ai écrit ce matin, que je compte donner au grand papa ; s'il fait difficulté de se mêler de cette affaire, je m'adresserai à M. de St.-Florentin, d'autant plus qu'elle est de son département ; je me ferai accompagner chez lui par le prince de Beaufremont son ami intime.

MÉMOIRE.

« LE roi accorda à madame du Deffand, en 1763, à la sollicitation de la reine, une gratification annuelle de six mille livres. Cette princesse l'honorait de sa protection en considération de feu sa tante la duchesse de Luynes, dont les services assidus, le respectueux attachement, l'absolu dévouement, avaient mérité de sa majesté ses bontés, son amitié, et sa reconnaissance.

» Aujourd'hui madame du Deffand, âgée de soixante-treize ans, privée de la vue, dont les infirmités augmentent les besoins, est contrainte à faire des retranchements sur les choses les plus nécessaires. Elle perd trois mille livres de rente par les nouveaux arrangements; elle a représenté sa situation à M. le contrôleur général; mais comme il s'est fait une loi de ne faire aucune exception, elle n'en a rien obtenu. C'est à la bonté du roi qu'elle a recours. M. le contrôleur général ne fera aucune difficulté contre une nouvelle grâce que le roi voudrait bien lui accorder. Elle sait bien qu'elle ne mérite rien par elle-même, mais la reine l'honorait de ses bontés; sa majesté avait cherché à reconnaître l'attachement et les services de madame de Luynes par la protection qu'elle accordait à sa nièce, et la compassion de la reine avait ajouté un motif de plus.

» Voilà les seuls titres de madame du Deffand pour implorer la bonté du roi; elle n'oserait parler de son respectueux attachement, quoiqu'aucun de ses sujets n'en ait un plus véritable. »

Dimanche à midi.

Par bien des choses qu'on m'a dites hier, je doute que le grand-papa se charge de mon mémoire ; je verrai ce que je ferai, peut-être resterai-je tranquille ; je me rappelle des vers de Rousseau :

> Le plus petit vaurien
> En fera plus que tous vos gens de bien ;
> Son zèle actif peut vous rendre service,
> La vigilance est la vertu du vice.

Je ne connais point de ces petits vauriens vigilants. La grand'maman vient demain à Paris. J'eus hier la visite de l'abbé, qui ne me dit rien de sa part ; je crus que la politique devait m'interdire toute question. J'ai peine à croire que je n'entende pas parler d'elle, mais quoi qu'il en soit, je donne à souper demain, lundi et mercredi. La Fontaine dit dans un de ses contes :

> Le Florentin montre à la fin ce qu'il sait faire.

Je suis bien tentée de penser la même chose du Provençal (2) ; mais je me tais, et j'observe.

M. Chamier nous apprit hier une grande nouvelle, la démission de M. le duc de Grafton ; je compte dans deux heures en avoir la confirmation dans votre réponse à ma lettre du

---

(2) L'abbé Barthélemi.

Devonshire : je sais qu'il n'est arrivé à Londres que le samedi 27.

Vous serez effrayé de l'énormité de cette lettre, mais remarquez que j'ai passé un ordinaire sans vous écrire. Mes lettres vous ruinent, vous les payez sûrement plus qu'elles ne valent, mais punissez-moi selon la loi du talion, et vous verrez que je ne m'en plaindrai pas.

A 2 heures après midi.

Voila votre lettre qui arrive : je suis parfaitement contente de ce que vous êtes content; mais je n'aime pas que vous me croyiez inégale, que je m'enthousiasme et que je me dégoûte : tout au contraire, je suis d'habitude, mais je m'aperçois des changements qui arrivent. Je pourrai bien vous écrire ces jours-ci, si j'en trouve l'occasion.

Il y a ici de grandes clameurs contre le nouveau contrôleur général (3). Un nommé Billard, caissier des fermes des postes, fit, il y a trois semaines ou un mois, une banqueroute de quatre à cinq millions ; on a mis au-dessus de la porte de l'abbé Terray : *ici on joue le noble jeu de billard.* On nous promet encore des édits, une fois la semaine pendant quelque temps, mais je

---

(3) L'abbé Terray.

n'ai plus rien à craindre, et je crois que je pourrais ajouter, rien à espérer.

Je croyais hier, quand j'ai appris la démission du duc de Grafton, que ce serait M. Grenville qui le remplacerait.

LETTRE LXXIX.

Paris, samedi 24 février 1770.

Enfin, nous voilà débredouillés, vous avez reçu mes lettres, et je reçois les vôtres du 9 et du 16. Si je n'avais pas perdu le don des larmes, elles m'en feraient bien répandre; elles me causent un attendrissement délicieux, quoique triste. Ah! mon ami, pourquoi ne vous ai-je pas connu plus tôt? que ma vie aurait été différente! mais oublions le passé pour parler du présent : vous me faites éprouver ce que Voltaire dit de l'amitié,

« Change en bien tous les maux où le ciel m'a soumis. »

Je n'en ai pas encore d'assez grands à mon avis, puisque je ne suis pas dans le cas d'accepter vos offres (1); croyez-moi, je vous supplie,

---

(1) On a vu par la lettre de madame du Deffand, du premier février, qu'elle avait perdu trois mille livres de revenu, par la réduction que l'abbé Terray fit sur les

je les accepterais, non-seulement sans rougir,
mais avec joie, mais avec délices, mais avec

pensions des différentes classes, lorsqu'il fut nommé contrôleur-général.

Nous ne saurions mieux faire connaître les offres qu'à cette occasion M. Walpole fit à madame du Deffand, qu'en donnant l'extrait de sa lettre en réponse à celle de madame du Deffand, en date du premier février, par laquelle elle lui annonçait cette diminution de son revenu, et des dispositions qu'elle avait faites en conséquence, « Je ne saurais souffrir une telle diminution de
» votre bien. Où voulez-vous faire des retranchements ?
» Où est-il possible que vous en fassiez ? Excepté votre
» générosité, qu'avez-vous de superflu ? Je suis indigné
» contre vos *parents* : je les nomme tels, car ils ne sont
» plus vos *amis*, s'ils vous laissent manquer un dédom-
» magement. Je sens bien qu'ils peuvent avoir de la ré-
» pugnance à solliciter le contrôleur-général, mais tout
» dépend-il de lui ? J'aime aussi peu que vous les solli-
» citiez. Je m'abaisserais à *solliciter* un inconnu plutôt
» qu'un ami qui n'aurait pas pensé à mes intérêts. Vous
» savez que je dis vrai. Bon Dieu ! quelle différence entre
» les *parents* et l'excellent cœur de M. de Tourville !
» Dites-lui, je vous en prie, qu'au bout du monde il y a
» un homme qui l'adore ; et ne me dites point que je
» suis votre unique ami : pourrais-je en approcher !
» Comment ! un ami qui cède ses prétentions en faveur
» des vôtres ! Non, non, ma Petite, c'est un homme
» unique, et je suis transporté de joie que vous ayiez un
» tel ami ; moquez-vous des faux amis et rendez toute la

orgueil; soyez-en sûr, mon ami, vous savez que je suis sincère; je vais chercher une occasion pour vous écrire à cœur ouvert sans aucune réserve; votre cousin me la fournira. Vous aurez vu nos derniers édits, vous pourrez

» justice qui est due à la vertu de M. de Tourville. C'est
» là le vrai *philosophe sans le savoir*. Ayant un tel ami,
» et encore un autre qui, quoique fort inférieur, ne laisse
» pas de s'intéresser à vous, ne daignez pas faire un pas,
» s'il n'est pas fait, pour remplacer vos trois mille livres.
» Ayez assez d'amitié pour moi pour les accepter de ma
» part. Je voudrais que la somme ne me fût pas aussi
» indifférente qu'elle l'est, mais je vous jure qu'elle ne
» retranchera rien, pas même sur mes amusements. La
» prendriez-vous de la main de la grandeur, et la refuse-
» riez-vous de moi? Vous me connaissez; faites ce sacri-
» fice à mon orgueil, qui serait enchanté de vous avoir
» empêchée de vous abaisser jusqu'à la sollicitation.
» Votre mémoire me blesse. Quoi! vous! vous, réduite
» à représenter vos malheurs! Accordez-moi, je vous
» conjure, la grâce que je vous demande à genoux, et
» jouissez de la satisfaction de vous dire : j'ai un ami
» qui ne permettra jamais que je me jète aux pieds des
» grands. Ma Petite, j'insiste. Voyez si vous aimez mieux
» me faire le plaisir le plus sensible, ou de devoir une
» grâce qui, ayant été sollicitée, arrivera toujours trop
» tard pour contenter l'amitié. Laissez-moi goûter la
» joie la plus pure, de vous avoir mise à votre aise, et
» que cette joie soit un secret profond entre nous
» deux ».

apprendre par notre ambassadrice (2) la conduite qu'a tenue le grand-papa; on lui dresserait des autels, il a éteint l'incendie; je souperai demain avec lui; mais ce ne sera pas dans un petit comité, dont je suis très-fâchée; il a véritablement de la franchise, quand il est à son aise.

Dimanche 25.

J'AI envoyé hier la chaîne à la grand'maman par le prince de Beaufremont; j'en saurai le succès ce soir; tout ce qui vint chez moi hier la trouve charmante. Je vis Tourville, je lui fis faire la lecture de votre lettre; il vous adore. L'estime que vous marquez avoir pour lui, et qu'il doit au récit que je vous ai fait de son procédé, le paye au centuple, à ce qu'il dit, de ce qu'il croit avoir mérité; je suis bien déterminée à ne plus parler à mes parents, j'ai lieu de croire qu'ils se conduiront bien; mais quoi qu'il puisse arriver, n'ayez, je vous prie, nulle inquiétude; je ne serai forcée à aucune réforme; la seule différence qui sera dans mon état, c'est que je ne pourrai rien mettre en réserve, ce qui n'est pas un inconvénient aujourd'hui, ayant placé des rentes viagères pour

---

(2) La marquise du Châtelet.

mes gens. C'est avec vérité, mon ami, que je vous promets d'user de tout ce qui vous appartient avec la même liberté et confiance que si c'était mon propre bien; n'insistez plus, je vous conjure, à exiger d'autres marques de ma soumission; je n'aime point à vous résister, et cependant je le ferais très-certainement. Vous avez des moyens bien sûrs de m'obliger, vous les connaissez bien, mais je ne vous en parle point; je ne veux que ce que vous voulez, et votre cœur m'est trop connu, pour avoir rien à lui dicter. Sachez-moi gré de la bride que je mets à ma reconnaissance; si je m'y laissais aller je gâterais tout. J'aime bien que M. Montagu (3) me fasse faire des compliments, ils me sont d'autant plus agréables, que je vous les dois entièrement; mettez-le à portée de m'en faire souvent : mais pourquoi ne ferait-il pas *un tour à Paris?*

L'ambassadeur de Naples (4) mourut mercredi, en présence de madame de Chimay et de M. de Fitzjames qui étaient chez lui; il parlait sur le temps où il quitterait le deuil de sa

―――――――――――――――――――

(3) Feu M. Frédéric Montagu.

(4) Le ministre de Naples, à qui le marquis Caraccioli a succédé.

sœur : ce sera, dit-il, le 15; il se tut, pencha la tête et mourut sans aucune convulsion, sans faire le moindre mouvement. Il était sorti le matin, avait eu du monde à dîner, et il demandait ses chevaux pour aller chez l'ambassadeur d'Espagne : on croyait bien qu'il ne vivrait pas plus de six mois, parce qu'il était hydropique, mais il se portait beaucoup mieux ; on lui a trouvé de l'eau dans le cervelet, c'est une mort qu'on peut dire être fort agréable ; il avait été trois jours auparavant chez son notaire, où il avait déchiré un testament qu'il avait fait, il y avait quelques années ; il ne trouvait pas ses gens assez bien récompensés, il songeait à en faire un autre pour les mieux traiter, et ils n'auront rien du tout.

Adieu, mon bon et parfait ami.

LETTRE LXXX.

Paris, samedi 3 mars 1770.

Voilà une occasion dont il faut profiter ; j'aurais bien voulu qu'elle eût tardé de quelques jours, j'aurais peut-être eu plus de choses à vous mander; mais milady Dunmore (1) n'est

---

(1) La présente comtesse douairière de Dunmore.

pas d'avis de retarder son départ ; je vous envoie par elle la suite du théâtre espagnol dont vous aurez reçu la première partie par le courrier de l'ambassadeur.

Que vous dirai-je de nos nouvelles ? Rien de trop bon. Je suis persuadée que le contrôleur général prend l'ascendant. S'il réussit dans son projet de mettre la recette et la dépense au même niveau ; que les particuliers soient bien payés de ce qu'il leur aura laissé ; que les impôts soient diminués ; on criera *Domine, Deus Sabaoth*. Il est aux pieds de madame du Barri, et n'en rougit point ; il suit, dit-il, l'exemple de tous les ministres qui ont voulu se faire écouter des rois, et même leur être utiles. Jusqu'à présent notre ami (2) a bonne contenance ; mais je doute que l'année se passe sans une grande révolution. Ce sera demain qu'il portera au conseil les états de ses différentes administrations, de la guerre et de toutes ses dépendances, fortifications, artillerie, etc. les affaires étrangères, etc. ; pour cette partie-ci, on trouvera une grande diminution : depuis plusieurs années elles n'ont monté qu'à sept millions, et sous le cardinal de Bernis elles

---

(2) Le duc de Choiseul.

ont été jusqu'à cinquante-huit millions, ce qui est exorbitant, mais qui dépend souvent des circonstances. Nous ne payons plus, dit-on, aujourd'hui de subsides. A l'égard de la guerre, ce n'est pas de même ; jamais en temps de paix M. d'Argenson n'a passé cinquante millions. Il est vrai que l'artillerie en était séparée, et je crois, les fortifications. Il y a, dit-on, aujourd'hui moins de troupes, c'est-à-dire moins de soldats ; mais M. de Choiseul a augmenté le nombre des bas-officiers, a presque doublé leur paye ; a réparé toutes les fortifications ; a remonté l'artillerie qui manquait de tout ; enfin a remis les troupes dans un état de splendeur où elles n'ont jamais été. Il y a des magasins de tout, quatre-vingt mille habits en réserve ; tout cela est d'une bonne administration, et n'a pu se faire qu'à grands frais ; aussi cela a-t-il prodigieusement coûté. Vraisemblablement le contrôleur général proposera de grands retranchements ; il y consentira sans difficulté, parce qu'il en fera de grands dans la dépense, soit en réformant des troupes, en laissant les fortifications et l'artillerie sans entretien et sans augmentation. Il faut savoir si tout cela se passera sans humeur. Comme vous voilà au fait de ce que nous attendons, vous pourrez m'entendre à demi-mot dans mes lettres suivantes. La du Barri n'est rien par elle-même, c'est un bâton dont on peut faire son soutien, ou son arme offensive ou défensive. Il n'a tenu qu'au grand-papa d'en faire ce qu'il aurait voulu ; je ne puis croire que sa conduite ait été bonne et que sa fierté ait été bien entendue. Je crois que mesdames de Beauvau et de Grammont l'ont mal conseillé. Il a aujourd'hui une nouvelle amie qui n'est pas d'accord avec ces dames, mais qui ne diminue pas l'ascendant qu'elles ont pris. C'est madame de Brionne : il lui doit son raccommodement avec M. de Castries, ce qui a été bon ; mais je crois qu'elle lui coûte beaucoup d'argent. Dans tout cela, le rôle de la grand'maman, c'est d'étaler de grands sentiments, de grandes maximes, de laisser échapper ce qu'elle pense, et d'en *demander pardon* à l'abbé, qui fait des soupirs, et couvre ce que la grand'maman a dit d'indiscret, par des aveux de ce qu'il pense, de ce qu'il prévoit, qui ne sont que platitude et fausseté.

Le d'Aiguillon (3), dit-on, est bien avec la du Barri. Ce mot *bien* a toute l'extension pos-

---

(3) Le duc d'Aiguillon.

sible, mais cela ne signifie rien pour le crédit. Le contrôleur général mangera les marrons que les autres tireront du feu. Je ne sais pas quelles sont ses vues; il n'est peut-être pas impossible qu'il n'ait pour but que le rétablissement des finances, et qu'il ne se contente de la gloire qui lui en reviendra. Il a toute la dureté et la fermeté de M. Colbert; reste à savoir s'il en a la capacité et les lumières, et si son intention n'est pas de pousser notre ami, et d'en faire un second Fouquet.

Je voulais vous envoyer tous nos édits, mais Wiart prétend que vous les avez tous par les gazettes; l'un des derniers qui est sur les rescriptions, a fait ici un tintamarre horrible. La Balue (4) avait fermé son bureau, c'était mercredi 21. M. de Choiseul, ce jour-là, tenait une cloche et dînait chez le curé de St.-Eustache; il apprit cet événement, dont, si l'on n'y avait remédié sur-le-champ, il pouvait s'ensuivre une banqueroute générale; il courut chez le contrôleur, lui fit sentir tout le danger, l'on fit porter trois millions chez la Balue, qui rouvrit son bureau, recommença ses paiements,

---

(4) M. la Balue, célèbre banquier qui, comme M. de la Borde, était fort attaché aux intérêts du duc de Choiseul.

et tout a été réparé ou du moins pallié. Une moitié du public croit que le contrôleur a fait une grande cacade qui a montré son ignorance et sa mauvaise foi. D'autres disent qu'il y a été forcé par les intrigues de M. de Choiseul, qui, d'intelligence avec la Borde et la Balue, leur avait fait refuser de faire le prêt pour l'année, à moins d'une augmentation d'intérêt exorbitante.

Votre cousin, qui était comme un fou, parce que son frère (5) y est intéressé pour seize millions, assure qu'il n'en est rien, et les deux papiers que je vous envoie confirment ce qu'il dit. Reste à savoir si dans l'espace d'un jour ou deux qu'il y a eu entre les propos des banquiers, de ces écrits et de l'édit, il ne s'est pas passé des choses que nous ignorons.

Voilà à peu près tout ce que je puis vous dire. J'ajoute que le roi est toujours fort épris de sa dame, mais sans lui marquer beaucoup de considération ; il la traite assez comme une fille ; enfin elle ne sera bonne ou mauvaise que suivant celui qui la gouvernera ; son propre caractère n'influera en rien, elle pourra servir les passions des autres ; mais jamais avec la

---

(5) Feu M. Thomas Walpole.

chaleur et la suite que l'on a quand on les partage ; elle répètera sa leçon ; mais, dans les circonstances où elle n'aura pas été soufflée, son génie n'y suppléera pas.

Votre cousin s'est attiré l'indignation du petit comte de Broglio par ses déclamations contre le contrôleur général ; ce petit comte est un des plus animés dans notre opposition. Depuis que je vous ai parlé de Tourville, je ne l'ai point revu, c'est l'homme le plus craintif qu'il y ait au monde. Quand je lui lus votre lettre, il fut confondu de toutes les louanges que vous lui donniez, et je crus démêler en effet, malgré sa bonne conduite, que ces louanges ne convenaient qu'à un cœur comme le vôtre, et non à nul autre. Soyez-en sûr, mon ami, il n'y a personne au monde de fait comme vous, et puisqu'il est de toute impossibilité que je passe ma vie avec vous, *je n'ai nul chagrin de prévoir sa fin prochaine* ; tout ce que je vois, tout ce que j'entends, ne m'inspire qu'ennui, dégoût ou indignation. Tous les hommes, disait le feu régent, sont sots ou fripons : mais cela n'est-il pas vrai ?

Adieu, mon ami ; vous ne me reprocherez pas d'être romanesque, j'imite plus les gazetiers que les Scudéris.

Je pourrai vous écrire demain, si je reçois une lettre de vous.

LETTRE LXXXI.

Paris, mercredi 7 mars 1770.

VOTRE lettre du 2 me plaît beaucoup, quoiqu'elle ne me promette pas plus de beurre que de pain ; mais j'ai tant et tant de confiance dans votre amitié, que je veux non seulement lui tout devoir, mais je ne veux me permettre aucun désir qui ne soit conforme à vos volontés et intentions.

Je dois aller à six heures chez la grand'-maman, entendre une *tragédie* de Sedaine (1). Il est trois heures, et je suis encore dans mon lit ; je n'ai que le temps de vous dire que le grand-papa est plus ferme que jamais ; il parla *dimanche* au conseil pour représenter l'importance dont il était de tenir les engagements pris avec la Balue ; que le crédit était perdu dans toute l'Europe ; et l'honneur du roi compromis, si l'on ne lui fournissait pas l'argent nécessaire. Son discours dura trois quarts-d'heure. Il le finit en priant le roi de prendre des avis. Le

_____

(1) Le Déserteur.

roi se leva, et dit : les avis ne sont point nécessaires, il faut suivre le vôtre, il n'y a pas d'autre parti à prendre ; les opinions ne sont pas de l'argent, et c'est de l'argent qu'il faut ; chacun doit se cotiser, et j'en veux le premier donner l'exemple ; j'ai *deux mille louis* que je suis prêt à donner. M. de Choiseul dit qu'il avait deux cent vingt-cinq mille francs à toucher qu'il ferait porter chez la Balue. M. de Soubise dit qu'il n'avait point d'argent, mais du crédit, qu'il offrait d'en faire usage dans cette occasion. Les *deux mille louis* vous surprendront, mais l'idée de l'argent comptant est peut-être ce qui a produit cette offre qui peut paraître une plaisanterie, et qui aurait gâté le reste du propos ; il n'a pensé qu'au moment présent, et il n'avait peut-être que cette somme en argent, quoiqu'il en ait d'*immenses en différents effets. Ce qui est de certain,* c'est que le grand-papa est dans ce moment-ci au comble de la gloire dans sa nation et dans les étrangères. Il y eut hier une assemblée du parlement pour l'enregistrement de cinq édits nouveaux dont l'objet est de donner des moyens pour subvenir aux besoins présents et urgents ; le parlement fera des remontrances, ce qui tirera cette affaire en longueur, et peut causer de grands embarras. On ne peut pas plus mal s'expliquer, je vous en demande pardon; je deviens plus bête de jour en jour.

Samedi 10.

Je ne me souviens plus si je vous ai rendu compte, dans ma lettre du jeudi 8, de la conversation que j'avais eue la veille au soir avec le grand papa; en tous cas je vais vous la redire. Je le remerciai de ma pension, il me dit: cela n'est pas suffisant, je veux aller chez vous, causer avec vous, me mettre au fait de votre état et aviser aux moyens de le rendre solide. Nouveaux remercîments de ma part, mais succincts; je me hâtai de lui parler de lui et de tous ses succès. Il nous fit le détail de ce qu'il avait dit au Conseil, de ce qu'il pensait sur le contrôleur général, avec franchise, simplicité et clarté. *Si cet homme avait autant de solidité que de lumière et de bonté, il serait accompli, mais il est léger.* Je ne doute pas qu'il n'oublie ses bonnes intentions pour moi; mais en cas qu'il les effectue, je vous demande vos conseils, j'aurai bien le temps de les recevoir avant l'occasion. Dois-je lui donner le petit mémoire que voici? Le détail de mon revenu n'est pas fidèle; j'ai cru pouvoir, sans blesser la bonne foi, supprimer cinq ou six mille livres de rente qui sont ignorées et qui font que j'ai aujourd'hui trente-cinq mille livres de rente. Si vous pensez que cela ne soit pas bien, dites-le-moi; j'en ai bien un peu de scrupule; mais lisez la fable de la Motte, intitulée *la Pie*.

Pour avec vous, mon ami, je n'ai ni la volonté ni ne pourrais avoir le pouvoir de vous rien cacher; jugez par le détail que je vous fais si je suis dans le cas d'accepter vos offres. Je serais charmée de tenir tout de vous; la reconnaissance pour vous ne sera jamais pour moi un sentiment pénible; bien loin de m'humilier, j'en ferais gloire et serais tentée de m'en vanter; mais vous voyez dans le fond que je n'ai besoin de rien, mais on peut recevoir d'un ministre; ce qu'il ne me donnerait pas, il le donnerait à d'autres; ce ne sont pas proprement des bienfaits qu'on reçoit d'eux; ce qu'ils donnent ne leur coûte rien; enfin conduisez-moi, faites-moi agir en me considérant comme un autre vous-même; je le suis en effet par mes sentiments pour vous; mais quand il faut que je me détermine sur ce qui n'a point de rapport à vous, je me méfie de moi-même et j'ai toujours peur de mal faire.

Je soupai hier chez les Caraman (1) en petite compagnie : on parla des ambassades, je ne crois pas qu'il y eût personne bien au fait; mais on dit que M. d'Ossun revenait d'Espagne et M. Durfort de Vienne; cela me déplut, parce que cela m'a fait penser qu'en cas que cela fût vrai et que l'état du grand'papa ne fût pas bien solide, on destinerait le d'Ossun aux affaires étrangères, et pour la guerre il y en a deux ou trois à choisir; pitoyables à la vérité, mais dignes de celle qui choisirait. Le Paulmy, le Maillebois, peut-être M. de Castries, enfin tout me fait peur. La grand'maman reviendra mardi de Versailles, je traiterai cet article, ainsi que celui des ambassadeurs. On dit aussi que nous allons vous envoyer le baron de Breteuil. Je ferai parler le grand papa, si je le vois. Je ne tiens pas ce grand papa, malgré toute la gloire *qu'il s'est acquise*, aussi affermi que je le voudrais; la du Barri le hait plus que jamais, et on ne cesse de la harceler pour lui nuire. Adieu, je crois ma lettre finie; cependant, comme elle ne partira que lundi, vous n'êtes peut-être pas encore quitte de moi.

---

(1) Le comte de Caraman, marié à une sœur du prince de Chimay.

J'avais raison, vous n'êtes point quitte de moi : ma toilette est faite, il est cinq heures, je suis seule et pour me désennuyer je vais causer avec vous. J'ai envie de vous conter une réponse de madame la maréchale de Mirepoix, qui m'a paru très-jolie. Madame du Barri, pour lui plaire, ne cesse de lui parler de sa haine pour le grand papa ; comprenez-vous, lui dit-elle il y a quelque temps, qu'on puisse haïr M. de Choiseul, ne le connaissant pas ? Ah ! je le comprends bien mieux, répondit la maréchale, que si vous le connaissiez. C'est bien dommage que le cœur et le caractère de cette femme ne répondent pas à son esprit et à ses grâces. Elle est sans contredit la plus aimable de toutes les femmes qu'on rencontre ; je lui trouve beaucoup plus d'esprit qu'aux oiseaux, et ces oiseaux valent pour le moral encore moins qu'elle. Vous ai-je dit que les dames B*** et C*** sont brouillées ? il y a une petite aventure de jeu qui rend la première de ces dames un peu suspecte ; un certain valet de cœur que celui qui tenait la main au vingt-un lui donna, et lequel ne se trouva point avec ses autres cartes, mais avec celles de M. de B*** qui était à côté d'elle, et sur lesquelles cartes elle avait mis beaucoup d'argent et fort peu sur les siennes ; ce valet fit avoir vingt-un à M. de B*** ; celui qui tenait la main se récria, et demanda raison de l'échange ; on le lui nia, tout le monde baissa les yeux, se proposant sans doute de raconter l'aventure, dont on s'est fort bien acquitté ; la scène était à l'hôtel de Luxembourg, heureusement je n'y étais pas, et je peux avoir l'air de l'ignorer.

Dimanche 11, 7 heures du matin.

ME revoilà encore. Je soupai hier chez le président, je préférai d'y rester à aller à l'hôtel de Luxembourg ; une des raisons qui m'y détermina fut l'arrivée de madame de Forcalquier ; je crus faire plaisir à madame de Jonsac ; il n'y avait que madame de Verdelin et un povinçial de ses parents ; l'avant-souper se passa à merveille ; excuses réciproques de ne s'être point vus, projets de se voir plus souvent ; on se met à table, jusqu'au fruit tout va bien ; on vient par malheur à parler des édits ; d'abord cela fut fort doux ; petit à petit on s'échauffa ; la Bellissima fit des raisonnemens absurdes, loua tous les édits, attribua au contrôleur général une victoire complète, soutint que tout ce qu'on avait raconté du conseil du dimanche 4, était de toute fausseté, qu'on en savait la vérité par M. Bertin ; je ne pus soutenir tranquillement une telle imposture ; elle passa à des déclamations de dernière impertinence ; je perdis patience et je lui dis avec assez d'emportement : toutes vos colères, madame, viennent de ce que M. de Canisy (3) n'a pas été fait brigadier. Alors elle devint furieuse, me dit cent sottises ; qu'il n'était pas étonnant que je fusse scandalisée qu'on ne respectât pas des gens à qui je faisais servilement la cour, à qui je baisais les mains. Ah! pour baiser les mains, Madame, cela peut-être, c'est une caresse que je fais volontiers aux gens que j'aime, ne voulant pas leur faire baiser mon visage. Nous entrâmes dans la chambre. Je voudrais bien savoir, me dit-elle, pourquoi vous m'avez *apostrophée sur* M. de Canisy ; c'est un homme de mon nom qui a vingt-sept ans de service, il n'était pas besoin de ce mécontentement-là de plus, pour penser de ces gens-là ce que j'en pense. Vous avez poussé ma patience à bout, Madame, lui dis-je ; dans toute occasion vous faites des déclamations contre eux ;

---

(3) Parent de madame de Forcalquier, dont le nom de famille était Canisy.

depuis long-temps je me fais violence pour n'y pas répondre ; jamais je n'ai parlé de vos amis d'une façon qui ait pu vous déplaire, vous me deviez bien la pareille. Si vous n'en parlez pas devant moi, dit-elle, vous ne vous contraignez pas en mon absence; vous ramassez tous les écrits contre eux, vous les distribuez partout, et aujourd'hui vous finissez par m'insulter : on pardonne à cause de l'âge. Cela est un peu fort, Madame; mais je vous remercie de m'apprendre que je radote, j'en ferai mon profit; nous étions alors seules ; la compagnie rentra ; nous restâmes environ une heure. Quand on se leva pour sortir, je lui dis : Madame, après ce qui vient de se passer, et sur ce que vous m'avez dit de ma vieillesse, vous jugez bien que je ne souperai pas demain chez vous. Elle marmota quelques paroles et alle se coucher ; ainsi finit une liaison qui était bien mal assortie, et à laquelle je n'ai nul regret ; je ne m'en plaindrai ni n'en parlerai à personne. Je vous prie très-fort de n'en être nullement fâché, c'est la plus petite perte que je pouvais jamais faire.

Je ne m'attends pas à avoir aujourd'hui de vos nouvelles, mais je ne fermerai cependant ma lettre que quand le facteur sera passé.

LETTRE LXXXII.

Paris, mercredi 21 mars 1770.

Je suis étonnée en vérité qu'on vous laisse la clef de votre chambre ; rien n'est si extravagant (permettez moi de vous le dire) que vos deux dernières lettres ; je m'attends que la première que je recevrai sera dans le même goût, mais je me promets bien que ce sera la dernière, parce qu'en ne vous écrivant plus tout ce qui me passe par la tête, vous n'aurez plus à vous plaindre de mon indiscrétion. Oui, oui, je suis discrète, et pour le moins autant que vous ; je ne suis pas plus variable que vous ; mais ce qui est bien pis, c'est que ma tête ne vaut pas mieux que la vôtre ; un rien la trouble, la dérange ; j'ai la sottise de vous le confier, et ne vous parlant plus de vous pour plusieurs raisons, dont la principale est que je n'ai pas à m'en plaindre, je vous fais mes plaintes sur les autres, ou, pour parler plus juste, je vous dis avec franchise ce que je pense de tout le monde. Vous prenez mes lettres pour des feuilles volantes imprimées, et vous croyez que le public les lit ainsi que vous. Mais venons à ma justification.

La question que je vous ai faite n'est nullement imprudente (1); quand je vous écris, je crois être tête-à-tête avec vous au coin de mon feu; mais il faut que vous me grondiez, et telle est mon étoile qu'il faut que je n'aye jamais un contentement parfait. Est-ce ma faute, si M. Hervey (2) fait une mauvaise plaisanterie, et exprime ce qu'il croit que je pense pour vous, comme il exprimait ce qu'il disait penser pour moi? Votre nièce m'a dit cent fois qu'il était amoureux de moi, en présence de tout le monde; si moi et tout le monde s'en étaient scandalisés, ç'aurait été un grand ridicule ou une grande bêtise; mais vous n'avez pas le talent d'entendre la plaisanterie, ou vous croyez que mon estime et mon amitié vous déshonorent; il faut donc que je m'engage à faire l'impossible pour que l'on ne vous profère jamais mon nom; *nous verrons alors quelle sera la* nouvelle querelle que vous me chercherez. Venons au reste. Où prenez-vous que je suis mécontente de Tourville, et que je me plains

---

(1) C'était relativement à quelque travail littéraire, dont M. Walpole lui avait dit être occupé.

(2) M. Felton Hervey. Il avait dit qu'il était amoureux de madame du Deffand, et qu'elle était éprise d'amour pour M. Walpole.

de lui ? il y a douze ou quinze ans qu'il est de mes amis sans aucune variation ; je vous ai dit simplement que ce qu'il avait fait pour moi (quoique très-honnête) était un peu exagéré par vous.

La grand'maman est à Paris ; elle y restera jusqu'à samedi ; je crois que je souperai avec le grand papa demain ; il doit être content de l'estime du public. Je ne puis en dire davantage.

Je ne sais si vous avez reçu ma dernière lettre de douze pages : mais vraiment non, c'est la réponse que vous y ferez que je prévois qui sera terrible ; je m'arme de courage pour en soutenir la lecture sans chagrin et sans colère, mais je me promets bien de ne me plus exposer à telle aventure. Malgré tout cela, mon ami, je suis fort contente de vous, vous voulez *avoir de l'amitié pour moi*, parce que vous ne doutez pas que je n'en aye pour vous. Je ne veux point vous savoir mauvais gré de la mauvaise opinion que vous avez de mon caractère, puisqu'elle ne vous empêche pas d'être de mes amis, je ne dois pas m'en affliger : je serais cependant bien aise que vous ne me crussiez pas *si vaine, si tyrannique*, et *si imprudente ;* ces trois défauts sont un peu contraires à une liaison intime (3). Que puis-je faire pour vous ôter cette opinion ? c'est de ne vous plus parler de moi, de ne désirer rien de vous, et de ne vous rien raconter de personne; moyennant cela, vous serez à l'abri des lettres de douze pages, je ne troublerai plus votre tête, et vous ne pourrez pas me dire que je vous ferme les portes de Paris.

Ah! mon ami, que conclurai-je de tout ceci? c'est que je ne suis pas digne d'avoir un ami tel que vous; que vous croyez me devoir de l'amitié, et que ne trouvant pas ce sentiment dans votre cœur, vous vous en prenez à mes défauts ; il est tout simple que vous soyez

---

(3) M. Walpole avait dit dans une des lettres dont elle se plaint : « Vous mesurez l'amitié, la probité, l'es-
» prit, enfin tout, sur le plus ou le moins d'hommages
» qu'on vous rend. Voilà ce qui détermine vos suffrages
» et vos jugements, qui varient d'un ordinaire à l'autre.
» Défaites-vous, ou au moins faites semblant de vous
» défaire de cette toise personnelle, et croyez qu'on
» peut avoir un bon cœur sans être toujours dans votre
» cabinet. Je vous l'ai souvent dit : vous êtes exigeante
» au-delà de toute croyance ; vous voudriez qu'on
» n'existât que pour vous ; vous empoisonnez vos jours
» par des soupçons et des défiances, et vous rebutez vos
» amis en leur faisant éprouver l'impossibilité de vous
» contenter ».

ennuyé d'un commerce qui vous cause peu de plaisir, mais de la contrainte, de la fatigue, et du dégoût. Je ne me crois ni vaine ni tyrannique; j'ai été souvent imprudente, j'en conviens, mais je m'en crois fort corrigée; je suis bien éloignée de me croire sans défaut, j'en suis toute pleine, et mon plus grand malheur, c'est d'en être bien persuadée; je suis plus dégoûtée de moi-même, que ni vous, ni qui que ce soit ne peut l'être, et je ne supporte la vie que parce qu'il m'est bien démontré qu'elle ne saurait être encore bien longue.

LETTRE LXXXIII.

Paris, 4 avril 1770.

Mon ami, mon unique ami, au nom de *Dieu faisons la paix*; j'aimais mieux vous croire fou qu'injuste; ne soyez ni l'un ni l'autre; rendez-moi toute votre amitié. Si j'avais tort, je vous l'avouerais, et vous me le pardonneriez; mais en vérité, je ne suis point coupable; je ne parle jamais de vous; vos Anglais, qui ont été contents de moi, croyent me marquer de la reconnaissance en vous parlant de mon estime pour vous;

ceux qui vous aiment, croyent vous faire plaisir; ceux qui ne vous aiment pas, cherchent à vous fâcher, s'ils se sont aperçus que cela vous déplaisait; mais je suis sûre que le bon Hervey (1) a cru faire des merveilles; je lui pardonne malgré le mal qu'il m'a fait.

A l'égard de ma question indiscrète, elle ne pouvait être comprise ni par les lecteurs ni par l'imprimeur; de plus, ce n'était point par la poste, c'était dans une de ces deux lettres de douze pages que vous reçûtes par des occasions sûres. Ayez meilleure opinion de moi, mon ami, vous m'avez corrigée de bien des défauts; je n'ai qu'une pensée, qu'une volonté, qu'un désir, c'est d'être jusqu'à mon dernier soupir votre meilleure amie. Ne craignez pas que j'abuse jamais de votre amitié ni de votre complaisance. Jamais je ne vous presserai de me venir voir; hé! mon Dieu! je ne sens que trop de quelle difficulté sont pour vous de tels voyages, tous les inconvénients qu'ils entraînent. Je pensais à remédier à celui qui est le plus insupportable, le bruit des auberges. Rien ne paraîtrait ici plus simple et plus raisonnable que cet arrange-

---

(1) M. Felton Hervey.

ment; je me proposais bien de ne vous pas laisser apercevoir que nous habitions la même maison; hé bien, il n'y faut plus penser (2).

Disons un mot de la Bellissima; c'est une affaire oubliée (3), il n'est point question *de dits et redits*; cela n'a point formé deux partis, ses amis sont les miens, les miens sont les siens, nous nous verrons en maisons tierces, en attendant que nous nous voyions l'une chez l'autre; enfin cela ne fait rien à personne, pas même à elle ni à moi.

Pour votre nièce, nous sommes parfaitement ensemble, et nous y serons toujours; personne ne s'est jamais aperçu de nos petits différents; vous ne me soupçonnerez pas de pouvoir manquer d'égard pour votre nièce; la connaissance que j'ai de son caractère, jointe à vos conseils, répondent d'une paix *imperturbable*. J'espère, mon ami, qu'il en sera de même entre vous et moi, et qu'après cet éclaircissement-ci, nous ne troublerons plus nos pauvres têtes; nous voulons l'un et

---

(2) Elle lui avait proposé de venir occuper un appartement à côté du sien dans l'enceinte du couvent de Saint-Joseph, durant son prochain séjour à Paris.

(3) Sa discussion avec madame de Forcalquier, dont elle lui avait fait le récit dans sa lettre du 7 mars.

l'autre nous rendre heureux, je vais pour cet effet redoubler de prudence; de votre côté, tâchez d'avoir un peu d'indulgence, et ne me dites jamais que nous ne nous convenons point; songez à la distance qui nous sépare ; que quand je reçois de vous une lettre sévère, pleine de reproches, de soupçons, de froideur, je suis huit jours malheureuse; et quand au bout de ce terme j'en reçois encore une plus fâcheuse, la tête me tourne tout-à-fait. Je n'aime pas le sentiment de la compassion, cependant rappelez-vous quelquefois mon âge et mes malheurs, et dites-vous en même-temps qu'il ne tient qu'à vous malgré tout cela de me rendre très-heureuse.

Vous ne me parlez plus de votre chose publique, je suppose que vous ne vous souciez pas que je vous parle de la nôtre, ainsi je finis.

Avez-vous reçu les deux premiers volumes du théâtre espagnol?

LETTRE LXXXIV.

Paris, samedi 14 avril 1770.

Je suis aussi contente de la lettre que je reçois, qu'un pendu le serait d'obtenir sa grâce ; mais la corde m'a fait mal au cou, et si je n'avais été promptement secourue, c'était fait de moi. Oublions le passé ; j'aime mieux me laisser croire coupable, que de risquer de troubler de nouveau la paix ; je suis bien avec tout le monde.

La grand'maman arriva hier ; elle passera toute la semaine prochaine à Paris ; je la verrai souvent ; enfin, enfin, je ne suis mal avec personne, car quoique je ne sois point encore raccommodée avec madame de Forcalquier, cela ne saurait s'appeler être brouillée.

Le grand événement d'aujourd'hui est la retraite de madame Louise (1) ; il y avait dix-huit ans qu'elle voulait être religieuse, dix qu'elle s'était déterminée à être carmélite ; elle n'avait dans sa confidence que le roi et l'archevêque, qui combattaient son dessein ; apparemment qu'après qu'elle les y eut fait consentir, elle détermina le jour avec eux ; ce fut le mercredi saint. La veille, le roi dit à M. Cromart, écuyer, d'aller prendre les ordres de madame Louise, et qu'on eût à

---

(1) La troisième fille de Louis XV, alors âgée de 33 ans. Elle mourut dans la retraite qu'elle s'était choisie et dont elle devint la supérieure, en 1787.

obéir à tout ce qu'elle ordonnerait. Elle demanda un carrosse pour le lendemain sept heures du matin, sans gardes du corps, sans pages; elle ordonna à madame de Ghistel, l'une de ses dames, d'être à sept heures chez elle tout habillée; elle ne dit rien à ses sœurs qui n'avaient pas le moindre soupçon de sa résolution. Le mercredi, elle monta dans son carrosse à sept heures précises, elle changea de relais à Sèvres, et dit: *à S.-Denis*. Entrant à S.-Denis, elle dit: *aux Carmélites*. La porte ouverte, elle embrassa madame de Ghistel: adieu, madame, lui dit-elle, nous ne nous reverrons jamais; elle lui donna une lettre pour le roi, et une pour ses sœurs; elle n'avait pas apporté une chemise, ni un bonnet de nuit; elle devait prendre le voile blanc en arrivant; le jeudi on lui apporta des nippes, dont elle ne prit que deux chemises et une camisole; elle se fait appeler la sœur Thérèse-Augustin. C'est ainsi qu'elle signe la seconde lettre qu'elle a écrite au roi, avec la permission de *notre révérende mère*. Elle le supplie de vouloir bien payer *douze mille francs pour sa dot, c'est le double des dots ordinaires, mais ce que payent pourtant les personnes contrefaites, qui sont plus délicates, et peu-*

vent avoir besoin de quelques douceurs ; elle lui demande aussi *de continuer ses pensions jusqu'à sa profession, pour avoir le moyen de faire quelque gratification à ceux et à celles qui l'ont servie.* Cela ne vous fait-il pas pitié? Notre espèce est étrange! quand on n'est pas malheureux ni par les passions ni par la fortune, on se le rend par des chimères. Voilà tout ce que vous aurez de moi aujourd'hui ; il me faut quelque temps pour rétablir le calme dans mon âme : je suis ravie d'être bien avec vous, et ce ne sera certainement pas par ma faute si à l'avenir j'y suis jamais mal.

Jour de Pâques.

Il n'y avait que deux mois que le roi était au fait des projets de madame Louise ; elle avait laissé faire tous ses habits pour les fêtes du mariage ; elle n'a point pris le voile blanc, ce ne sera que dans six mois. Cette aventure n'a pas fait une grande sensation ; on hausse les épaules, on plaint la faiblesse d'esprit, et l'on parle d'autres choses.

Vous avez beau temps à votre campagne, je vous en félicite.

LETTRE LXXXV.

Paris, samedi 19 mai 1770.

Vos lettres sont toujours les bien-venues, qu'elles soient longues ou courtes, cela est égal; il me suffit qu'elles me soient une preuve de votre complaisance et de votre souvenir, et qu'elles m'instruisent de votre santé; je ne prétends ni ne désire rien de plus. C'est à moi de craindre pour les miennes; je ne puis les remplir que de choses qui vous soient très-indifférentes, et qui, par le peu d'intérêt que j'y prends moi-même, deviennent très-ennuyeuses sous ma plume; le ciel ne m'a point favorisée du talent de madame de Sévigné: Indépendamment de son esprit, l'intérêt qu'elle prenait à tout rendait ses narrations très-intéressantes. Cela dit, il faut pourtant vous conter des nouvelles. Vous avez deviné très-juste, il y a des tracasseries sans nombre (1); le menuet que doit danser aujourd'hui mademoiselle de

---

(1) Sur la préséance aux fêtes qui eurent lieu à l'occasion du mariage du dauphin, depuis Louis XVI, avec l'archiduchesse Marie-Antoinette d'Autriche, le 16 mai 1770.

Lorraine (2) a troublé bien des têtes : les pairs, joints à la noblesse, ont présenté au roi une requête contre les prétentions des princes lorrains ; ce fut hier que le roi y répondit, et voici sa réponse. Il y a un certain doute sur la demande de M. de Mercy (3), qui pourra bien faire que beaucoup de dames se dispenseront d'aller à son souper et à son bal.

Rien n'a été plus beau que la chapelle, que l'appartement, et par-dessus tout le banquet royal (4); mais l'ambassadrice (5) aura sans doute des relations plus circonstanciées et plus exactes que celles que je pourrais faire. L'opéra qu'on donna jeudi fut trouvé déplorable. Le feu ne fut point tiré mercredi, jour du mariage, à cause de la pluie, mais il le sera aujourd'hui après le bal paré; il fait le plus beau temps du monde.

---

(2) Fille de madame de Brionne, et sœur du prince de Lambesc.

(3) Ambassadeur d'Autriche à Paris. Cette demande est expliquée dans la réponse du roi aux remontrances qui lui furent présentées par la noblesse, et qu'on trouvera à la suite de cette lettre.

(4) A l'occasion du mariage susmentionné.

(5) La marquise du Châtelet, ambassadrice de France à Londres.

Dimanche, à 2 heures.

J'attendais des nouvelles pour continuer ; les voici :

Le jeudi au soir, après la réponse du roi, il y eut une assemblée, chez le duc de Duras, des pairs et de la noblesse ; on y conclut que personne ne danserait ; tout le vendredi on crut qu'il n'y aurait point de bal ; le samedi matin, le roi dit qu'il y en aurait, et qu'il remarquerait ceux qui n'y viendraient pas. Cependant à cinq heures il n'y avait de danseuses, dans la salle, que mademoiselle de Lorraine, mademoiselle de Rohan, et madame la princesse de Bouillon. Les autres danseuses étaient restées chez elles avec le projet de ne pas venir au bal ; le roi, qui en fut averti, envoya ordre à plusieurs de se rendre dans la salle du bal, *et de danser ; à près de sept heures,* plusieurs danseuses arrivèrent, huit ou neuf, ce qui, avec les trois princesses étrangères, fit onze ou douze danseuses. Voici l'ordre qui fut observé. D'abord, M. le dauphin et madame la dauphine ; puis Madame et le comte de Provence ; M. le comte d'Artois et madame la duchesse de Chartres ; M. le duc de Chartres et madame la duchesse de Bourbon ; M. le prince de Condé et madame la princesse de Lamballe; M. le duc de Bourbon et mademoiselle de Lorraine. Après ce menuet, le roi fit signe à M. le comte d'Artois de lui venir parler, et M. le comte d'Artois fut prendre madame la maréchale de Duras pour le septième menuet; M. le prince de Condé et la vicomtesse de Laval; le prince de Lambesc et mademoiselle de Rohan; le duc de Coigni et la princesse de Bouillon; le marquis de Fitzjames et madame de Mailly; M. de Blagnac et madame d'Onissan; M. de Belzunce et la comtesse Jules (*de Polignac*); M. de Vaudreuil et madame Dillon; M. de Staremberg et madame de Trans; M. de Tonnerre et madame de Pujet; et puis, madame de Duras et M. de Lambesc dansèrent la mariée. On servit la collation; ensuite il y eut des contre-danses jusqu'à dix heures qu'on tira le feu; il n'a pas été trouvé aussi beau qu'on l'espérait, parce que la fumée a empêché d'en voir tout l'effet. L'illumination, ainsi que le spectacle du bal, ont été de la plus grande et de la plus superbe magnificence.

Vous remarquerez que madame de Lauzun n'est point du nombre des danseuses. Si j'apprends quelques nouveaux détails avant le départ de la poste, je l'ajouterai. Dans ce moment je vous quitte pour lire une lettre que je reçois de Chanteloup.

Je reprends; c'est une lettre de la grand'maman toute pleine de tendresse; elle me mande que Voltaire a écrit à sa femme de chambre, en lui envoyant six montres, fabriquées par les émigrants de Genève. Il veut que le grand-papa les fasse acheter au roi pour des présents qu'on fait aux subalternes; la grand'maman les lui a envoyées, en lui mandant que s'il ne réussissait pas à cette négociation, elle prendrait les montres sur son compte. Il n'y a point d'exemple d'une aussi grande activité que celle de Voltaire; il écrit continuellement à la grand'maman; il met à son adresse les lettres qui sont pour moi, parce qu'elles sont en grande partie pour elle. Le voilà qui écrit aujourd'hui à sa femme de chambre. J'ai déjà reçu six cahiers de son Encyclopédie. Certainement il ne s'ennuie pas, parce qu'il trouve mille objets pour exercer son activité.

Je serai fort aise de revoir M. et madame de Richmond, et de faire connaissance avec votre petite cousine (6), si elle veut me faire

---

(6) Madame Damer, qui devait accompagner la duchesse de Richmond à Paris. Ce voyage n'eut pas lieu.

cet honneur-là; je prévois bien que ma société ne lui saurait convenir, mais étant avec madame sa sœur, elle n'aura besoin de personne.

Dans ce moment-ci Paris est un désert; excepté Pontdeveyle, qui ne se porte pas bien, le prince de Beaufremont, qui est sur son départ pour Chanteloup, un grand-vicaire de Mâcon (7), homme d'esprit, que j'ai connu en province, et que le ciel a envoyé à mon secours; sans ces trois personnes je serais réduite à la Sanadona, et je n'ai pas le bonheur de vous ressembler. Je n'aime pas la solitude; j'y suis moins heureuse que cet homme qui, vivant seul, se vantait d'être heureux, *oui, je suis heureux*, disait-il, *et aussi heureux que si j'étais mort*. Eh bien, moi, je le suis beaucoup moins que si j'étais morte, parce que toutes mes pensées m'attristent. Vous cesserez de trouver cela bizarre, quand vous vous souviendrez que je suis vieille et aveugle.

J'ai joint à la réponse du roi une lettre de l'impératrice au dauphin, que je trouve assez touchante.

---

(7) L'abbé de Sigorge.

Copie de la réponse du roi au mémoire qui lui a été présenté.

« L'ambassadeur de l'empereur et de l'im-
» pératrice reine, dans une audience qu'il a eue
» de moi, m'a demandé, de la part de ses maî-
» tres (et je suis obligé d'ajouter foi à tout ce
» qu'il me dit), de vouloir marquer quelque
» distinction à mademoiselle de Lorraine, à
» l'occasion présente du mariage de mon pe-
» tit-fils avec l'archiduchesse Antoinette. La
» danse au bal étant la seule chose qui ne
» puisse tirer à conséquence, puisque le choix
» des danseurs et danseuses ne dépend que de
» ma volonté, sans distinction de place, rang,
» ou dignités, exceptant les princes et prin-
» cesses de mon sang, qui ne peuvent être
» comparés, ni mis au rang avec aucun autre
» *français; et ne voulant d'ailleurs rien in-*
» nover à ce qui se pratique à ma cour, je
» compte que les grands et la noblesse de mon
» royaume, vû la fidélité, soumission, atta-
» chement, et même amitié qu'ils m'ont tou-
» jours marqués et à mes prédécesseurs,
» n'occasionneront jamais rien qui puisse me
» déplaire, surtout dans cette occurrence-ci,
» où je désire marquer à l'impératrice ma re-

» connaissance du présent qu'elle m'a fait, qui,
» j'espère ainsi que vous, fera le bonheur du
» reste de mes jours.
» Bon pour copie.
« St.-Florentin ».

Copie de la lettre de l'impératrice-reine à monseigneur le dauphin.

» Votre épouse, mon cher dauphin, vient
» de se séparer de moi. Comme elle faisait
» mes délices, j'espère qu'elle fera votre bon-
» heur; je l'ai élevée en conséquence, parce
» que depuis long-temps je prévoyais qu'elle
» devait partager vos destinées; je lui ai ins-
» piré l'amour de ses devoirs envers vous, un
» tendre attachement, l'attention à imaginer
» et à mettre en pratique les moyens de vous
» plaire. Je lui ai toujours recommandé avec
» beaucoup de soin une tendre dévotion en-
» vers le maître des rois, persuadée qu'on fait
» mal le bonheur des peuples qui nous sont
» confiés, quand on manque envers celui qui
» brise les sceptres et renverse les trônes
comme il lui plaît.

« Aimez donc vos devoirs envers Dieu; je
» vous le dis, mon cher dauphin, et je le dis

» à ma fille; aimez le bien des peuples sur les-
» quels vous régnerez toujours trop tôt. Aimez
» le roi votre aïeul, inspirez ou renouvelez cet
» attachement à ma fille; soyez bon comme
» lui; rendez-vous accessible aux malheureux.
» Il est impossible qu'en vous conduisant ainsi,
» vous n'ayiez le bonheur en partage. Ma fille
» vous aimera, j'en suis sûre, parce que je
» la connais; mais, plus je vous réponds de son
» amour et de ses soins, plus je vous demande
» de lui vouer le plus tendre attachement.

» Adieu, mon cher dauphin; soyez heureux.
» Je suis baignée de larmes. »

LETTRE LXXXVI.

Mercredi 6 juin, à 6 heures du matin.

Wiart n'est point éveillé, et moi, suivant ma louable coutume, je ne dors point; *et pour charmer mon ennui, je vais me parjurer,* en vous écrivant, malgré l'engagement que j'avais pris, de ne jamais vous écrire que pour répondre à vos lettres, et vous savez que le dernier courrier ne m'en a point apporté; je puis, sans me flatter, n'en prendre point d'inquiétude pour votre santé; votre silence peut avoir mille autres causes, dont une seule vous aura paru suffisante. N'avoir rien à dire! eh bien, je ne suis pas de même; j'ai bien des choses à vous dire, mais je crains bien fort de me mal expliquer.

J'eus avant-hier la visite de M. le duc de Choiseul; je n'avais avec moi qu'une personne que je renvoyai, et je fis fermer ma porte. Il entra dans ma chambre, avec toute la grâce et la gaîté que vous lui connaissez. Eh bien, ma petite fille, me voilà; je ne devais jamais vous venir voir, mandiez-vous à M. de Beauvau; je viens pour vous parler de M. le duc de Richmond. Je veux vous bien instruire de l'affaire, pour que vous en puissiez rendre compte à M. Walpole; je serais ravi de pouvoir l'entretenir un quart-d'heure; je lui ferais connaître le désir que j'ai de l'obliger, et je le ferais juge de ce que je puis faire; mais écoutez-moi bien, et mandez-lui tout ce que je vais vous dire.

Louis XIV accorda à feu la duchesse de Portsmouth le titre de duchesse, en érigeant sa terre d'Aubigny en duché-pairie, pour elle et pour toute sa postérité. Son fils, son petit-fils en ont joui; son arrière-petit-fils en jouit présentement; ses enfants en jouiront après lui, et s'il n'en a point, le duché passera au comte de Lennox son frère et à ses enfants; enfin le duché et le titre seront à tout jamais aux descendants de la duchesse de Portsmouth. C'est ainsi, dit-il, que je m'en suis expliqué au duc de Richmond, et je n'ai dû ni pu lui faire d'autres promesses; l'enregistrement au parlement est impossible, à cause de la catholicité qui en ferme l'entrée au parlement. — A ces mots, je lui demandai la permission de lui faire lire ce que vous m'aviez écrit; Wiart lui en fit la lecture. Il fut fort content de ce qu'il y avait d'obligeant pour lui, puis il dit : M. le duc de Richmond ignore qu'il faut le même enregistrement au parlement pour un duché héréditaire, que pour un duché-pairie; que gagnerait-il à changer la pairie en héréditaire ? La nouvelle qualification, inférieure à la première, n'ajouterait rien à la solidité de la grâce accordée par Louis XIV à sa trisaïeule, et je ne comprends pas (dit-il encore) d'où naissent ses inquiétudes; sa femme et lui ont joui à notre cour de toutes les prérogatives de son titre, et ils en jouiront à l'avenir quand ils s'y présenteront. Mais n'y aurait-il point d'événements, repartis-je, qui pourraient apporter du changement ? — Non, repartit-il. Je n'eus plus rien à répliquer, et je finis par le beaucoup remercier de la grâce et de l'amitié qu'il mettait dans cette affaire.

Mais voici à présent ce que je pense : l'envie d'obliger la grand'maman l'a très-bien disposé pour cette affaire, qu'il n'aurait pas sans cela fort à cœur, par des raisons que vous pouvez imaginer, et dans lesquelles vous n'avez rien de commun, parce qu'il est très-bien informé (comme vous n'en pouvez pas douter) de tout ce qui se passe chez vous. Le conseil que je vous donne, c'est de lire la patente donnée à la trisaïeule, et de lire avec attention l'édit de la révocation de l'édit de Nantes ; et si cette lecture peut former des doutes et des inquiétudes à M. le duc de Richmond, qu'il fasse un petit mémoire, je me chargerai de le présenter, et de faire agir la grand'maman.

Avez-vous appris les horribles désastres arrivés au feu de la ville? le nombre des morts et des blessés est de cinq ou six cents (1). Vous aurez lu la lettre du dauphin au lieutenant de police ; madame la dauphine et Mesdames ont suivi son exemple ; le roi a donné cent mille francs, beaucoup de particuliers ont envoyé des aumônes, et M. de Sartine a actuellement une somme assez considérable.

---

(1) Voyez le détail de cet horrible désastre dans le *Tableau de Paris*, de M. Mercier.

Le roi vient d'acheter de M. le prince de Conti le duché de Mercœur et la terre de Senonges, qui valent deux cent cinquante mille livres de rente, sur le pied de trois pour cent, dont il placera en rentes viagères une partie pour se faire le même revenu ; du surplus il paiera ses dettes, et il jouira de onze cent mille livres de rente, et d'une fistule qu'il a depuis quelques mois, et dont il va se faire traiter.

Adieu, il est temps de tâcher de dormir. Cette lettre a été un vrai travail.

L'acquisition que le roi fait de ces deux terres est pour faire partie de l'apanage de l'un de nos princes.

Est-il vrai que M. Hume est marié à une dévote ?

LETTRE LXXXVII.

Paris, mercredi 13 juin 1770.

Il fait un vent affreux, j'ai une fenêtre qui ne fait que balotter, et qui me désole et me trouble l'imagination : attendez-vous à une sotte lettre. Je ne sais d'où vient que vous vous obstinez à dire tant de mal des vôtres ; si je ne vous connaissais pas bien, je croirais que c'est des éloges que vous recherchez; mais vous n'avez pas cette petitesse, et je croirais pouvoir vous dire que vous écrivez mal, avec la même simplicité que je vous affirme que vous écrivez très-bien. Je ne dis pas que vos lettres soient également agréables. Ah! il s'en faut bien; mais on ne peut mieux exprimer ses pensées; la franchise, l'énergie, rien n'y manque; je suis fort aise que vous soyiez attaché à la règle des huit jours, et tant qu'il vous conviendra d'y être exact, j'en aurai beaucoup de plaisir.

Oui, Dieu merci, nos fêtes sont passées; ce n'est pas à cause du monde qu'elles pouvaient m'enlever, mais, au pied de la lettre, par l'ennui d'en entendre parler; c'était positivement réaliser le proverbe, *parler aux aveugles des couleurs*; des lampions, des bombes, des girandes, des guirlandes, etc., etc. Cependant cela valait mieux que les massacres, les étouffades du feu de la ville.

Vous voulez que je remplace notre ambassadrice, je veux bien y tâcher, mais vous en serez bientôt las. Ce sont les nouvelles de cour qui vous plaisent le plus; je ne suis pas souvent à portée de les savoir, et puis facilement je les oublie; l'ennui et les insomnies nuisent extrêmement à la mémoire, du moins à la mienne qui s'en va grand train ; je n'en ai pas grand regret, je ne gagnerais rien en me souvenant du passé ; il augmenterait le goût du présent, et pour le présent il ne me fait rien connaître ni entendre que je me soucie de retenir. Oui, je vois toujours les oiseaux, la mère(1) presque tous les jours, la fille (2) souvent, et la nièce très-rarement (3); je mène ma vie ordinaire. Le baron de Gleichen est parti, et c'est une perte pour moi. Je m'occupe actuellement à faire obtenir un bénéfice ou une pension à un certain abbé dont je crois vous avoir parlé : je voudrais qu'il se fixât ici ; c'est un homme de bon sens, même d'esprit ; il a cinquante et quelques années ; il a été professeur à l'Université ; il n'est ni agréable ni pédant, il est tout simple, nullement flatteur, poli sans recherche ; il ne vous déplairait pas (4); ce serait un bonheur *pour moi de l'attacher ici*, cela vaudrait mieux que toutes les danses et les demoiselles passées, présentes et à venir.

---

(1) La marquise de Bouflers.
(2) La comtesse de Boisgelin.
(3) La vicomtesse de Cambise. Cette dame a résidé en Angleterre depuis le commencement de la révolution de France, et est morte à Richmond, en janvier 1809.
(4) L'abbé de Sigorge.

Pourquoi ne vous expliquez-vous pas plus clairement sur le départ de la grande dame(5); tient-il aux mœurs, à la morale ou à la politique ? A propos de grande dame, madame de Grammont part samedi pour Barèges; elle ne sera, dit-on, de retour qu'au mois d'octobre; peut-être en son absence le grand-papa soupera-t-il chez moi; cela sera, si madame de Beauvau le juge à propos; il est (sans qu'il s'en doute) soumis à toutes ses volontés; elle a l'ascendant sur tout ce qui l'environne, et sa place dans le paradis sera à la tête des Dominations. Pour la grand'maman, on la trouvera à la tête des Vertus; je suppose que vous savez la hiérarchie des anges; si vous l'ignorez, instruisez-vous, si vous voulez m'entendre; mais

---

(5) M. Walpole avait dit dans une lettre du 7 juin 1770 : « Il part demain une autre dame dont le voyage
» fait et fera beaucoup plus de bruit : *c'est madame la*
» *princesse de Galles.* Les commentaires sont aussi larges
» que le texte en est obscur. Pour moi, je ne prétends
» pas l'éclaircir, et ne me mêlant pas de la méchanceté de
» la ville, je ne la répéterai pas. Elle va voir sa fille de
» Brunswick, son frère, à Saxe Gotha, et sa fille de
» Danemarck, je ne sais où. Il y a trente-quatre ans
» qu'elle est ici, et depuis dix ans elle ne sort quasi plus
» de son palais. Elle reviendra, dit-on, au mois
» d'octobre ».

je ne vous le conseille pas, cela n'en vaut pas la peine. Je ne sais quand la grand'maman reviendra, je désire son retour, mais je supporte son absence; ma patience est à toute épreuve; j'ai trouvé qu'il fallait tant de choses pour être heureuse, que j'ai abandonné le projet d'y parvenir (6); je laisse tout aller

---

(6) M. Walpole dit, en réponse : « Vous renon-
» cez, dites-vous, au projet d'être heureuse. Ma Petite!
» ma Petite! comment tel projet vous a-t-il pu rester si
» long-temps? C'est un projet de jeunesse, et dont la
» jeunesse seule peut profiter : n'était-ce que parce que
» la jeunesse seule est capable d'avoir une telle idée?
» Toute expérience mondaine prouve qu'on ne peut
» arriver qu'à la tranquillité, à moins d'être sot. Voilà
» les gens heureux. La félicité est une chimère, et qui,
» existant, se détruirait elle-même, parce qu'on serait au
» désespoir de la certitude qu'il faudrait qu'elle finît. Les
» dévots, qui sont des usuriers, mettent leur bonheur
» dans les fonds du paradis, et se refusent le nécessaire
» pour avoir des millions dans l'autre monde. Pour me-
» surer notre bonheur ou malheur, il faut se comparer
» avec les autres. Vous et moi ne sommes-nous pas mille
» fois plus heureux que les gueux, les prisonniers, les
» malades? et sommes-nous beaucoup plus malheureux
» que les princes, les riches et tout ce qui s'appelle des
» gens fortunés? Voilà une réflexion qui me donne de la
» véritable dévotion. Je rends grâce à la Providence de
» mon sort, et je n'envie personne ».

comme il peut et comme il veut ; je bâille dans mon tonneau, et je ne m'embarrasse pas de ce qui l'entoure ; les ridicules me choquent, le menteries m'indignent ; mais je me tais et je pense que tout cela ne peut être autrement.

Hier je traînai le président à un concert chez madame de Sauvigny, intendante de Paris. Mademoiselle le Maure y chantait, il ne l'entendit point, non plus que les instruments qui l'accompagnaient ; il me demandait à tout moment si j'entendais quelque chose ; il me suppose aussi sourde qu'aveugle, et aussi vieille que lui ; sur ce dernier point, il ne se trompe guère.

Adieu ; mes fenêtres me tournent la tête, il n'y a pas de sorte de bruit que le vent ne leur fasse faire.

LETTRE LXXXVIII.

Mercredi, 27 juin 1770.

Vous voyez bien qu'il est très-facile d'écrire, quoiqu'en s'y mettant on n'ait rien à dire. La lettre que je reçois, qui est du 20, est une vraie causerie, et par conséquent est fort agréable (1). Je pense absolument comme vous sur les lectures, ce qui fait que je ne trouve presque point de livres qui m'amusent, et qu'ayant plus de deux mille volumes, je n'en ai pas lu quatre ou cinq cents, et que je relis toujours les mêmes; je n'aime que les mémoires, les lettres, les contes, de certains romans; j'aime assez les recueils, les anecdotes, les voyages qui peignent les mœurs et les usages; mais pour les grandes histoires, la morale, la métaphysique, je déteste tout cela.

Avez-vous donc quitté ou fini M. de Thou? Jamais je n'ai pu me résoudre à le lire, quoiqu'on m'en ait pressée. A peine me soucié-je de ce qui se passe de mon temps, quand mes amis ou moi n'y sont point intéressés; comment pourrais-je m'intéresser à tous les événements passés? D'ailleurs je n'aime point les narrations, qu'autant qu'elles ont l'air de causeries. Enfin, enfin, parmi les morts, ainsi que parmi les vivants, on trouve peu de gens de bonne compagnie. Je perds un homme que je regrette fort, c'est M. Chamier; il est

___

(1) Une des citations dans les notes de la précédente lettre, en est un extrait.

parti ce matin assez mécontent de n'avoir pu terminer ses affaires (2); je le voyais tous les jours, il ne s'ennuyait pas auprès de mon tonneau, et même il paraissait se plaire chez moi; il ne sera à Londres que mercredi ou jeudi de la semaine prochaine.

Il vous porte les mémoires de M. d'Aiguillon. Je suis curieuse de savoir ce que vous en penserez; ils ont produit un assez grand effet dans le public, et ont assez disposé les esprits à l'événement qui vraisemblablement est arrivé ce matin, et dont je vous dirai ce que je saurai, aussitôt que je l'apprendrai; le parlement, les pairs, furent mandés hier pour un lit de justice qui a été tenu ce matin; l'on ne doute point que ce ne soit pour supprimer toutes les recherches et les procédures contre M. d'Aiguillon; on déclarera qu'il n'a rien fait que suivant les ordres souverains; que, loin d'être répréhensible, il mérite des récompenses, et on prétend qu'il ne tardera pas à les recevoir, et qu'il aura incessamment une place dans le conseil

---

(2) Il était attaché au service de la compagnie des Indes-Orientales, et fut envoyé par elle à Paris, pour y traiter de quelques affaires qui la concernaient.

d'État; je suis bien aise du contentement qu'en aura la grande duchesse dont la conduite dans tout ceci a été d'une grande sagesse et d'une grande honnêteté.

La grand'maman ne revient pas si tôt de Chanteloup que je l'espérais; elle ne sera ici que dans trois semaines et partira tout de suite pour Compiègne. Le grand papa soupa chez moi vendredi dernier, il fut très-aimable. Je lui dis encore un mot de M. de Richmond, et réellement je crois qu'il a raison quand il prétend que ce duc doit se contenter de jouir des honneurs qui lui sont assurés et à sa postérité, et qu'il est de toute impossibilité d'enregistrer ses patentes, sa religion étant un obstacle invincible.

A 9 heures du soir.

Voilà les nouvelles du lit de justice; elles rendront les mémoires que M. Chamier vous porte, de la moutarde après dîner. Les amis de M. d'Aiguillon publient qu'il est très-mécontent de ce qu'il ne peut plus être jugé juridiquement; il faudra, pour le consoler, le faire ministre d'État, et l'on ne doute point que dimanche il n'entre au conseil.

Je crois devoir un compliment à la grosse

duchesse; l'embarras est de savoir s'il sera *allegro* ou *tristitio*, je me déterminerai à *adagio*.

Je vous trouve heureux autant que vous vous le trouvez vous-même en vous comparant à tous ceux qui le sont moins que vous; excepté le président et un très-petit nombre de gens qui éprouvent de grands malheurs, je n'en connais guère qui soient plus malheureux que moi; mais je sais que l'on ajoute à ses maux en les racontant à ses amis; on les ennuie, et l'ennui est le tombeau de tous les sentiments. Adieu, portez-vous bien, trouvez tous les jours de nouveaux amusements, continuez à être heureux, c'est le seul bonheur que je puisse avoir.

Extrait du Discours de M. le chancelier, et des Lettres Patentes.

« Le roi, occupé du soin de lever tout obstacle à la tranquillité de sa province de Bretagne, n'avait pas cru devoir permettre à M. le duc d'Aiguillon de rendre publique la requête qu'il avait présentée l'année dernière; mais lorsqu'il a été compris dans l'information de Bretagne, sa majesté a désiré connaître de quelle nature était l'accusation intentée contre lui; la plainte a été reçue avec tout l'appareil des formes judiciaires. sa majesté a été étonnée de voir que, dans l'information, plusieurs témoins avaient déposé des faits étrangers à la plainte, avaient annexé à leurs dépositions des arrêts du conseil; enfin que les secrets de l'administration y pouvaient être compromis. Que ceux que sa majesté charge de ses ordres ne sont comptables qu'à elle seule de leur exécution. Que sa majesté n'a vu dans la conduite de M. d'Aiguillon que de la fidélité et du zèle; qu'elle regarde sa conduite comme irréprochable et conforme aux ordres qu'elle lui avait donnés, dont il ne doit compte qu'à elle seule; que si elle lui doit de se justifier, elle se doit à elle-même de ne point laisser pénétrer dans les secrets de l'administration, et de ne point éterniser, par une instruction criminelle, les troubles qui agitent la Bretagne.

A ces causes, sa majesté annulle toutes les procédures et les requêtes de l'affaire; ordonne que toutes poursuites soient interrompues, et impose au procureur général et à tous autres le silence le plus absolu. »

LETTRE LXXXIX.

Paris, dimanche 15 juillet 1770.

Je ne sais pas ce qui m'arrive depuis quelque temps, je perds la faculté d'écrire, je n'ai que des idées confuses ; quand je reçois des lettres que je trouve bonnes, je tombe dans le découragement par l'impossibilité que je trouve à y répondre. Votre dernière lettre me fait cette impression ; vous avez des pensées, vous les rendez avec une netteté, une énergie singulière. Moi, je ne pense point ; il faudrait que j'eusse recours à des phrases pour dire quelque chose ; je raconte mal, et tout ce que je vois et que j'entends me fait si peu d'impression, qu'il me semble que je n'ai point d'esprit, et que quand mon âme n'est occupée ni remuée, je suis comme un chat, comme un chien ; mais beaucoup moins heureuse qu'eux, parce qu'ils sont contents de leur état et que je ne le suis point du mien. Il n'entre point de système dans ma tête sur ce qui pourrait faire mon bonheur ; je voudrais m'amuser à faire des châteaux de cartes et que cela pût me suffire pour me délivrer de l'ennui, j'y emploierais tous mes moments.

Il est très-vrai que j'ai quelquefois des instants de gaîté, mais ce sont des éclairs qui ne dissipent point l'obscurité ni les nuages. Je n'ai point le projet de n'être heureuse que par telles ou telles choses ; je laisse toutes les portes de mon âme ouvertes pour y recevoir le plaisir ; je désirerais de barricader celle par où entrent le regret, l'ennui et la tristesse ; mais mon âme est une chambre dont le destin ou le sort ne m'ont pas laissé la clef. Ce qui est de certain, c'est que je n'ai point d'affiches, et que, si j'en avais, elles seraient toujours réelles et n'en imposeraient à personne.

Je suis ravie que vous ne vous souciez plus de l'affaire de M. d'Aiguillon ; j'en suis excédée, ce sont des députations, des remontrances, etc., qui ne vous font rien ni à moi non plus ; votre embarras est très-juste, et vous le peignez fort bien en me chargeant de faire vos compliments à la grosse duchesse (1) *du je ne sais pas quoi de monsieur son fils, et de ne trouver aucun mot honorable qu'on puisse y appliquer.* C'est tout ce qui a jamais été dit de mieux à ce sujet (2).

---

(1) La mère du duc d'Aiguillon.
(2) M. Walpole avait dit : « Faites, je vous prie, mon
» compliment à la grosse duchesse, du je ne sais pas

Vous avez un singulier esprit ; prenez-le en louange si vous voulez, je ne vous en prie pas, mais je ne m'y oppose pas.

Nous avons ici Jean-Jacques. Si je me délectais à écrire, j'aurais de quoi remplir deux feuilles sur son compte, mais je ne saurais parler long-temps de ce qui ne m'intéresse pas ; il prétend qu'il ne veut pas toucher sa pension d'Angleterre, je voudrais savoir si cela est vrai ; il veut gagner sa vie à copier de la musique, il ne veut point voir les idoles, ni leurs amis, ni leurs courtisans. Le prince de Ligne (3), qui est un assez bon garçon et me paraissait assez simple, vient de lui écrire pour lui offrir un asile chez lui en Flandre ; son intention, ce me semble, a été de faire quelque chose d'aussi bon que la lettre du roi de Prusse, avec un sentiment différent ; il veut marquer un bon cœur, de la compassion, de la générosité, et il ménage toutes les faiblesses

---

» quoi de monsieur son fils ; je ne trouve, moi, aucun
» mot honorable qu'on puisse y appliquer. Enfin, je suis
» bien aise pour l'amour d'elle, et un peu de n'être pas
» obligé de lire sa défense ».

(3) Le même prince de Ligne, encore vivant, dont madame la baronne de Staël a jugé les *Lettres et Pensées*, dignes de paraître sous ses auspices.

de cet homme en lui montrant qu'il les connait toutes.

J.-Jacques lui a répondu qu'il n'acceptait ni ne refusait ; le spectacle que cet homme donne ici, est au rang de ceux de Nicolet (4), c'est actuellement la populace des beaux esprits qui s'en occupe.

Je ne vous parlerai point de M. de Richmond puisque vous ne vous en souciez plus, mais j'ai bien de la peine à croire qu'il ne soit pas en jouissance de la chose qu'il demande.

Quand vous verrez M. Chamier, il vous mettra au fait de ce qui me regarde autant que vous voudrez l'être, car il me voyait tous les jours. Sa société me convenait et me plaisait fort, il y a peu de gens ici qui me soient aussi agréables. Il vous parlera d'un abbé dont je voudrais fixer le séjour ici ; je crois vous en avoir déjà dit quelque chose. Je l'ai connu en province, c'est un homme d'esprit, sans beaucoup d'agrément ; mais il a de la justesse, des connaissances, du goût, de la franchise, et de la simplicité.

---

(4) Théâtre des boulevarts de Paris, sur lequel on représente des pantomimes.

Vous avez grand tort de ne m'avoir pas envoyé vos vers à la princesse Amélie. La description de votre voyage m'a fort amusée, rien n'est plus singulier que d'écrire aussi bien dans une langue étrangère (5).

---

(5) Le lecteur sera sans doute curieux de voir la relation de ce voyage. M. Walpole était allé trouver la princesse Amélie, tante du roi actuel, d'abord chez le général Conway, à Park-place, et ensuite chez le lord Temple à Stow ; c'est de cette derniere visite qu'il donne le récit suivant :

Strawberry-Hill, dimanche.

« C'est avec beaucoup de satisfaction que je me re-
» trouve chez moi. Ah ! qu'il est incompréhensible qu'on
» aime à être faux, soumis et flatteur ! Je préférerais une
» chaumière et du pain bis, à tous les honneurs dont on
» pourrait décorer la dépendance. Malgré cette aversion
» pour le métier, j'ai fort bien joué mon rôle de cour-
» tisan ; mais c'est que le terme était assez court. Nous
» nous sommes assemblés chez milord Temple, le lundi
» au matin, nous nous sommes séparés le samedi avant
» midi. C'était toujours une partie de huit personnes, le
» maître et la maîtresse du logis au lieu de M. Conway
» et madame sa femme ; un autre seigneur qui rempla-
» çait milord Hertford, la princesse, ses deux dames,
» milady, M. Coke et moi. Voilà tout notre monde. La
» maison est vaste, les jardins ont quatre milles de cir-
» conférence outre la forêt ; des temples, des pyramides,
» des obélisques, des ponts, des eaux, des grottes, des

» statues, des cascades, voilà ce qui ne finit point. On
» dirait que deux ou trois empereurs romains y eussent
» dépensé des trésors. Tout cela ne m'était pas nouveau,
» mais un ciel fort beau, une verdure éclatante, et la
» présence de la princesse donnait un air de grandeur
» à ce séjour que je ne lui avais jamais vu. Milord
» Temple venait de faire bâtir un fort bel arc de pierre,
» et de le dédier à la princesse. Cet arc est placé dans
» une orangerie, au sommet d'un endroit qu'on nomme
» *les Champs-Élysées*, et qui domine un très-riche
» paysage, au milieu duquel se voit un magnifique pont
» à colonnes, et plus haut la représentation d'un château
» à l'antique. La princesse était dans des extases, et
» visitait son arc quatre ou cinq fois par jour. Je m'avisai
» d'un petit compliment qui réussit à merveilles. Autour
» de l'arc sont les statues d'Apollon et des Muses. Un
» jour la princesse trouva dans la main du dieu, des vers
» à sa louange. Je ne les envoie pas parce que ces sortes
» de choses ne valent rien que dans l'instant, et se per-
» dent tout-à-fait dans une traduction. On nous donna
» aussi un très-joli amusement le soir. C'était un petit
» souper froid dans une grotte au bout des Champs-
» Élysées qui étaient éclairés par mille lampions dans
» des bosquets; et sur la rivière, deux petits vaisseaux
» également ornés de lampions en pyramide, faisaient
» le spectacle le plus agréable. Mais en voilà assez, il ne
» faut pas vous ennuyer de nos promenades en cabriolets,
» de notre pharaon le soir, et de tous ces petits riens
» qui remplissent les moments à la campagne. Il suffit

Elliot(6), ils sont infiniment aimables, ils savent parfaitement le français, ils sont gais, doux et polis, et plaisent à tout le monde; je les vois souvent, j'ai pour eux toutes les attentions possibles; mais ils n'ont besoin de personne pour les faire valoir, on leur trouve une fort jolie figure; vous ne pouvez pas dire tout cela à leur père, car il est en Ecosse.

Adieu. La grand'maman vient le 20, avec son mari qui l'est allé chercher.

LETTRE XC.

Paris, lundi 6 août 1770.

Je viens de sauter une poste, je n'eus pas le temps hier d'écrire, mais vous n'y gagnerez rien; cette lettre à la vérité arrivera plus tard, mais elle sera plus longue; j'en ai bien quel-

---

» de dire que tout s'est passé sans nuages et que nos
» hôtes se sont conduits avec infiniment de politesse et
» de bonne humeur; que nous avons beaucoup ri; que
» la princesse était fort gracieuse et familière, et que si
» de telles parties ont peu de charmes, il serait difficile
» d'en composer une pareille qui n'eût mille fois plus de
» désagréments. Mais avec tout cela, *Signora mia*, je
» suis ravi qu'elle soit finie ».

(6) Le lord Minto actuel et son frère Hugh Elliot, fils de feu sir Gilbert Elliot, de Minto, baronnet.

que scrupule, mais je suis dans l'habitude avec vous de les étouffer. Vos lettres par exemple m'en donnent d'infinis ; vous m'avouez très-ingénument combien elles vous causent de gêne et d'ennui ; ma conscience me dit alors ce que je devrais faire, mais je n'ai pas le courage de la croire, ni même de l'écouter ; votre mauvaise étoile vous a fait faire connaissance avec moi, la même m'a fait prendre de l'amitié pour vous ; c'est une sorte de boîte de Pandore d'où sont sortis la métaphysique, les spéculations, les styles de Scudéri. Les jérémiades, les élégies ; voici ma part : les épigrammes, les mépris, les dédains, et le pis de tout, l'indifférence, voilà la vôtre. Mais, ainsi que dans la boîte de Pandore, il y reste l'espérance, et chacun se la figure selon son goût. Vous voilà quitte de ce que je vous dirai de nous; passons aux nouvelles.

C'est la comtesse et non la duchesse (1). La comtesse est belle-sœur de la duchesse ; elle est veuve du comte, frère cadet du duc (*de*

---

(1) De Grammont. La duchesse, dont il a déjà été parlé, était la sœur du duc de Choiseul. La comtesse de Grammont était la mère du duc de Grammont; elle avait été exilée à quinze lieues de la cour et de Paris, pour quelque manque supposé d'attention ou de com-

Grammont); elle s'appelait de Faux, demoiselle de Normandie, qui a eu beaucoup de bien ; elle n'est amie de nos parents (2) que par *bricole* ; le terme est juste, car elle est l'intime du frère prélat (3). Madame du Châtelet mène un grand deuil de cette aventure, c'est sa meilleure amie ; elle n'est pas même de ma connaissance ; je ne l'ai rencontrée que deux ou trois fois ; elle me parut sotte, hardie et bavarde.

J'ai dit, et j'ai eu raison, que j'étais bien aise que cette aventure fût arrivée en l'absence des miens, parce qu'on n'était pas à portée de leur imputer des propos imprudents. Ils se conduisent à merveille ; ils sont environnés d'armes et d'ennemis ; mais ils ont, pour résister aux attaques, leur bonne administration, leur attachement pour le maître, l'intérêt véritable qu'ils prennent à sa gloire. — Je ne sais ce qu'il arrivera d'eux, mais *quoi qu'il en soit*,

---

plaisance envers madame du Barri, dont plusieurs autres dames de la cour s'étaient également rendues coupables ; elle fut choisie pour donner un exemple de punition qu'on jugeait nécessaire.

(2) Le duc et la duchesse de Choiseul.

(3) L'archevêque de Cambrai, frère du duc de Choiseul.

ils conserveront l'estime des étrangers et de tous leurs compatriotes qui ne seront pas coquins avérés.

Pour moi, mon ami, je suis fort tranquille; je me prépare à tout événement, parce que je suis intimement persuadée qu'ils conserveront toujours leur réputation, et ce sera leur gloire; et leurs ennemis dans leur triomphe, s'ils l'obtiennent, ne perdront point la leur, et c'est ce qui peut leur arriver de pis.

Il y a eu deux nouvelles dames admises à Compiègne aux soupers du petit château, la duchesse et la vicomtesse de Laval; leurs maris sont gouverneur et survivancier de ce lieu. La comtesse de Valentinois a été nommée dame d'atour de la comtesse de Provence.

M. de Rosières, frère de l'abbé Terray, est déclaré chancelier du comte de Provence; le marquis de Lévis capitaine de *ses gardes* : on travaille à faire leur maison. Mais la nouvelle la plus surprenante, et que je gardais pour la dernière, c'est que M. le Prêtre de Château-Giron, extrêmement fameux dans les affaires de Bretagne, a été nommé survivancier de la charge du président Hénault, surintendant de la maison de la feue reine, et présentement de celle de madame la dauphine. Elle avait été donnée au président Augier; mais on trouva des prétextes pour différer son remercîment, et M. le Prêtre n'a pas perdu de temps pour faire les siens; ainsi c'est pour lui une affaire conclue. On fait aussi une sorte de maison à madame Victoire et à madame Sophie (4). Le marquis de Durfort et le chevalier de Talleyrand sont leurs chevaliers d'honneur; les autres officiers ne sont point encore nommés.

J'ai peine à me persuader que toutes ces nouvelles vous intéressent; mais si vous avez la patience de lire les gazettes, cette lettre en sera une de plus.

Au lieu de continuer ce journal, je suis bien tentée de le brûler; je me figure l'indifférence avec laquelle vous le lirez. En effet, qu'importe de savoir ce qui se passe dans un lieu, et parmi des gens dont on ne se soucie guère? Après ces considérations, je vais cependant le continuer.

On avait ôté toutes les entrées chez M. le dauphin à ses anciens menins; on ne les avait pas données aux nouveaux; tout cela partait de la politique du gouverneur (5). Ces jours passés

---

(4) Filles de Louis XV.
(5) Le duc de la Vauguyon.

on les rendit; le lendemain on les retira, et le surlendemain on les redonna : on ne savait pas bien encore si ce serait le dernier mot. On les a accordées à plusieurs qui ne les avaient jamais eues, à MM. de Soubise, le maréchal de Biron, duc de Gontault, duc d'Aiguillon, et deux ou trois autres dont je ne me souviens pas. En conséquence de la grande amitié que la maréchale de Luxembourg affiche pour M. le dauphin, le gouverneur lui a écrit qu'il lui donnait les entrées chez lui. Il me passe par la tête une polissonnerie que je n'ose dire; c'est sur toutes les entrées que le dauphin donne, et sur celle qu'il n'a pas.

Mes parents se conduisent dans la plus grande perfection; ils ne prennent part à aucune tracasserie; ils s'occupent de leur besogne, et laissent faire et dire tout ce qu'on veut sans paraître s'en soucier, et ne s'en soucient guère en effet. Le maître se porte bien, et si nous le conservons, comme je l'espère, je ne doute pas que tout ne rentre dans l'ordre accoutumé, d'autant plus qu'il n'y a rien d'entamé sur ce qui regarde leur ministère, et que leurs ennemis sont de si sots coquins, qu'ils se perdront eux-mêmes.

Je fus hier avec la maréchale de Bouflers, la

maréchale de Luxembourg, la duchesse de Lauzun, et plusieurs hommes, à Gonesse, à une représentation de *la Religieuse* de la Harpe; elle fut aussi bien jouée pour le moins qu'elle le serait à la comédie; mais cette pièce est traînante; il y a peut-être une vingtaine de vers assez bons : à tout prendre elle ne vaut rien, et elle m'ennuya.

Mardi 21.

La grand'maman arriva hier à cinq heures du matin; je ne la vis point à cause d'une partie à Montrouge (6); elle a été très-agréable; nous eûmes une musique charmante, une dame qui joue de la harpe à merveille; elle me fit tant de plaisir que j'eus du regret que vous ne l'entendissiez pas; c'est un instrument admirable; nous eûmes aussi un clavecin, mais quoiqu'il fût touché avec une grande perfection, ce n'est rien en comparaison de la harpe. *Je fus fort triste toute la soirée*; j'avais appris en partant que madame de Luxembourg qui était allée samedi à Montmorency pour y passer quinze jours, s'était trouvée si mal, qu'on avait fait venir Tronchin, et qu'on l'avait ramenée le

---

(6) Chez son frère l'abbé de Chamrond.

dimanche à huit heures du soir, qu'on lui croyait de l'eau dans la poitrine. L'ancienneté de la connaissance; une habitude qui a l'air de l'amitié; voir disparaître ceux avec qui l'on vit; un retour sur soi-même; sentir que l'on ne tient à rien, que tout fuit, que tout échappe, qu'on reste seule dans l'univers, et malgré cela on craint de le quitter. Voilà ce qui m'occupa pendant la musique. Ce matin j'ai appris que la maréchale était beaucoup mieux; elle m'a fait dire qu'elle me verrait.

Jeudi 25.

Presque tout le monde reviendra dimanche de Compiègne; le roi ira le mardi à Chantilly avec madame la dauphine, Mesdames, et les dames de leur suite, madame du Barri, et sa suite. Il en pourra résulter quelque événement, c'est-à-dire quelque lettre-de-cachet. On dit que madame de Mirepoix ne veut point être de ce voyage; le prétexte est que M. de Beauvau est brouillé avec M. le prince de Condé; on s'en moque, parce qu'elle est brouillée elle-même avec son frère, et qu'elle passe sa vie avec M. de Soubise, qui est bien plus mal avec M. de Beauvau que n'est le prince de Condé.

Je lis l'histoire de Louis XIII, de le Vassor ; je n'en suis qu'au commencement de la régence. Toutes les intrigues de ce temps-là ont beaucoup de rapport à ce qui se passe aujourd'hui. Je ne sais par où tout ceci finira ; il est impossible qu'il n'y ait pas quelqu'un qui succombe ; savoir qui ce sera, voilà ce que je ne peux deviner ; mais je ne suis pas sans crainte. La maîtresse est bien animée contre nos amis, on ne cesse de l'irriter ; les bons mots et les épigrammes pleuvent contre elle. L'autre jour chez elle on parlait de la rage, l'on disait que le plus sûr remède était le mercure ; elle demanda ce que c'était que le mercure : *ze ne sais, dit-elle, ce que c'est, ze voudrais qu'on me le dît.* Cette affectation fit rire ; on la raconta à quelqu'un, qui dit : *Ah! il est heureux qu'elle ait son innocence mercurielle* : ce quelqu'un est la maréchale de Luxembourg ; ne la citez pas.

Je ne prévois pas avoir beaucoup de choses à ajouter à ce volume, je compte qu'il pourra partir les premiers jours de la semaine prochaine.

Lundi 27.

Ce volume est à sa dernière feuille, il faut

qu'il soit fermé demain pour partir mercredi ; l'on me répond que c'est une occasion sûre ; je ne laisserai pas d'être inquiète jusqu'au moment que j'apprendrai que vous l'aurez reçu. Ce n'est que par excès de prudence que je serai inquiète ; la plupart du monde se donne bien plus de licence que je n'en ai pris ; mais je crains si fort d'avoir des tracasseries, et d'en faire aux autres, que je porte la discrétion jusqu'à un excès ridicule ; mais, comme je me crois aujourd'hui en sûreté, je vous dirai nettement qu'il est impossible que la situation présente subsiste ; il faut qu'avant l'espace de neuf ou dix mois il arrive un changement ; il y a une fermentation générale ; tous les parlements se donnent la main (7),

---

(7) Après le lit de justice du 27 juin, mentionné dans la lettre de cette date, et le discours du chancelier Maupeou, sur l'enregistrement forcé des lettres-patentes, lesquelles, par la seule volonté du roi, arrêtèrent toute la procédure pendante au parlement contre le duc d'Aiguillon, tous les parlements du royaume prirent part à la résistance faite par celui de Paris à cet acte d'autorité ; un arrêt succéda à un autre de la part des parlements de Toulouse et de Bordeaux, par lesquels le duché d'Aiguillon fut dépouillé de tous les droits et priviléges de la pairie, jusqu'à ce que le duc fût acquitté par la loi, des charges portées contre lui. Le parlement

tous marquent leur mépris et leur indignation contre le chancelier ; le contrôleur général rendra bientôt sa banqueroute complète, le crédit est absolument perdu ; il n'y a, disent ses émissaires, d'autre recette pour relever le crédit que de faire la banqueroute totale ; alors le roi ne devant plus rien, tous les particuliers qui renferment aujourd'hui leur argent s'empresseront à le placer sur lui, parce qu'alors il sera en état d'en payer les intérêts. Je ne sais comment vous trouvez le raisonnement, il me paraît à moi fort mauvais. Nous sommes accablés de remontrances, de repré-

---

de Rennes, celui de la province où les malversations du duc d'Aiguillon avaient eu lieu, renvoya, sans les ouvrir, les lettres-patentes du roi, tendantes à annuller un de ses arrêts ; une députation de dix-neuf de ses membres qui avaient obtenu la permission de se présenter devant le roi à Compiègne, le 20 août, reçut défense expresse de passer par Paris en venant et en retournant. On lui interdit de même la faculté de dire un seul mot au roi, qui lui observa que ses lettres-patentes auraient dû imposer un silence absolu au parlement ; que sa conduite était d'une nature trop grave pour ne pas être punie ; mais que sa majesté se contenterait de châtier deux d'entre eux, espérant que leur exemple retiendrait les autres dans le devoir. Deux de ces membres furent en conséquence envoyés au château de Vincennes.

sentations, de réquisitoires, d'arrêts, de lettres patentes, etc., etc. Je ne saurais croire que le détail de toutes ces choses vous fût agréable. Elles m'ennuient si fort que c'est tout ce que je peux faire que d'en entendre parler, je me garde bien de les lire. D'ailleurs, mon ami, je trouve très-ridicule, à l'âge que j'ai, de me passionner pour tout ce qui se passe, et pour tout ce qui peut arriver. J'aime fort mes parents, je le leur prouve par ma conduite, et si je pouvais leur être utile, je m'y mettrais jusqu'au cou ; mais dans tout ceci je ne puis être que spectatrice ; je prétends que leurs ennemis les servent mieux que leurs amis ; ceux-ci poussent leur zèle un peu trop loin ; leur imprudence, leur fierté ressemblent trop à l'insolence, et ne peut manquer de déplaire et d'envenimer les esprits ; les autres ont tant d'infamies, de bassesses, de fourberies, et sont si fort à *découvert, qu'ils sont en horreur* au public, et qu'ils n'ont de partisans que leurs complices. Il y a un M. Séguier, avocat général, qui vient de recevoir des affronts de sa compagnie (9). Dans les arrangements que

---

(9) M. Seguier, avocat-général du parlement de Paris, était, par sa charge, obligé de dresser les réquisitoires contre les livres condamnés à être brûlés, par

le public imagine, on dit qu'il aura le département des affaires étrangères, M. de Paulmy celui de la guerre, et M. d'Aiguillon la marine. Tout cela n'arrivera pas, à ce que j'espère, mais qui est-ce qui oserait en répondre ? rien n'est impossible à l'amour ; on le peint aveugle ; cette idée des poètes se réalise bien aujourd'hui.

La grand'maman est à Gennevilliers (10) avec son abbé ; elle a quitté Paris pour éviter

---

l'autorité réunie de l'assemblée générale du clergé et du parlement de Paris, pour cause de doctrine erronée qu'ils pouvaient contenir. Mais on soupçonna que M. Seguier avait négligé les intérêts du parlement lorsqu'il fut député comme avocat-général vers le roi à Versailles, en ne remettant point au roi lui-même son message, et en consentant de recevoir une réponse du chancelier. Le parlement, pour marquer son mécontentement, ne permit point la publication du réquisitoire, et fit paraître son arrêt sans cette pièce. Cela fut considéré comme un si grand affront par son auteur, qu'il eut recours à l'autorité ; et le réquisitoire fut imprimé au Louvre par ordre du roi.

Note du traducteur. Toutes ces accusations contre M. Seguier paraissent tout-à-fait dénuées de fondement aux yeux des personnes du temps bien instruites.

(10) Maison de campagne près Paris, que la duchesse de Choiseul avait héritée de son père, le comte de Chatel.

l'ennui ; elle l'a retrouvé à Gennevilliers. Quand le cœur n'est pas satisfait, l'ennui s'en empare, et il est impossible de s'en débarrasser. Son époux vit fort bien avec elle, et si l'absence de la belle-sœur pouvait être éternelle, elle se trouverait bien partout ; mais cette belle-sœur sera de retour dans un mois.

Il y a bien des détails que je pourrais vous conter, et qui vous amuseraient, mais que je ne puis écrire. Enfin je suis sûre que j'aurais pour plusieurs jours des détails à vous raconter qui vous intéresseraient autant que les anecdotes du règne de Louis XIV.

Adieu, vous n'êtes pas encore quitte de moi, j'ajouterai quelques lignes avant de fermer cette lettre.

Mardi 28.

Voici la fin ; mandez-moi avec votre franchise ordinaire si ce journal ne vous a point excédé et si vous seriez content d'en recevoir de temps en temps.

Adieu ; voici des vers sur notre Chancelier.

> Le grand visir qui dans la France,
> Pour régner seul met tout en feu,
> Méritait le cordon, je pense,
> Mais était-ce le cordon bleu ?

LETTRE XCI.

Paris, lundi 3 septembre 1770.

Il faut de nécessité que je vous écrive aujourd'hui ; ma lettre ne partira que jeudi, mais je ne puis me refuser de vous raconter le trouble où j'ai été ce matin ; j'avais soupé hier au soir à Gennevilliers avec votre nièce, j'avais soupé le samedi avec le grand papa et mesdames du Châtelet et de Damas, rien n'annonçait l'orage ; le grand papa était gai, il était arrivé le matin à Gennevilliers pour chasser, il devait y coucher ; le lendemain dimanche aller au conseil à Versailles, et le lundi partir pour la Ferté chez la Borde, d'où il devait revenir le mercredi 5 ; ce matin à dix heures j'entends tirer le canon, je suis étonnée, je dis, le roi est à Versailles depuis vendredi qu'il est de retour de Chantilly. Serait-ce madame la dauphine qui viendrait à Notre-dame ? je sonne mes gens, on me dit, la place Louis XV est pleine de mousquetaires, le roi vient d'arriver au parlement ; voilà que je me figure que tout est perdu, que l'on va faire main basse pour le moins sur une partie du parlement, que peut-être.... Enfin la tête me tourne; chez qui enverrai-je? chez madame de Mirepoix avec qui, par parenthèse, je suis le mieux du monde : on y va, elle n'est point éveillée ; j'envoie dans tout mon voisinage chez les personnes de ma connaissance, je finis par chez la grosse duchesse ; chacun est étonné et ne sait rien, je suis prête à me lever, je demande mes chevaux, je veux aller chez madame de Beauvau et peut-être tout de suite à Gennevilliers. Ces premiers mouvements passés, je me calme et je me dis qu'il n'en résultera qu'une curiosité satisfaite, que la fatigue que je me donnerai ne sera utile à personne ; je reste dans mon lit et je m'endors après avoir entendu de nouveau le canon, le roi n'étant pas resté plus d'une demi-heure ou trois quarts-d'heure au parlement. On m'éveille sur les deux heures et l'on m'apporte un bulletin de la part de la grosse duchesse, que je joindrai à cette lettre, que je reprendrai quand je saurai quelque chose de plus.

Mercredi 5.

Voilà votre lettre qui arrive et qui ne me met point en train de continuer mon récit. Votre goutte fait un peu de diversion à ce sujet ; je voudrais que vous vous contentassiez de savoir qu'il ne s'est agi que de l'affaire de M. d'Aiguillon. Le roi a réprimandé son parlement, a fait enlever les minutes, les grosses et toutes les pièces de la procédure, a défendu qu'il fût jamais plus question de cette affaire, et a ajouté à cette défense les plus sévères menaces, si l'on y contrevenait. Personne n'était averti de la résolution qu'avait prise le roi, et ce ne fut que le dimanche à dix heures et demie du soir, au sortir du conseil, que le roi déclara ce qu'il devait faire le lendemain matin; il le dit à tout le monde et particulièrement au grand papa, qui lui dit que, comme il ne lui était pas nécessaire dans cette occasion, il lui demandait s'il ne pouvait pas faire son petit voyage ; le roi y consentit de bonne grâce ; le grand papa partit le lendemain à six heures : il arriva ce soir à neuf ou dix ; la grand'maman revient aujourd'hui de Gennevilliers pour l'attendre : je souperai avec eux ce soir ; il y aura mesdames de Beauvau et de Poix, et madame de Choiseul qu'on appelle la petite sainte, le prince de Beaufremont et le grand abbé. Je recommencerai un journal, où je mettrai des particularités qui m'échappent aujourd'hui ; dans ce moment-ci je ne puis entrer dans des détails, votre goutte me trouble un peu la tête ; j'attends de votre amitié que vous me donnerez de vos nouvelles plus souvent qu'à l'ordinaire, et que vous me direz exactement la vérité.

Adieu. Je ne vous envoie point le bulletin de madame d'Aiguillon, il n'est pas exactement fidèle, il y a un imprimé de tout ce qui s'est passé. Je vous l'enverrais, si cela ne rendait pas mon paquet très-gros.

Je verrai avec votre cousin s'il y a quelque moyen de vous le faire parvenir.

P. S. à 6 heures.

Je vous envoie l'imprimé du parlement.

Séance du roi en son parlement de Paris, du lundi trois septembre, mil sept cent soixante-dix, du matin (1). . . . .
. . . .
. . . .

M. le chancelier étant monté vers le roi, agenouillé à ses pieds pour recevoir ses or-

___

(1) Les noms des pairs, présidents et conseillers présents ont été omis ici. Que ceux qui osent parler encore avec éloge de l'ancien gouvernement de France lisent ceci, et se rappellent les circonstances sous lesquelles un monarque s'adresse de la sorte à la première cour

dres; descendu, remis en sa place, le roi ayant ôté et remis son chapeau, a dit :

« Messieurs, mon chancelier va vous expli-
» quer mes intentions. »

Sur quoi M. le chancelier a dit :

MESSIEURS,

« LE ROI, après vous avoir fait connaître,
» par une loi enregistrée en sa présence, qu'il
» importait au secret de l'exercice de son ad-
» ministration, ainsi qu'à la tranquillité de sa

---

de justice de son royaume. Ils devront certainement convenir que rien ne pouvait surpasser l'énormité des maux sous lesquels la France gémissait alors. Le parlement de Paris, malgré le mauvais succès qu'il avait eu, persista à nommer des députations et à faire des remontrances réitérées au roi; et, quoique le temps de ses vacances fût arrivé, il avait résolu de ne point s'ajourner. C'est cette détermination qui donna lieu à l'acte d'autorité dont il vient d'être fait mention. Le parlement eut cependant le courage de s'assembler, et de publier un arrêt par lequel, après avoir observé le grand nombre d'actes qu'on avait employés contre l'esprit et contre la lettre de la constitution de la monarchie française, il déclara la ferme résolution de persévérer à faire parvenir la vérité au pied du trône, et renvoya, au mois de décembre suivant, toute considération ultérieure sur ce qui s'était passé au lit de justice dont il a été mention plus haut.

» province de Bretagne, que l'affaire intentée
» contre M. d'Aiguillon, honoré de sa con-
» fiance et chargé de ses ordres, demeurât
» ensevelie dans l'oubli, devait penser que,
» soumis à ses volontés, vous cesseriez de
» vous occuper de cette affaire.

» Néanmoins, dès le 2 juillet dernier, sur
» une information anéantie, vous avez rendu
» un arrêt par lequel, sans autre instruction
» préalable, sans preuves acquises, et au mé-
» pris des règles et des formes judiciaires,
» vous avez tenté de priver des principales
» prérogatives de son état un pair du royaume,
» dont la conduite a été déclarée irréprochable
» par sa majesté elle-même.

» Cet arrêt, que sa majesté a cassé par ce-
» lui de son conseil du 3 juillet, qui vous a
» été signifié en la personne de votre greffier
» en chef, de l'ordre exprès de Sa Majesté,
» a été suivi de vos arrêtés des 11 juillet et
» 1er août, par lesquels vous avez persisté
» dans l'arrêt du 2 juillet.

» Le roi a écouté vos représentations; il y a
» reconnu l'esprit de chaleur et d'animosité
» qui les a dictées.

» Vous avez depuis multiplié les actes con-
» traires aux volontés de sa majesté.

» Votre exemple a été le principe et la cause
» d'actes encore plus irréguliers, émanés de
» quelques autres parlements.

» Sa majesté veut enfin vous rappeler à
» l'obéissance qui lui est due; elle vient vous
» faire connaître ses intentions, et vous imposer
» de nouveau le silence le plus absolu.

» Elle veut bien effacer jusqu'aux traces de
» votre conduite passée, et vous ôter les
» moyens de lui désobéir à l'avenir.

» Le roi ordonne que

« Les pièces envoyées au parlement de Paris, en con-
» séquence des arrêts du parlement de Bretagne, des 21,
» 28 mars et 26 juillet derniers;

» La minute et les grosses de l'arrêt du 7 avril, qui
» déclarent nulles les informations faites en Bretagne;

» La plainte rendue par le procureur-général du par-
» lement de Paris;

» Celles rendues par M. le duc d'Aiguillon, MM. de la
» Chalotais et le nommé Audouard;

» La minute et les grosses de l'information faite à
» Paris;

» Les conclusions du procureur-général;

» Les arrêtés des 9, 26 mai, 26 et 28 juin;

» Les deux arrêtés du 2 juillet;

» L'arrêt dudit jour;

» La signification qui en a été faite à M. le duc d'Ai-
» guillon;

» Les représentations arrêtées ledit jour;

» Les arrêtés des 11 et 31 juillet;
» Les deux arrêtés du 1er août;
» Ceux des 3, 8, 9 et 21 août dernier, lui soient re-
» mis par les greffiers et ceux qui en sont les dépositaires ».

Sur quoi M. le chancelier ayant appelé successivement Ysabeau, Dufranc, Fremyn et le Ber, ils se sont approchés, et ont remis les pièces ci-dessus mentionnées.

Ensuite, monsieur le chancelier, monté vers le roi, s'est agenouillé à ses pieds pour recevoir ses ordres; redescendu, remis à sa place, assis et couvert, a dit:

« Le roi ordonne que lesdits actes et procé-
» dures, arrêts et arrêtés soient supprimés de
» vos registres.
» Sa majesté vous fait défense de tenter de
» les rétablir en votre greffe par copies ou ex-
» péditions, si aucunes existent desdits actes,
» pièces et procédures, ou par procès-verbaux
» de réminiscence du contenu desdits actes,
» pièces et procédures, ou par telle autre ma-
» nière et forme que ce puisse être.
» Sa majesté ordonne, sous peine de déso-
» béissance, à son premier président et à tout
» autre président ou officier qui présiderait en
» son absence, de rompre toute assemblée où
» il pourrait être question de rétablir, en tout

» ou en partie, les actes, pièces ou procédures
» supprimés.

» Elle leur défend, sous les mêmes peines,
» d'assister aux délibérations que vous pour-
» riez tenter de prendre, malgré eux, à ce sujet,
» et d'en signer les procès-verbaux.

» A l'égard de vos représentations, sa ma-
» jesté a vu avec étonnement, que vous tentiez
» d'établir des rapports entre les événements
» de son règne et des événements malheureux
» qui devraient être effacés du souvenir de tout
» bon Français, et auxquels son parlement ne
» prit alors que trop de part ; elle veut croire
» qu'il n'y a que de l'imprudence dans vos ex-
» pressions.

» Sa majesté persiste dans sa réponse au
» sujet des défenses qu'elle a faites aux princes
» et aux pairs ; et quoique ce qui se passe en
» Bretagne vous soit étranger, elle veut bien
» vous dire qu'elle ne souffrira jamais qu'on
» renouvelle une procédure que des vues de
» sagesse et de bien public lui ont fait une loi
» d'éteindre ; que les deux magistrats n'ont été
» arrêtés que parce qu'elle a été offensée de
» leur conduite ; et elle vous avertit, que ceux
» qui se conduiront comme eux, ressentiront
» les effets de son indignation.

» Sa majesté vous défend, sous peine de
» désobéissance, toutes délibérations sur ces
» objets.

» Elle vous défend pareillement de vous oc-
» cuper de tout ce qui n'intéressera pas votre
» ressort.

» Elle vous prévient qu'elle regardera toute
» correspondance avec les autres parlements,
» comme une confédération criminelle contre
» son autorité et contre sa personne.

» Elle donne ordre à son premier prési-
» dent, et à tout autre président et officier de
» son parlement, qui présiderait en son ab-
» sence, de rompre toute assemblée où il se-
» rait fait aucune proposition tendante à déli-
» bérer sur les objets sur lesquels elle vous a
» imposé silence, ainsi que sur tout envoi qui
» vous serait fait par les autres parlements. »

M. le chancelier est ensuite monté vers le roi, agenouillé à ses pieds pour recevoir ses ordres; descendu, remis à sa place, assis et couvert, a dit:

« Le roi ordonne aux présidents et conseillers
» des enquêtes et requêtes, de se retirer dans
» leurs chambres, pour y vaquer à l'expédi-
» tion des affaires des particuliers. »

Sur quoi les présidents et conseillers des enquêtes et requêtes se sont retirés.

M. le chancelier étant ensuite remonté vers le roi et redescendu, le roi s'est levé et est sorti dans le même ordre qu'il était entré.

LETTRE XCII.

Mercredi 21 novembre,
à 8 heures du matin.

Rien n'est si irrégulier que la poste, elle n'arrive souvent que le lundi, alors il n'est plus temps de répondre ; c'est la dernière aventure. Vous m'annoncez dans votre dernière lettre, de mardi 13, que vous m'écrirez le vendredi 16 ; c'est ce que je ne saurai qu'à trois heures après midi, et comme alors je ne serai pas seule, je me détermine à vous écrire actuellement, et à ne répondre à cette lettre du 16 (si en effet je la reçois) que par un nommé M. Liston (1) qui doit retourner à Londres jeudi ou vendredi. Je vous enverrai par lui une nouvelle traduction

---

(1) Robert Liston, employé ensuite, avec honneur pour lui-même et avantage pour son pays, à différentes missions diplomatiques.

de Suétone, faite par l'ordre du grand-papa (2); vous serez content de l'épître dédicatoire, médiocrement du discours préliminaire; mais pour le reste, je n'en sais rien, n'en ayant lu que cinq ou six pages. Je ne peux pas lire présentement l'*Histoire de Malte*; je me suis enfoncée depuis deux mois dans la *Vie de Louis XIII*, par le Vassor, dont il y a vingt-trois volumes: j'en suis au quinzième, et j'aurai la persévérance d'aller jusqu'à la fin. Comme il y a des sommaires marginaux qui m'avertissent de quoi il va être question, je passe tout ce qui ne m'intéresserait pas, et je ne lis guère que les intrigues et les manéges de la cour qui m'amusent infiniment. Cet auteur me plaît; il dit ce qu'il pense avec franchise et audace; son style est

---

(2) La traduction de Suétone, par M. de la Harpe. M. Walpole n'était pas parfaitement d'accord avec madame du Deffand sur cet ouvrage; car il dit dans sa réponse : « J'ai lu l'épître dédicatoire, le discours pré-
» liminaire et les observations sur chaque César. Par-
» donnez si, excepté la dernière phrase, je trouve la
» dédicace assez commune. Le discours me plaît comme
» ça, ses jugements me paraissent assez justes. Pour les
» observations, elles valent peu, et ne contiennent que
» des critiques d'un M. Linguet qui, malgré M. de la
» Harpe, me paraît, par les citations mêmes (car je ne l'ai
» jamais lu), n'avoir pas toujours tort ».

dans le goût des Mémoires de Mademoiselle, et j'aime mieux cette manière que celle des beaux discours. De plus, nous faisons une lecture l'après-dîner; les Mémoires de M. de Saint-Simon (3), où il m'est impossible de ne vous pas regretter, vous auriez des plaisirs indicibles; ajoutez les gazettes, des traductions de vos papiers anglais que je reçois une ou deux fois la semaine, le Journal Encyclopédique; voyez si je puis entreprendre d'autres lectures? je résiste avec peine à celle que vous me conseillez; j'ai beaucoup de respect pour votre goût; mais n'y a-t-il point bien des guerres dans l'histoire de Malte (4)? y dé-

___

(3) Ceux qui ont été publiés depuis en 13 vol. in-8°, par MM. Treuttel et Wurtz, rue de Lille, n° 17, à Paris.

(4) L'*Histoire des Chevaliers de Malte*, par l'abbé Vertot, dont M. Walpole lui recommande ainsi la lecture : « Vous cherchez souvent des lectures amusantes,
» j'en fais une actuellement qui me plaît extraordinai-
» rement, mais que peut-être vous avez faite : c'est l'*His-*
» *toire des Chevaliers de Malte*, par l'abbé Vertot.
» J'avais lu ses *Révolutions* (excepté celles de Rome);
» il y a long-temps que les Grecs et les Romains m'en-
» nuient à la mort, mais je ne sais pas pourquoi j'avais
» mauvaise opinion de son Histoire de Malte, comme ne
» devant contenir qu'un mélange de dévotion et de

mêle-t-on les intrigues, les manéges ? c'est ce que j'aime dans les histoires, et ce qui est charmant dans le Vassor, et qui me fait voir que dans les choses qui se passent journellement, on n'en démêle point la vérité, on ne voit point le dessous des cartes, et bien moins chez nous que chez vous. C'est à vous à m'apprendre s'il y aura guerre ou non; nous sommes très-contents de la réponse d'Espagne, reste à savoir si vous le serez (5) : tout ce que je puis vous dire, c'est que M. de Guignes (6) est parti

» guerres barbares. Pendant la goutte, je voulais la lire,
» m'attendant à y trouver quelque sujet de tragédie. J'en
» fus frappé. C'est le livre du monde le plus amusant;
» des histoires qui se succèdent rapidement, des anec-
» dotes, une revue de tous les événements du dernier
» siècle qui se trouvent liés avec cette histoire; et le tout
» conté dans le style le plus clair, le plus facile et le plus
» coulant, et ce qui est encore plus surprenant, nulle
» superstition, point de bigoterie, et du romanesque
» guère. Enfin, j'en suis charmé, et si vous ne l'avez
» point lue, ou si vous l'avez oubliée, je vous prie de
» la lire ».

(5) Relativement à la querelle avec l'Espagne, au sujet de l'île de Falkland.

(6) Le comte de Guignes, qui succéda au marquis du Châtelet, nommé ambassadeur de France en Angleterre.

cette nuit ; je le trouvai hier au soir chez la grand'maman, et il écrivit de sa main le nom des personnes à qui nous voulons qu'il distribue nos compliments ; je le connais fort peu, mais il me paraît assez aimable.

Adieu. Ah ! j'oubliais de vous parler de votre princesse russe (7) ; j'ai, ainsi que vous, curiosité de la voir. Je voudrais que la grand'-maman lui donnât à souper ; le grand-papa l'y a exhortée, et comme elle est brouillée avec sa souveraine, c'est une raison pour qu'elle n'ait pas d'éloignement à faire connaissance avec mes parents qui ne sont pas ses amis intimes.

A 7 heures du soir.

Il n'y a point de courrier, ainsi point de lettres.

LETTRE XCIII.

Paris, dimanche 25 novembre 1770.

Ce que je vous annonçai dans ma dernière lettre (qu'un M. Liston a dû vous rendre) (1)

---

(7) La princesse d'Aschkoff, qui avait été en Angleterre, et qui se trouvait alors à Paris.

(1) Cette lettre ne paraît point.

est arrivé. Le président mourut hier à sept heures du matin (2), je l'avais jugé à l'agonie dès le mercredi ; il n'avait ce jour-là, il n'a eu depuis ni souffrance ni connaissance; jamais fin n'a été plus douce, il s'est éteint. Madame de Jonsac en a paru d'une douleur extrême; la mienne est plus modérée, j'avais tant de preuves de son peu d'amitié, que je

---

(2) La mort du président Hénault se trouve annoncée de la manière suivante, dans la gazette de ce jour : « Le 24 novembre 1770, le président Hénault, surin-
» tendant de la maison de madame la dauphine, mem-
» bre de l'académie française et de celle des inscriptions,
» vient de mourir ce soir, après avoir lutté contre la
» mort depuis plusieurs années, âgé de plus de quatre-
» vingt-six ans. Tout le monde connaît son *Abrégé*
» *Chronologique de l'Histoire de France,* qui lui a
» fait tant de réputation, loué tour à tour et dénigré
» outre mesure par M. de Voltaire, et qui ne méritait, ni
» tant de célébrité, ni une critique si amère. Il était fort
» riche ; sa table était ouverte à tous les gens de lettres
» ses confrères, et surtout aux académiciens. Il n'était
» pas moins fameux par son cuisinier, que par ses
» ouvrages. Il passait pour le plus grand Apicius de
» Paris, et tout le monde connaît la singulière épître
» du philosophe de Ferney, à ce Lucullus moderne, qui
» débute ainsi :

« Hénault, fameux par vos soupers
» Et par votre Chronologie, etc. ».

crois n'avoir perdu qu'une connaissance; cependant, comme cette connaissance était fort ancienne, et que tout le monde nous croyait intimes (excepté quelques personnes qui savent quelques-uns des sujets dont j'avais à me plaindre), je reçois des compliments de toute part; il ne tient qu'à moi de croire qu'on m'aime beaucoup; mais j'ai renoncé aux pompes et aux vanités de ce monde, et vous avez fait de moi une prosélyte parfaite; j'ai tout votre scepticisme sur l'amitié. Cependant j'ai peine à l'étendre sur la grand'maman. Il serait difficile de vous faire entendre quels sont ses procédés pour moi; et quelque disposée que je sois à la méfiance, j'ai peine à la soupçonner d'indifférence, et j'aurais bien plus de peine encore à en avoir pour elle. Je ne verrai pendant plusieurs jours que les personnes qui seraient scandalisées si je ne les recevais pas, et jusqu'à jeudi, *que la grand'maman va à Versailles*, je ne souperai que chez elle. M. de Jonsac vint hier chez moi très-poliment; il me rendit compte du testament : il n'y a que des legs pour ses parents, pour ses domestiques; il ne dit pas un mot d'aucun de ses amis. Je savais que madame de Jonsac avait absolument exigé de lui de ne lui faire aucun legs particulier, ne voulant pas, m'avait-elle dit, qu'on pût avoir le moindre soupçon que les soins qu'elle lui avait rendus eussent pour objet l'intérêt; il lui laisse seulement tous ses manuscrits, en parlant de sa reconnaissance et en faisant son éloge. Elle est aux Filles-Sainte-Marie de Chaillot, pour quelques jours; elle y avait loué un appartement depuis six mois. Cette femme a beaucoup de conduite, parce qu'elle a beaucoup de raison et de courage. Elle a un mari affreux; elle prévoit tout ce qu'elle peut en avoir à craindre, et depuis six ans qu'elle vivait avec le président, elle a eu pour objet de s'assurer un état tranquille après sa mort. Ce couvent lui deviendra un asile contre les humeurs de son mari et lui sauvera toutes sortes d'éclats; elle s'y retirera sous prétexte de retraite, quand elle aura à en craindre; elle est séparée de biens, et elle jouira d'un revenu assez honnête; elle est la première créancière de son mari, ainsi toutes les avances qu'elle a faites pour lui, lui vont être rendues; elle est fort contente de mes procédés, et je compte que nous serons toujours très-bien ensemble.

Quand vous recevrez cette lettre, vous en

aurez reçu deux ou trois autres tout de suite, et j'ai bien plus à craindre que vous ne vous plaigniez de mon exactitude que de mes négligences. Je vous manderai toutes les nouvelles qui pourront vous amuser. Je vous viens de faire un détail qui vous paraîtra peut-être bien long et bien ennuyeux, mais c'est ce qui m'occupe présentement ; d'autres objets y succéderont.

LETTRE XCIV.

Dimanche 2 décembre 1770.

Apparemment vous n'aviez pas encore reçu la nouvelle de la mort du président, le 27, qui est la dernière date de votre lettre, car sans doute vous m'en auriez dit un mot.

On parle ici de guerre tout autant qu'à Londres; mais nous prétendons que ce ne sera ni notre faute ni celle d'Espagne qui consent, dit-on, à tout ce qu'on exige. Vous êtes fort heureux d'avoir acquis une si belle indifférence ; c'est effectivement un très-grand bonheur.

Il n'y aura point cet hiver de spectacle à la cour, il y aura seulement de petits bals tous les lundis chez madame la dauphine; il n'y a qu'une voix sur elle; elle grandit, elle embellit, elle est charmante. La grand'maman est actuellement à Versailles ; j'espérais qu'elle reviendrait demain, mais on m'a dit qu'elle pourrait bien y passer la semaine. Cela me fâche ; j'aime à passer les soirées chez elle. Hier je soupai chez moi, avec mesdames de Mirepoix, d'Aiguillon, et de Bouflers. Je vois assez de monde, mes connaissances ont assez d'attentions, je suis rarement seule.

Je continue la lecture de le Vassor; j'en suis toujours contente; je voudrais qu'on pût le rédiger, et que des vingt-trois volumes on le réduisît à six ou sept. Je ne me soucie pas de Louis XIII, mais je m'intéresse aux événements de son règne; on y voit le dessous des cartes de tout ce qui se passait, et le style de l'auteur me plaît infiniment; il doit paraître *trop simple et trop ingénu aux beaux esprits*, mais il est tel que le peuvent désirer les amateurs de la vérité. On l'accuse d'être partial, et c'est ce que je ne trouve point; il l'est certainement entre le vice et la vertu; il loue les honnêtes gens, et tombe à cartouche sur les fripons et les scélérats; en un mot il dit ce qu'il pense, et n'écrit point pour se faire admirer. La vérité est une chose si charmante, qu'elle ne cesse point de plaire, quand bien même elle offense.

J'ai envoyé au petit Craufurd une épître de Voltaire au roi de la Chine; je lui ai recommandé de vous la montrer.

Nous avons ici forces chansons et épigrammes; il y en a d'assez jolies, mais ce n'est pas gibier de poste; si je trouve quelque occasion, vous les aurez.

Les mémoires de Saint-Simon m'amusent toujours, et comme j'aime à les lire en compagnie, cette lecture durera long-temps; elle vous amuserait, quoique le style en soit abominable (1), les portraits mal faits; l'auteur

---

(1) M. Walpole répond à ce sujet, comme il suit: « Je me rapporte à votre goût quant au style de M. de » Saint-Simon que M. Durand m'avait extrêmement » vanté. Cela rabattrait beaucoup de mon approbation, » sans diminuer ma curiosité. Non qu'un homme sans » esprit peut donner le véritable intérêt, même à des » anecdotes qu'il doit avoir envisagées grossièrement, » et sans démêler les caractères. Un fait, un événement » raconté crûment par un homme sans génie, n'est » jamais exactement vrai. Il ne saisit pas les nuances » essentielles; les petites circonstances qu'il aura ramas- » sées ne sont point celles qui auraient donné le coloris » à ce qui vient d'arriver. Il peut être minutieux sans

n'était point un homme d'esprit ; mais comme il était au fait de tout, les choses qu'il raconte sont curieuses et intéressantes ; je voudrais fort pouvoir vous procurer cette lecture.

Nous avons deux places vacantes à l'académie, il ne m'importe par qui elles seront remplies. Je ne sais rien de plus. Adieu.

LETTRE XCV.

Paris, 14 décembre 1770.

JE profite d'une occasion sûre pour vous apprendre tout ce qui nous regarde ; vous en savez sans doute une partie par les gazettes.

» être exact. C'est le choix des riens qui marque l'en-
» tendement. Si le roi de Prusse dit des riens à un con-
» seiller de la diète, c'est parce qu'il n'a pas d'autre
» chose à lui dire. S'il dit la même chose à un ambassa-
» deur de France, c'est qu'il ne *veut* pas lui dire autre
» *chose. On peut relever le dernier cas, mais non pas*
» le premier. Voilà pourquoi je n'aime point Tite-Live.
» Qu'apprend-on à des centaines de harangues qui ne se
» sont jamais prononcées, et frappées toutes au même
» coin ? Des généraux sauvages, dans des siècles bar-
» barbares, ont-ils parlé *tutti quanti* comme Cicéron ?
» Tous ont-ils eu le même style ? Ce sont de grandes
» puérilités que tous ces essais-là. La conséquence est,
» que tous ces consuls et ces dictateurs se ressemblent. »

l'édit du roi, le refus de l'enregistrement, le it de justice à Versailles, les protestations que le parlement arrêta contre tout ce qui s'y passerait. Vous verrez tout ce qui s'y est passé par le procès-verbal que je vous envoie; il n'y eut rien le samedi et le dimanche à cause des fêtes. Lundi matin 10, assemblée, arrêté que le premier président partirait sur-le-champ, porterait au roi les représentations pour qu'il retirât son édit (1), ou du moins le préambule; que, s'il le refusait, le parlement d'une voix unanime se démettrait de leurs charges et offrirait leurs têtes. Le roi lui fit cette réponse. *Rien ne prouve mieux la nécessité de ma loi, que la résistance que vous apportez à son exécution; reprenez vos fonctions, je vous l'ordonne.*

Ceci se passa mercredi, 12 de ce mois. Le soir, nouvelle assemblée, nouveau message du premier président (2) vers le roi, même réponse, et ordre au premier président de ne plus paraître, et au parlement d'obéir. Voilà où nous en sommes; ce qui s'en suivra, je l'ignore; il me semble difficile que tous nos ministres se maintiennent, la division est trop

---

(1) L'édit du lit de justice du 3 septembre.
(2) M. d'Aligre.

forte et trop déclarée : quel est celui qui sera la victime ? dites-le-moi, si vous le savez. On n'a point encore envoyé cet édit aux autres parlements. La Bretagne est plus troublée que jamais, depuis l'emprisonnement d'un nommé le marquis Duzel, accusé d'avoir fait un libelle contre le Bacha d'Aiguillon (3), et du libraire qui l'a imprimé. Joignez à tout cela les bruits de guerre qui se soutiennent. Mais voici comme nous nous en dépiquons, par des chansons, par des épigrammes ; ne les montrez qu'à vos amis particuliers, parce qu'on soupçonnerait avec vraisemblance que vous les avez par moi (4).

Ceci n'est point une lettre. Accusez-moi la réception de ce paquet.

J'ai toujours oublié de vous dire que M. d'Eon est une femme, cela passe pour constant.

––––––––––

(3) C'était un pamphlet en réponse au Mémoire de Linguet, publié en défense de la conduite du duc d'Aiguillon ; il avait pour titre : *Réponse au grand Mémoire de M. le duc d'Aiguillon*. Il fut supprimé par un ordre du conseil.

(4) Comme toutes ces chansons, etc., ont été publiées plusieurs fois depuis, nous avons pensé qu'il n'était pas nécessaire de les réimprimer ici. Il y en avait fort peu qui eussent d'autre mérite que celui de l'à-propos du moment.

LETTRE XCVI.

Lundi 17 décembre 1770.

Je ne vous ai point écrit par la poste d'aujourd'hui, parce que je ne veux point vous accabler de lettres; vous en recevrez une de jeudi 13, et puis un petit billet qui accompagne le testament de Voltaire (1). Malgré les assurances que vous me donnez que mes lettres vous font plaisir, je ne perdrai plus jamais la retenue et la réserve qu'il me convient d'avoir. On dit qu'il faut juger des autres par soi-même, et moi je dis qu'il n'y a point de règle qui n'ait son exception; on courrait souvent le risque d'être fort indiscret et fort importun, si l'on en usait avec les autres, comme on serait bien aise qu'ils en usassent avec nous.

Oui, j'ai reçu des nouvelles de madame votre nièce (2); elle écrit à merveille, c'est-à-dire sans prétention et d'un naturel parfait. Je ne sais ce que vous voulez dire de mes

―――――――――――
(1) *Testament politique de Voltaire*, par M. Marchand.
(2) Madame Cholmondeley.

magnificences dont elle m'aurait dispensée, je n'ai à me reprocher dans aucun genre (et moins dans celui-là que dans tout autre) d'avoir pu blesser sa vanité ; elle m'a fait des présents considérables, je n'ai fait nulle difficulté de les recevoir, je n'en ai point été ni fâchée ni humiliée ; n'était-il pas convenable qu'il en fût de même d'elle ? Mais on éprouve à tous moments la vérité d'un très-beau vers de ma façon.

Le monde, chère Agnès, est une étrange chose !

Il est singulier qu'à mon âge il y ait tant de choses qui me paraissent nouvelles et qui me causent tant de surprise. C'est en vérité dommage qu'il me reste si peu de temps pour en tirer du profit ; peut-être n'en tirerais-je pas l'utilité que j'imagine, et si je n'étais pas dupe à certains égards, je le serais à d'autres ; je l'ai été jusqu'à présent par trop de confiance, *je le deviendrais par trop de méfiance* ; mais ce qui est sûr, c'est que j'ai acquis un fond très-profond de mépris pour les hommes ; je n'en excepte pas les dames, tout au contraire, je les trouve bien pis que les hommes. Il serait bien doux d'avoir un ami à qui l'on pût confier toutes ses observations, toutes ses remarques, mais il est impossible.

Vous aurez vu par mon billet que nous ne sommes pas dans un état tranquille; je ne sais ce que tout ceci deviendra mais je ne prévois rien de bon ; vous êtes accoutumés chez vous aux divisions, aux factions, vous en êtes quittes pour des changements de décorations : il n'en est pas de même chez nous, la scène est plus tragique, elle se termine toujours par quelque catastrophe.

Mercredi 19.

Je ne sais que penser de la paix ou de la guerre ; je tâche d'être comme le sage, préparée à tout événement. Le mois prochain ne se passera pas sans qu'il en arrive d'assez importants pour moi (3). On serait bien heureux si on pouvait s'abandonner soi-même comme on peut abandonner les autres ; mais on est forcément avec soi, et fort peu d'accord avec soi : la faiblesse apprécie la valeur des choses, et la raison en rend dépendante. Si l'on se soumettait à la raison, on se mettrait au-dessus de tout événement, on se détacherait de tout,

---

(3) Elle entend parler de la disgrâce du duc de Choiseul, sur laquelle elle ne se trompa point. Cet événement eut lieu le 24 du mois dans lequel elle écrivait ceci.

on se passerait de tout ; mais il faudrait avoir du courage, c'est un don qu'on reçoit de la nature et qu'elle ne m'a pas accordé. J'éprouve tous les jours qu'on avait grand tort d'être étonné de l'aveu que faisait madame la duchesse du Maine. *Je ne suis point assez heureuse*, disait-elle, *pour pouvoir me passer des choses dont je ne me soucie pas.* J'enchérirais sur elle, et j'ajouterais, de celles que je méprise. Ah! oui, il y a bien des choses que je méprise, et que la crainte de l'ennui me rend nécessaires. C'est un terrible malheur que d'être née sujette à l'ennui, et de ne connaître qu'une seule arme pour le vaincre ; quand cette arme manque, on est perdu sans ressource, on ne sait que devenir, on a recours à la dissipation, à la lecture, on ne trouve dans l'une ni dans l'autre rien qui satisfasse ni intéresse. Il y a long-temps que j'ai senti que, *pour supporter le malheur d'être née*, il faudrait partager les vingt-quatre heures en en donnant vingt-deux au sommeil et deux autres à manger ; c'est à peu près ce que font la plupart des animaux.

Avouez que tout ceci vous déplaît beaucoup ; mais il faut que vous me permettiez de me laisser aller à vous dire tout ce qui me passe par la tête, sans quoi je ne saurais écrire ; ce serait pour moi une gêne d'observer toutes mes paroles.

N'ayez point d'inquiétude sur ce que je crains *d'important* pour moi le mois prochain ; ce n'est point un malheur particulier, bien des gens le partageront ; j'y serai plus sensible qu'un autre, parce qu'il influera beaucoup sur l'arrangement de ma vie ; je ne crois point tomber dans la fatuité en voulant vous rassurer sur ce qui me regarde, je me flatte que vous vous y intéressez. Adieu.

LETTRE XCVII.

Paris, mercredi 2 janvier 1771.

Vous aurez trouvé ma dernière lettre d'une énorme longueur (1), et vous aurez dû juger qu'elle l'aurait été encore davantage, si je n'avais été interrompue *avant l'article de M. de Muy*; quand je voulus le continuer, elle était partie.

---

(1) Il est fâcheux qu'on n'ait pu découvrir nulle part la lettre dont il est question ici. Elle avait été écrite le 27 décembre, trois jours après la disgrâce du duc de Choiseul, qui eut lieu le 24, et dans laquelle madame du Deffand parlait, sans doute, de toutes les particularités relatives à cet événement.

M. de Muy (2) n'a point accepté ; nulle place n'est encore donnée ; tout n'est encore qu'en conjectures. Cela ne me fait rien, cela ne m'intéresse point, et je suppose que vous vous contenterez facilement d'apprendre toutes ces nouvelles par la gazette. Tout ce que je puis vous dire, c'est que madame de Beauvau qui comptait partir dimanche dernier pour Chanteloup, n'y est point allée ; que l'abbé (*Barthélemi*) n'est point encore parti, et qu'il ne sait point quand il partira.

J'ai eu des nouvelles de la grand'maman, son mari et elle se portent bien ; la paix de la bonne conscience fait toute leur tranquillité. Je suis toujours bien triste et je sens de plus en plus la rigueur des séparations. Si nous avons la guerre, notre correspondance ne sera pourtant point interrompue ; j'ai déjà passé par-là en cinquante-six (3), et j'écrivais et recevais les lettres par la Hollande.

Je vais incessamment avoir une occupation assez sérieuse ; mais il m'est nécessaire, avant

---

(2) Le chevalier, depuis maréchal de Muy. La place offerte était celle de ministre de la guerre, qu'il occupa ensuite au commencement du règne de Louis XVI.

(3) Lorsque la France et l'Angleterre étaient en guerre.

de m'y mettre, que vous répondiez avec amitié à la demande que je vais vous faire. Je veux avoir votre consentement avant que de rien commencer. Je désire de vous confier tous mes manuscrits, je suis décidée à ne pas vouloir qu'ils soient en d'autres mains que les vôtres. Il n'y a certainement rien de précieux, et si vous ne les acceptez pas, je les jèterai tous au feu sans aucun regret. Vous comprenez bien dans quelle occasion ils vous seront remis. Ne craignez point que la façon dont j'énoncerai ma volonté puisse jeter sur vous le plus petit ridicule. Je sais trop combien vous êtes délicat sur cet article, pour vouloir continuer par-delà ma vie à vous tourmenter et vous déplaire ; deux mots suffisent pour m'apprendre ce que je dois faire ; écrivez-les, je vous supplie, et c'est la dernière grâce que je vous demande ; ces mots sont : *j'y consens*. Commencez par là votre réponse, et qu'il n'en soit plus question dans le courant de la lettre.

Voilà tout ce que vous aurez de moi aujourd'hui : j'ai tort.

J'oubliais de vous dire que j'ai vu M. Fox (4), que nous avons déjà soupé trois fois ensemble;

---

(4) M. Charles-Jacques Fox.

il m'a amené M. Fitzpatrick (5); j'étais très-accablée ce jour-là, je ne doute pas qu'il n'ait été fort peu satisfait de cette visite ; je ne sais que dire aux jeunes gens.

LETTRE XCVIII.

mercredi 9 janvier 1771.

RIEN n'est plus obligeant, plus généreux, plus rempli d'amitié, et certainement plus sincère, que tout ce que vous me dites dans votre dernière lettre, que je ne reçus qu'hier, et que j'aurais dû recevoir dimanche ; mais dans les premiers jours de l'année, il y a toujours du retardement ; la quantité de lettres font que les facteurs ne les distribuent que le lendemain, et puis vous vous doutez bien que les circonstances présentes leur font faire quelque séjour dans les bureaux ; c'est une précaution bien en pure perte pour nos lettres, mais je suis bien sûre cependant qu'elles sont lues et je n'en suis nullement inquiète ; je ne vous en dirai pas moins tout ce que je sais et tout ce que je pense. Je commencerai d'abord par ma reconnaissance, elle est extrême, mais elle est réflé-

---

(5) Le général Richard Fitzpatrick.

chie et ne me cause point de ces premiers mouvements qui vous ont tant déplu et que vous avez si mal interprétés. Vous m'avez amenée au point que vous désiriez, il serait bien à souhaiter qu'il y eût d'aussi bons médecins pour le corps que vous l'êtes pour l'âme. Vous n'avez point diminué mon estime ni même mon attachement, mais vous en avez calmé la vivacité et peut-être ôté la douceur. Je sais que j'ai un ami en vous, et je n'en doute point, mais un ami qui ne me connaît point telle que je suis. Si vous avez conservé les deux lettres que je vous ai renvoyées, relisez-les, elles m'ont fait une telle impression, que je ne peux jamais les oublier ; j'ai depuis ce temps-là une sorte de terreur quand je vous écris, et c'est une grande gêne dans l'amitié de ne pouvoir pas dire ce que l'on pense, ce que l'on sent; enfin, de ne pouvoir pas aimer à sa manière et d'être obligé de s'en tenir, avec la seule personne qu'on aime, aux expressions dont on use avec ceux qu'on traite d'amis, sans rien sentir pour eux. Ce que je vous dis ne peut point vous fâcher ; je ne prétends point acquérir le droit de reprendre mon ancien style, je m'y sens autant de répugnance que vous pouvez en avoir; soyez tranquille à tout jamais, je serai certainement toute ma vie votre meilleure amie ; je désire de vous revoir ; le plus grand malheur qui puisse m'arriver, c'est la guerre ; mais si elle arrive, et si je ne dois plus espérer de vous revoir, je ne vous fatiguerai point de mes lamentations ; aux malheurs sans remède, j'ai le courage de me soumettre. Les événements présents me causent beaucoup de chagrin, mais ils ne sont pas si sensibles ni ne m'affectent pas autant que ce qui m'est venu par vous. Me voilà soulagée ; je vous ai dit ce que j'avais sur le cœur, je ne vous en parlerai plus.

C'est votre cousin (1) qui vous fera tenir cette lettre, ainsi il n'y a point à craindre qu'elle passe par les bureaux ; je puis donc vous dire en toute liberté que rien n'est plus étrange que la disgrâce de mes amis, et qu'il n'y a point d'exemple, depuis qu'on renvoie des ministres, que le public ait marqué autant de regret et même d'indignation. La cabale ennemie est en horreur. Les chefs du parti sont divisés entre eux. On n'a encore remplacé que le département de la guerre par un homme, M. de Monteynard, dont on dit peu de bien ; c'est le prince de Condé qui l'a placé ; on ne doute

---

(1) M. Robert Walpole.

point que M. d'Aiguillon n'ait les affaires étrangères ; l'on croit qu'on attend la fin des négociations pour le nommer ; cependant il y en a qui prétendent que le prince de Condé ne l'aime pas. L'abbé Terray se mêle de la marine, mais par intérim. L'affaire du parlement se négocie ; on se relâchera de part et d'autre. Le chancelier est dans une exécration générale. Voilà l'état des choses pour le moment présent. Il m'est de la dernière indifférence que ce soit celui-ci ou celui-là qu'on mette en place.

Je suis fort bien avec mesdames d'Aiguillon et de Mirepoix ; mais elles ne me seront utiles à rien, et je n'ai rien à leur demander ; ma fortune est médiocre, j'y réglerai ma dépense, et je vais éprouver ce mois-ci ce que je serai en état de faire. J'ai assez d'amis, ou pour parler plus juste, de connaissances ; j'en ai reçu dans cette occasion-ci (2) beaucoup de marques d'attentions et d'empressement. Je donne à souper tous les samedis ; j'ai de fondation ce jour-là, mesdames d'Aiguillon, de Mirepoix, la marquise de Bouflers, de Crussol ; MM. de Beaufremont, de Pontdeveyle, l'envoyé pala-

_____

(2) La disgrâce du duc de Choiseul.

tin et votre cousin, qui me marque beaucoup d'amitié; je lui trouve de l'esprit, un bon cœur, et beaucoup de sincérité.

Les autres jours, je soupe de temps en temps chez madame de Caraman, madame d'Enville, madame de Jonsac, chez les Trudaines, chez les Briennes, et puis chez moi, avec deux ou trois personnes; toujours la Sanadona (3), qui est bien plate, et qui me copie à faire mal au cœur; elle a pour amie la vicomtesse de Choiseul, qui a suivi M. de Praslin son beau-père dans son exil (4); ainsi c'est un rapport parfait de sa situation à la mienne; les autres personnes, un des oiseaux, un diplomatique, un compatriote; enfin ce que le hasard me donne. Il m'arrive ces jours-ci un évêque à qui je prête le logement qu'occupait votre nièce; il me paraissait, il y a deux ans, un homme de bon sens et d'assez bonne compagnie, j'en ai presque perdu le souvenir; je vous dirai com-

---

(3) Mademoiselle Sanadon, à qui M. Walpole avait donné ce nom.

(4) Le vicomte de Choiseul, fils du duc de Praslin, enveloppé dans la disgrâce de son cousin-germain, le duc de Choiseul.

ment je la trouverai ; c'est l'évêque de Mirepoix (5), vous l'avez dû voir chez moi.

J'ai presque entièrement perdu les idoles et je n'y ai nul regret. Je vois assez souvent la princesse de Beauvau ; voilà son mari qui va arriver et qui est fort mon ami. Je me suis fait une loi de ne point souper chez madame de Luxembourg avec vingt ou vingt-cinq personnes ; je veux mener la vie qui convient à mon âge ; je ne sors jamais avant neuf heures du soir ; il ne me convient point de faire des visites ; je m'établis à quatre heures dans mon tonneau et je reste rarement seule. Ce qui me désespère, c'est que je ne trouve aucune lecture qui m'amuse. Par déférence pour vous, j'ai entrepris l'histoire de Malte ; mais je ne puis la continuer, c'est un recueil de gazettes, ce sont des fous, des brigands, des scélérats, des dévots ; j'en suis restée à Louis-le-Jeune ; je ne puis me résoudre d'aller plus loin. Les croisades me paraissent aussi extravagantes que le roman d'Amadis, et cette passion pour recouvrer les lieux saints, la plus sotte, la plus plate entreprise qui pût jamais passer par la

---

(5) L'abbé de Cambon, conseiller au parlement de Toulouse, évêque de Mirepoix.

tête. Le style en est fort coulant, j'en conviens; mais je voudrais que l'auteur eût fait un autre usage de son talent; je vous en demande pardon; je me sais mauvais gré de n'être pas de votre avis (6).

Je suis désespérée de ne pouvoir pas vous faire lire les mémoires de Saint-Simon : le dernier volume que je ne fais qu'achever, m'a causé des plaisirs infinis; il vous mettrait hors de vous. Je ne saurais faire des projets pour l'avenir; mais cependant je veux me persuader qu'il n'est pas impossible que vous les lisiez un jour; ils sont actuellement à Chanteloup, ils en reviendront peut-être.

J'ai souvent des nouvelles de ce pays-là; le grand abbé a enfin obtenu la permission d'y

---

(6) M. Walpole lui répondit : « Je suis fâché que les » chevaliers de Malte ne vous amusent point; ce sont » des gazettes, dites-vous; ce sont des fous, des brigands, des scélérats, des dévots. Eh! mon Dieu, n'est-» ce pas là l'histoire? Ne venez-vous pas d'être charmée » de le Vassor et de M. de Saint-Simon? Qu'était donc » le règne de Louis XIII ou de son fils? La Terre-» Sainte ne valait-elle pas le quiétisme et la bulle Uni-» génitus? Et les folies des jésuites et des jansénistes, » qu'en direz-vous, si ce n'étaient des absurdités inin-» telligibles et plus tristes et moins amusantes que la « conquête de Jérusalem? »

aller ; il partit lundi. La grand'maman m'écrit des lettres charmantes, pleines d'amitié et de confiance ; elle se conduit comme un ange ; elle est environnée de ses belles-sœurs et beaufrères, ce qui, avec l'abbé, avec Gatti, la petite sainte (7) et une autre dame de Choiseul et son mari, et M. et madame de Lauzun (8) qui iront samedi, fait, comme vous le voyez, assez de monde : le maître et la maîtresse de la maison se portent bien.

Il me reste à vous parler sur toutes les offres que vous me faites (9) ; j'en suis très-flattée, non par vanité, mais par sensibilité ; je ne serai point dans le cas d'en faire usage ; croyez que ce ne sera pas par fierté ni manque de confiance, mais je ne suis pas dans le cas d'en avoir besoin.

Ne trouvez-vous pas cette lettre assez longue ? je n'y ai rien omis.

---

(7) Madame de Choiseul-Betz.

(8) Le duc et la duchesse de Lauzun ; le duc était le neveu maternel de la duchesse de Choiseul.

(9) Ces offres consistaient, de la part de M. Walpole, à remplir la lacune que la disgrâce de M. de Choiseul, ainsi que le non paiement de sa pension, devaient avoir produite dans les revenus de madame du Deffand.

Adieu. Je compte trouver pour commencement dans votre première ou seconde lettre les mots que je vous ai demandés, *j'y consens.*

Voici des vers que je trouve fort jolis.

> Comme tout autre dans sa place,
> (10) Il dut avoir des ennemis ;
> Comme nul autre, en sa disgrâce,
> Il acquit de nouveaux amis.

Ils sont d'autant meilleurs qu'ils sont très-vrais ; il n'y a jamais eu d'exemples de regrets aussi généraux, il n'y a peut-être pas vingt personnes qui osent marquer de la joie. Les vers à son honneur pleuvent de toute part, ainsi que les épigrammes contre les ennemis ; tous les ministres étrangers sont consternés. Ils furent hier à Paris chez M. de la Vrillière, le roi étant à Marly jusqu'à demain au soir ; on verra mardi prochain chez qui ils iront à Versailles, c'est-à-dire où ils dîneront ; l'avant-dernier mardi, au sortir de chez le roi, ils s'en revinrent à Paris avant dîner.

Je trouve que ceci ressemble à l'assassinat

---

(10) Le duc de Choiseul.

de César, on n'avait rien prévu de ce qu'on ferait après.

LETTRE XCIX.

Paris, Jeudi, 10 janvier 1771.

Je reçois votre lettre du 4; il est inconcevable que vous n'eussiez pas encore reçu ce jour-là une lettre de dix pages du 26 et du 27 de décembre (1); votre cousin s'en était chargé; je le verrai cet après-dîner, et je lui demanderai raison de ce retardement; j'en suis inquiète; je compte bien que dès que cette lettre du 27 vous sera parvenue, vous ne tarderez pas un instant à me l'apprendre.

Votre amitié, vos attentions, sont un puissant spécifique contre mes chagrins. On n'est point isolé quand on a un véritable ami, fût-il à mille lieues, dût-on ne le jamais revoir. Vous me faites espérer que, s'il n'y a point de guerre, vous viendrez ici; vous serez bien étonné si je vous exhorte à n'en rien faire; c'est cependant le conseil que je vous donne. C'est pour vous une grande fatigue; vous craignez le passage, les mauvais gîtes de la

_____

(1) C'est là la lettre dont l'éditeur regrette la perte.

route, le logement des hôtels garnis, l'ennui du séjour, c'est acheter bien cher le plaisir d'un moment ; je ne veux point que vous mettiez en compte celui que vous me ferez, et puis ne sera-t-il pas suivi d'une bien grande douleur, quand il faudra se séparer pour toujours ? car je ne me flatte pas qu'il puisse être suivi d'un autre ; deux ans d'intervalle est tout ce qu'il peut y avoir entre ma vie et le dernier de tous les voyages. Voilà ce que la raison me dit, je veux l'écouter et la croire ; mais cependant quel bien cette raison nous fait-elle ? Elle éteint ou amortit tous les sentiments naturels, et met à la place des idées qui nous sont toujours étrangères, qui ne s'insinuent jamais véritablement dans notre âme, qui nous font dire en bâillant que nous sommes heureux. J'honore la raison puisqu'il le faut, mais elle ne fait pas tant de bien qu'on s'imagine ; je ne sais si elle rend estimable, mais je sais bien que quand elle est dominante elle ne rend pas aimable. Voilà une dissertation des plus fastidieuses ; c'est la suite et l'effet des froides réflexions que la raison me fait faire ; j'ai envie de la laisser là, de changer de note, et de vous dire tout naturellement : venez, venez me voir, mon cher ami, tout le plus tôt que vous pourrez, choisissez le plus beau temps, et le moment où vous vous porterez le mieux.

Cette lettre sera écrite à diverses reprises, puisqu'elle ne partira que lundi.

Vendredi 11.

Votre cousin m'a rassurée sur ma lettre du 27 ; il prétend qu'il est impossible qu'elle soit perdue ; il l'a fait partir par son courrier ; je compte bien que vous y répondrez sur-le-champ, mais je ne recevrai cette réponse que lundi, quand la poste sera partie, parce que dans ce temps-ci on nous délivre les lettres un jour plus tard.

Je n'ai rien appris hier ; tout ceci n'a point encore pris couleur. Qu'est-ce que cela me fait ? quel intérêt y puis-je prendre ? il n'y a plus qu'un point important pour moi, c'est de m'ennuyer le moins qu'il sera possible ; le pire de tous les états c'est l'indifférence, vous seul pouvez m'en garantir. Quand je pense à tous les gens que je connais, même avec lesquels je vis journellement, qu'on appelle mes amis, il n'y en a aucun, hommes et femmes, qui ayent la plus légère velléité de sentiments pour moi, ni moi pour eux ; il y en a même dans ceux que je vois le plus souvent, en qui je démêle une jalousie, une envie, dont je suis occupée sans cesse à arrêter les effets et les progrès; la vanité, les prétentions, rendent la plupart des gens insociables. Ai-je tort de trouver qu'il est malheureux d'être né? Vous suffisez cependant pour m'empêcher d'être malheureuse; mais voyez de quel genre est le bonheur que vous me procurez, et de combien de traverses il est accompagné. Il n'y en aura plus à l'avenir, du moins je l'espère, que celle de l'absence, mais n'est-elle pas bien grande?

Je vous demande pardon de vous parler de vous et et de moi, mais n'est-on pas entraîné malgré soi à parler de la seule chose qui intéresse? Hélas! il n'est que trop vrai que tout le reste ne saurait ni m'amuser ni m'occuper. Adieu pour aujourd'hui, peut-être reviendrai-je à vous demain.

Dimanche 13, à 2 heures.

Je me persuade que je n'aurai point de lettres aujourd'hui, et que notre poste partira avant qu'il m'en arrive; ainsi je vais conclure celle-ci.

Je crois vous avoir mandé dans une de mes

dernières lettres que je donnais à souper pour la dernière fois à douze personnes, et que je ne voulais plus à l'avenir avoir tant de monde; eh bien! en conséquence nous étions hier seize, dont j'enrageais; je ne me mis point à table; je restai avec le comte de Broglio, votre ambassadeur, et votre cousin. On établit un vingt-un, où je ne jouai pas; je m'ennuyai beaucoup. Vos trois jeunes gens restèrent les derniers, Fox, Spencer, et Fitzpatrick; c'est ce dernier qui, je crois, me plaît le plus; il a de la douceur, de la souplesse, mais je le connais trop peu pour en bien juger; pour le Fox, il est dur, hardi, l'esprit prompt; il a la confiance de son mérite, il ne se donne pas le temps de l'examen, il voit tout du premier coup d'œil, et il voit tout à vue d'oiseau, et je doute fort qu'il fasse la distinction d'un homme à un autre. Ce n'est point par suffisance, il n'a point l'air méprisant ni vain; mais on ne communique point avec lui, et je suis persuadée qu'il ne peut former aucune liaison que celle qu'entraîne le jeu, et peut-être la politique; mais de celle-ci je n'en sais rien.

Il arriva avant-hier matin un courrier d'Espagne; on ignore quelle nouvelle il a apportée;

on juge sur les physionomies ; mais les uns les voient tristes et les autres gaies. On dit qu'on ne tardera pas à savoir à quoi s'en tenir. Je tremble de l'apprendre. Si nous avons la guerre, je ne sais ce que je deviendrai : je ne veux point vous attrister, ainsi je me tais.

LETTRE C.

Paris, samedi 19 janvier 1771.

Je n'ai reçu qu'hier vos lettres du 8 et du 12. Ce retardement m'a bien déplu ; j'avais grand besoin d'être tirée d'un redoublement de mélancolie qui se tournait en vapeurs. Votre amitié m'est un grand spécifique, et sans ce maudit océan, qui est si mal placé, puisqu'il nous sépare, je serais, malgré mon âge et tant d'autres circonstances, la plus heureuse du monde. Vous me faites espérer une visite ; je n'ai pas assez de générosité pour vous en détourner ; je sens que je le devrais ; c'est une complaisance qui vous coûte trop cher ; le voyage est terrible, l'habitation détestable. Puis-je raisonnablement me flatter de vous dédommager de ces inconvénients ? Je sais bien que vous ne me laisserez voir aucun ennui, et que je me laisserai aller à croire que vous n'en avez point. Mais actuellement que je ne suis point avec vous, et que je réfléchis sur tout ce qui se passe entre nous, je ne suis pas sans crainte. Voilà ce que ma conscience m'oblige de vous dire.

Si en effet vous venez ici, je mènerai la vie qui vous conviendra; vous déciderez entre le dîner et le souper. Présentement je soupe, mais j'ai quelques velléités pour le dîner; c'est la société qui m'arrête; mon plan est de toujours manger chez moi, sans cependant m'astreindre à ne pas souper ailleurs: jusqu'à présent je n'ai guère soupé chez moi plus de deux fois la semaine, parce que j'ai été invitée ailleurs. Les jeudis, je vais chez madame de Jonsac, où il y a un cavagnol; je soupe ordinairement une fois dans la semaine chez les Caraman; j'ai la maison des Brienne (1), où je vais tant que

———

(1) Le comte de Brienne, son petit-neveu, était le frère de M. de Loménie de Brienne, archevêque de Toulouse, et ensuite cardinal de Loménie. Le comte de Brienne avait épousé une femme fort riche, et tenait un grand état à Paris. Au règne suivant, il fut, pendant peu de temps, ministre de la guerre. Lui-même, et plusieurs de ses parents, périrent pendant la révolution. Son frère, le cardinal archevêque, fut trouvé mort dans son lit, le

je veux ; madame d'Enville me prie quelquefois, et quand madame de Mirepoix est à Paris, je peux presque toujours passer les soirées avec elle, soit chez elle, chez moi, ou chez madame de Caraman. Comme madame d'Aiguillon loge avec son fils, elle n'ose guère m'inviter, mais elle vient chez moi de fort bonne grâce. Mon souper du samedi est fondé pour elle et pour madame de Mirepoix ; je vais en établir un autre dans la semaine pour les Luxembourg et les Beauvau ; les oiseaux sont la troupe légère qui sont admis indifféremment dans les deux camps. Les jours où je suis seule, j'ai la Sanadona, votre cousin qui ne soupe point, et j'aurai incessamment de plus l'évêque de Mirepoix, qui occupera le logement de votre nièce. Les hommes que je vois journellement sont votre ambassadeur (2), qui est le meilleur homme du monde, plusieurs diplomatiques, Pontdeveyle, le prince de Beaufremont, et *plusieurs autres qu'il serait trop long de nommer;* l'évêque de Rhodez et l'abbé de Cicé ; il a

---

jour qui précéda celui où l'on vint se saisir de sa personne pour le conduire à Paris, et le faire juger par le tribunal révolutionnaire.

(2) Georges Simon, comte d'Harcourt, père du comte actuel.

de l'esprit, de la gaîté, est au fait de tout; je ne sais cependant s'il vous plaira.

Je vois souvent de Lisle; il m'annonce toujours madame du Châtelet; il me dit les plus belles choses de sa part, mais je m'obstine à me laisser chercher, par un sentiment d'humilité qui a l'apparence de la fierté.

Voilà un compte exact de la vie que je mène; je préférerais bien l'habitation d'un château, avec le très-petit nombre de gens que j'aime, *à la solitude du grand monde,* comme dit M. Craufurd.

Ah! il a raison; on est bien seule par l'indifférence que l'on a pour ceux qu'on voit, et celle que l'on a pour nous.

Nos affaires vous occupent beaucoup en Angleterre; jugez de ce qu'elles font ici. Tout n'est que conjectures; les exilés doivent être flattés de tout ce qui se passe, et leur courage est bien étayé; eux et leurs amis se conduisent très-prudemment.

Nous aurons de grands événements ces jours-ci; le parlement persiste à ne point remplir ses fonctions, ce qui est d'un grand inconvénient pour le public. Il les reprit il y a trois ou quatre jours, parce qu'ils comprirent mal la lettre de jussion; ils crurent qu'on retirerait le préambule de l'édit de la chambre de justice, et qu'il y aurait des modifications pour le troisième article (3); sur cela ils se remirent à juger, et prononcèrent la sentence de séparation de M. et de madame de Monaco. Voilà le seul acte qu'ils firent (4); le lendemain ils apprirent, par de nouvelles lettres de jussion, que l'édit et le préambule n'étaient point supprimés, et ne le seraient jamais. Nouvel arrêté de leur part, où ils confirment tout ce qu'ils ont dit et fait précédemment; si bien qu'il n'y a que madame de Monaco qui ait profité du moment.

Nous croyons ici la paix, et on se persuade qu'on attend qu'elle soit assurée pour faire les arrangements du ministère; chacun nomme les ministres à sa fantaisie. Pour moi, je ne change point d'opinion, mais je pourrais bien

───────────────

(3) Par lequel le parlement était obligé de reconnaître, comme une loi de l'Etat, l'obligation indispensable de toutes les cours souveraines, d'enregistrer tous les édits que le roi pourrait leur adresser, quand même ils seraient contraires à leurs propres remontrances.

(5) Que les plaisants du jour appelèrent *la paix de Monaco*.

me tromper. Ce qui est de certain, c'est que cela m'est fort indifférent.

Mes projets sont très-conformes à vos conseils; je ne pense point à aller à Chanteloup avant cinq ou six mois d'ici. On s'y porte bien, la bonne intelligence subsiste. M. de Stainville en est arrivé mercredi au soir; il distribua le jeudi les lettres à tout le monde, excepté à moi; j'en étais furieuse, j'envoyai hier matin chez lui pour savoir si en effet il n'avait point de lettres pour moi; il me fit dire qu'il en avait une, et qu'il me l'apporterait lui-même l'après-dîner; il n'est point venu, et ne m'a point envoyé de lettre, je m'imagine qu'il l'a perdue.

Je vous ai mandé que vous n'aviez qu'à m'envoyer votre lettre pour la grand'maman, et que je la lui ferais tenir; ne faites nul effort, et imaginez que c'est à moi que vous écrivez.

Il y a long-temps que j'ai pris mes mesures pour avoir, toute des premières, le catalogue qu'on fait pour la vente des tableaux de M. de Thiers, et vous devez compter que vous l'aurez sur-le-champ. Adieu, s'il y a quelque chose de nouveau j'ajouterai une page.

A 9 heures du soir.

L'ambassadeur me fournit une occasion pour vous faire tenir cette lettre, je n'ai qu'un moment pour vous écrire. Tout est en combustion ici. On ne doute pas que demain ou après demain il n'y ait une inondation de lettres de cachet pour le parlement (5). Le prince de Condé est allé à Chantilly ; on le croyait exilé, mais on dit qu'il ne l'est pas ; il est pour le moins dans la disgrâce ; on est plus en doute que jamais sur le choix du ministre des affaires étrangères. Le roi dit l'autre jour à M. de Monteynard : vous êtes des ennemis de M. de Choiseul. Sire, il m'a toujours refusé ce que je lui ai demandé, mais

---

(5) La même nuit que madame du Deffand écrivait cette lettre, une troupe de mousquetaires fut détachée chez la plupart des membres du parlement, pour leur remettre des lettres de cachet, avec injonction de déclarer s'ils voulaient reprendre leurs fonctions ordinaires ; en conséquence de quoi ils devaient signer oui ou non. Environ quarante, qui n'avaient pas reçu des lettres de cachet, se rendirent au palais deux jours après, avec le premier président à leur tête, et dressèrent un acte contre les procédés qui avaient eu lieu, dans la seule intention de se mettre dans la même catégorie que leurs confrères qui avaient reçu des lettres de cachet.

je ne suis point son ennemi, il a trop bien servi votre majesté. Un quidam dit à ce même Monteynard : prenez garde à vous, car vous êtes environné des amis de M. de Choiseul. Ah! dit-il, je crains bien moins ses amis que ses ennemis.

Enfin, M. de Stainville m'a apporté deux lettres de Chanteloup, l'une de cinq pages, de la grand'maman, que je n'ai pas encore eu le temps de lire; l'autre de quatre pages, de l'abbé, que j'ai lue; il me dit ce qu'il y a de plus obligeant sur l'empressement qu'on a de m'avoir à Chanteloup.

Je suis contente au-delà de toute expression de ces deux mots : *j'y consens*; je ne vous en parlerai plus jamais.

Adieu, ma chambre est pleine de monde; je vous quitte à regret.

LETTRE CI.

Dimanche 27, à 2 heures après midi.

La poste est si ridicule, qu'elle n'a plus de jours marqués ; je souhaite que le facteur interrompe cette lettre, mais je ne l'espère pas.

Je suis transportée de joie ; j'appris hier à

midi que nous avions la paix, qu'elle avait été signée chez vous, mardi 22, dans la matinée. Si vous en avez été aussi aise que moi, vous m'aurez écrit avant le départ du courrier. Celui de l'ambassadeur arriva hier, et il est de toute probabilité que celui du public doit arriver aujourd'hui. S'il ne m'apporte point de lettres, j'en serai étonnée. En attendant que je sache ce qui en sera, je vais répondre à votre lettre du 18.

C'est une antipathie naturelle que j'ai pour les croisades, et cela dès mon enfance. Je hais don Quichotte, et les histoires de fous; je n'aime point les romans de chevalerie, ni ceux qui sont métaphysiques; j'aime les histoires et les romans qui me peignent les passions, les crimes et les vertus dans leur naturel et leur vérité; j'aime surtout les détails des intrigues, et c'est ce qui fait que je préfère infiniment les *mémoires et les vies particulières*, aux histoires générales. Mais je ne vous ai point dit mon dernier mot sur celle de Malte; le siége de Rhodes m'a fait plaisir, et m'a fort intéressée. Il faut vous faire un aveu : mon esprit s'affaiblit, se fatigue, se lasse; je n'ai plus de mémoire; je ne suis plus capable d'application; il n'y a presque plus rien qui m'intéresse; je suis dégoûtée de tout; il me semble qu'on n'est point né pour vieillir; c'est une cruauté de la nature de nous y condamner ; je commence à trouver mon état insupportable. J'ai eu des chats, des chiens qui sont morts de vieillesse, et se cachaient dans les trous; ils avaient raison. On n'aime point à se produire, à se laisser voir, quand on est un objet triste et désagréable. Cependant il faut de la dissipation, et je peux m'en passer moins qu'un autre ; mais, comme je ne veux point traîner dans le monde et fatiguer les autres, j'ai pris le parti de ne jamais faire de visites, je reste dans mon tonneau (c'est l'équivalent des coins et des trous de mes chiens et chats); jusqu'à présent il n'est pas de mauvais air de m'y venir chercher; le temps arrivera qu'il n'y aura que les désœuvrés qui prendront cette peine. Pour prévenir *cette honte, je rassemble* autant que je puis ce que nous appelons la bonne compagnie, que le plus souvent j'appellerais la sotte compagnie. De temps en temps il me prend des dégoûts pour celui-ci, pour celle-là, mais je me contrains, et je me dis : qui sont ceux qui valent mieux? les seuls que j'excepterais sont bien loin de moi, et vraisemblablement pour toute ma vie. Voilà des idées tristes qui vous désolent, et ne vous invitent pas à sortir de chez vous. Je tombe toujours dans l'inconvénient de vous parler de moi, et j'ai d'autant plus de tort que je n'ignore pas combien cela vous ennuie.

Si vous vous souciez de nos nouvelles, j'aurais bien à raconter; un ancien, un nouveau parlement, cent quarante, ou cent soixante personnes exilées, toutes éparpillées; des magistrats de nouvelle ordonnance (1), qui s'assemblent tous les jours, et sont comme le cuisinier dans l'Andrienne de Térence.

---

(1) Après le renvoi et l'exil de tous les membres du parlement qui avaient refusé de reprendre leurs fonctions, on forma un tribunal temporaire pour remplir leurs places. Plusieurs membres du parlement avaient pris la fuite, pour éviter de se voir forcés d'entrer dans ce nouveau corps; mais ils furent contraints de revenir sous peine d'être mis en prison et de perdre leurs charges. Les gens du roi avaient demandé la permission de résigner leurs places; mais ils furent refusés, et obligés de figurer dans le nouveau tribunal. Ce nouveau parlement fut si mal vu par le peuple, qu'il fallut donner aux conseillers qui y siégeaient des soldats pour les garder, ce qui ne les empêcha pas même d'être sifflés et molestés, quand ils se rendaient aux cours de justice, avec le chancelier à leur tête.

On nous annonce pour demain la nomination du ministre des affaires étrangères; peut-être est-il déclaré présentement; je n'ai encore vu personne, la curiosité ne me tourmente point. Si c'est le fils (2), et que vous écriviez à la mère, en lui parlant de moi ne faites mention que de mon amitié pour elle; je ne puis jamais être dans le cas d'avoir besoin de son fils.

J'ai oublié de vous dire que j'avais mandé à la grand'maman les choses obligeantes que vous m'aviez écrites sur elle, et que vous étiez dans l'intention de lui dire à elle-même; elle m'a répondu avec beaucoup d'amitié pour vous, mais en même temps de vous détourner de lui écrire; parce qu'elle serait embarrassée de la réponse; elle s'est fait une loi de ne point écrire par la poste, cependant je crois que vous feriez bien de m'envoyer une petite lettre pour elle.

A quatre heures.

Il y a un courrier qui ne m'apporte rien; pourquoi m'en étonner? bon soir.

---

(2) Le duc d'Aiguillon.

LETTRE CII.

Paris, vendredi 15 février 1771.

Vous faites beaucoup valoir votre amitié, et vous ne surfaites point votre marchandise : elle m'est d'un prix inestimable ; et quoique celle que j'ai pour vous puisse avoir quelque petite valeur, elle ne peut m'acquitter, ni être du même prix que la vôtre. Parmi les qualités que je puis avoir, il en est une qui, par sa propre nature, est tantôt bonne et tantôt mauvaise : c'est une chose difficile à vous expliquer ; j'aurais l'air de me donner une louange. Je vous dirai seulement le résultat de cette qualité ; c'est de sentir et démêler parfaitement tout ce qu'on pense de moi, et d'en recevoir une impression si vive, que je n'ai pas le pouvoir de modérer mon mécontentement ou ma satisfaction : mais comment, avec toute l'amitié dont vous êtes capable, avez-vous assez peu d'indulgence ? Vous êtes comme le grand-turc d'un de nos opéras ; il dit à la sultane, qu'il vient de quitter pour une autre :

Dissimulez vos peines et respectez mes plaisirs.

Je ne dois donc pas, quand je suis triste,

vous le laisser voir : vous devriez m'envoyer un modèle de lettre. Si je vous parle des uns, des autres, nouvelle matière à réprimande. Je suis *variable, difficile à vivre, épineuse, indiscrète*; enfin, en épluchant vos lettres, que dis-je, éplucher ! vraiment vous vous expliquez très-clairement et très-continûment, et vous ne me laissez aucun doute sur toutes vos préventions contre moi. Savez-vous l'effet que cela me fait ? c'est que je ne vous en aime pas moins, et que je n'en compte pas moins sur votre amitié. Je conviens que nos caractères ne se ressemblent point : vous avez du pouvoir sur vous-même, ou plutôt vous êtes né heureusement; vous êtes gai, vous avez des talents, vous vous passez de tout, vous vous suffisez à vous-même. Je suis diamétralement tout le contraire; et je vais vous faire un aveu très-vrai, et qui vous surprendra peut-être; c'est que j'ai tous les défauts que vous me reprochez, ce qui fait que je ne peux pas me souffrir moi-même, et que je me supporte avec beaucoup plus de peine que les autres ne peuvent me supporter. Je me demande souvent comment il est possible que vous soyiez devenu mon ami, puisque même mon amitié, qui pourrait me tenir lieu de mérite, est ce qui vous déplaît le plus. *O! altitudo!* je n'y comprends rien. Mais enfin il n'est pas nécessaire que je le comprenne; il me suffit que cela soit.

Samedi 16, à 8 heures du matin.

Assurément vous donnez bien le démenti à saint Augustin. Il a dit : aimez et faites tout ce qu'il vous plaira. Je ne fais et ne dis rien qui ne vous déplaise. Je viens de relire vos lettres, celles du 4 et du 7; je ne les ai reçues qu'hier, les deux derniers courriers ayant manqué. Je ne nie pas que vos réprimandes ne soient fondées. J'ai encore bien des défauts, je fais encore bien des fautes; mais n'êtes-vous pas injuste de ne me pas trouver corrigée sur bien des articles? Vous n'aimez pas le style *larmoyant*. Ce terme n'est-il pas dur? et votre amitié ne vous rend-elle sensible qu'aux malheurs où vous désirez d'apporter du remède? Vous m'interdisez de vous parler des autres : *je ne veux des amis que pour les rendre dépositaires de mes peines*. Je ne nie pas que ce ne soit une grande consolation d'en pouvoir faire cet usage. Croyez-vous que je ne voulusse pas aussi qu'ils en usassent de même avec moi? et que si vous aviez du chagrin, que si vous m'en faisiez confidence, vous ne trouvassiez pas en moi de la sensibilité, et que je n'essayasse de vous consoler en vous excitant à me confier toutes vos peines? je ne penserais pas que vous ne me voulussiez faire jouer que le rôle d'une *complaisante* au lieu de celui d'une amie. Ah! que vous me connaissez mal, quand vous croyez que je veux vous *dompter!* Mon ambition serait bien satisfaite si je pouvais me flatter de vous avoir *apprivoisé.*

Il ne me reste plus qu'un mot à dire, et puis je ne vous parlerai plus de moi. Je désire passionnément de vous revoir; je crains presque également que vous vous donniez cet ennui et cette fatigue. A l'égard de l'ennui, je vous épargnerai très-certainement celui que vous craignez le plus; comme vous aimez les détails, je vais vous raconter tout ce que je fais et tout ce que je sais.

Le mardi gras, je donnai à souper à toute la société du feu président, ce qui m'amusa médiocrement. Le lendemain, mercredi, je soupai encore chez moi avec très-peu de monde : j'avais madame et mademoiselle Churchill (1). Le lendemain, jeudi, j'eus une belle

---

(1) Feue lady Marie Churchill, belle-sœur de M. Walpole, et sa fille aînée qui fut mariée ensuite à feu lord Cadogan.

visite : on m'annonça le comte Scheffer, qui, en entrant, me dit qu'il m'amenait deux jeunes gentilshommes qui désiraient de m'être présentés et faire connaissance avec moi ; c'étaient les princes de Suède (2). L'aîné me parut le plus aimable du monde, d'une politesse aisée et facile, beaucoup de gaîté. Ils restèrent une demi-heure chez moi : ils y doivent revenir, et me demander à souper, à ce que m'a dit M. de Creutz (3). Hier matin, M. de Beaufremont fut les voir; ils lui parlèrent beaucoup de moi d'une façon fort obligeante. Je soupai vendredi chez les Brienne avec vos parentes, et je soupai encore hier avec elles chez la marquise de Bouflers, où était madame de Mirepoix, qui doit donner un bal à votre nièce (4) de demain en huit. On la trouve jolie, et on dit qu'elle ressemble en beau à notre dauphine. Ce soir c'est mon samedi, et ma compagnie ordinaire. Demain, chez madame de Mirepoix, avec la maréchale de

---

(2) Le feu roi de Suède, Gustave III, et son frère le roi actuel.

(3) Le ministre de Suède à Paris ; il avait succédé au comte Scheffer, qui avait long-temps habité Paris en la même qualité.

(4) Mademoiselle Churchill, depuis lady Cadogan.

Luxembourg sa petite-fille (5), la marquise de Bouflers, etc. Mardi je donnerai à souper aux Beauvau, à l'archevêque de Toulouse et au Comte de Broglio.

La princesse de Poix (6) accoucha mercredi d'un garçon, ce qui a causé une grande joie.

L'on n'a encore disposé d'aucune charge ni d'aucune place, tout n'est ici que conjectures; j'en fais une qui me déplaît fort, c'est que notre paix avec vous ne sera pas durable.

J'espère que M. Churchill (7) m'apportera les éventails et la soie de la grand'maman. Adieu. Cette lettre est sans chaleur et sans âme; mais je n'ai pas bien passé la nuit et j'ai la tête fort faible.

Dimanche 17.

J'eus hier au soir mesdames de Mirepoix

---

(5) La duchesse de Lauzun.

(6) *La fille du prince de Beauvau, mariée au prince de Poix, le fils aîné du maréchal de Mouchy. Il a demeuré long-temps en Angleterre au commencement de la révolution, ainsi que le fils dont la naissance est annoncée ici, le comte Charles de Noailles, qui épousa mademoiselle la Borde, fille du banquier de ce nom, dont il est souvent parlé dans ces lettres.*

(7) Charles Churchill, mari de lady Marie Churchill.

et d'Aiguillon ; cette dernière est d'une gaîté ravissante et d'une impartialité parfaite. La pauvre maréchale est triste ; je la plains ; elle m'intéresse ; je lui rends tous les bons offices que je peux. Je vous assure que, si vous venez ici, vous ne vous ennuierez pas autant que vous vous l'imaginez ; nous aurons bien matière à conversation. J'ai la plus grande frayeur de mourir avant ce voyage, et cette crainte me fait user d'un grand régime. Je suis inquiète aujourd'hui de mon ami Pontdeveyle ; il avait la fièvre hier ; il est aussi vieux que moi, et se persuade être beaucoup plus jeune ; il mène la vie d'un homme de trente ans ; ce serait pour moi une grande perte ; c'est à tout prendre mon meilleur ami ; il y a cinquante-trois ou quatre ans que nous nous connaissons : je le vois presque tous les jours ; il a l'esprit raisonnable ; il juge les hommes tels qu'ils sont ; il se conduit selon vos principes et sans se faire d'efforts ; il vit uniquement pour lui, et c'est peut-être ce qui le rend plus sociable, parce qu'il ne fait dépendre son bonheur de qui que ce soit ; il n'exige rien de personne, et ne s'assujétit à aucune contrainte ; il n'est pas raisonneur ; mais il est philosophe dans la pratique : à tout prendre, c'est l'homme qui me convient le mieux, et je serais très-fâchée de le perdre.

J'oubliais de vous dire que mercredi dernier, jour des cendres, je fis usage de votre *j'y consens* (8). Ce fut une scène assez comique; j'étais avec deux messieurs qui étaient les acteurs, et j'avais Pontdeveyle pour spectateur. La scène, qui naturellement devait être sérieuse, fut fort gaie : les deux messieurs sont des personnages de comédie; ils furent fort embarrassés à désigner le siége que j'occupais; ce n'était point, disaient-ils, une chaise, ni un fauteuil, ni un canapé, ni une bergère, ni une duchesse; un tonneau ou une ravaudeuse les auraient trop surpris; ils n'auraient pas voulu se servir de ces mots : enfin ils écrivent fauteuil.

J'ai une vraie satisfaction que cette affaire soit terminée, et jamais vous ne m'avez fait un plus véritable plaisir qu'en prononçant ces *deux mots. J'en attends trois autres* qui me rendraient bien contente; devinez-les.

Avant de finir, il faut que je vous dise que je suis très-contente de vous; je vois que vous

---

(8) Elle avait fait son testament, et avait légué tous ses manuscrits à M. Walpole.

voulez m'aimer, et que comme vous vous connaissez bien, et que vous me connaissez bien aussi, vous me dites avec franchise tout ce qui pourrait vous refroidir, et tout ce qui pourra me conserver, et peut-être augmenter votre amitié; je vous en suis obligée, et j'aime bien mieux cette manière, que des protestations où l'on se trompe soi-même autant qu'on trompe les autres.

LETTRE CIII.

Paris, jeudi 21 février 1771.

C'est par votre cousin (1) que vous recevrez cette lettre; j'aimerais mieux que ce fût par un autre : je le vois partir avec regret. Il avait mille attentions pour moi; sa société m'était fort agréable; il aime mes parents; il en est fort aimé; nous étions d'accord dans presque toutes nos façons de voir et de juger; il n'est point cérémonieux, mais il est poli par caractère; je l'ai toujours trouvé obligeant et empressé pour tout ce qui pouvait me faire plaisir. Quoique fort prudent, il a de la franchise; il a beaucoup d'esprit; le grand-papa en pensait

---

(1) M. Robert Walpole.

beaucoup de bien ; je suis bien persuadée que s'il était resté en place, il ne nous aurait pas quittés ; mais il a prévu avec raison que les successeurs du grand-papa ne lui ressembleraient pas, et qu'il ferait difficilement de bonne besogne avec eux, surtout si c'est les deux qu'on nomme, si c'est le d'Aiguillon et le Broglio.

Je crois que les éléments sont dérangés, comme les têtes. La mer est donc impraticable? point de courrier hier, point aujourd'hui, point de vos nouvelles ! Je ne devrais peut-être pas avoir tant d'impatience d'en recevoir ; je prévois que votre première lettre sera encore un peu sévère ; je meurs d'envie d'être quitte de celle-là, parce que j'espère, et je suis même sûre que celles qui suivront seront fort douces. Que cela soit, mon ami, je vous en prie. Vos lettres me font beaucoup d'effet, soit en bien soit en mal ; et si vous saviez combien je suis faible, combien j'ai besoin de soutien et de consolation, jamais, non jamais, vous ne m'attristeriez.

Je vous dirai pour nouvelle, que j'ai touché ce matin la demi-année de ma pension échue le 1er octobre. Il y en a de moins bien traités que moi ; mais j'avais écrit à M. le Cleres, qui est celui qui paye, un billet très-pathétique qui a eu son effet. Votre cousin vous dira toutes nos nouvelles; il est émerveillé, ainsi que tous les citoyens et les étrangers, de tout ce qui se passe. Rien n'est plus ineffable, c'est la Tour de Babel, c'est le chaos, c'est la fin du monde, personne ne s'entend, tout le monde se hait, se craint, cherche à se détruire. La guenon (2) qui nous gouverne est aussi insolente que bête. La pauvre madame de Mirepoix joue un rôle pitoyable. Je ne crois point que ses cent mille livres de rente soient aussi solides qu'elle veut se le persuader; elle n'a ni contrat, ni brevet; elle a un bon, sur je ne sais pas quoi, qui peut changer selon la volonté du contrôleur. Je pense qu'on veut la tenir par la crainte; elle n'a pas le crédit de rien faire pour son frère le chevalier (3), ni pour son neveu d'Hénin (4),

---

(2) Madame du Barri.

(3) Le chevalier de Beauvau, frère cadet du prince de Beauvau, fut connu ensuite sous le nom de prince de Craon; et épousa madame Bonnet, née d'Archiac, de laquelle il eut un fils qui, après la mort de son oncle, devint prince de Beauvau.

(4) Le prince d'Hénin, frère cadet du prince de Chimay, dont la mère était la sœur de madame de Mirepoix. Le prince d'Hénin est mort à Paris, condamné par le tribunal révolutionnaire.

ni même pour se faire payer ce qui lui est dû ; elle ne fait de recrue d'aucune femme pour partager son service, et quand madame de Valentinois partira pour aller au-devant de la princesse de Savoie (5), elle n'aura plus que madame de Montmorency pour compagne. Rien n'est plus digne de compassion. Une grande dame, une très-bonne conduite, beaucoup d'esprit, beaucoup d'agrément, toutes ces choses réunies, ce qui en résulte, c'est d'être l'esclave d'une infâme. —

Madame d'Aiguillon joue un rôle bien différent ; sa gaîté naturelle, son peu de sensibilité, et une honnêteté naturelle lui font avoir la meilleure conduite et la meilleure contenance.

Si vous êtes curieux des détails, interrogez votre cousin ; je suis persuadée qu'il en sait plus que moi sur tout ce qui regarde le parlement (6). Il vous dira que les ministres étrangers travaillent avec M. de la Vrillière ; c'est

---

(5) La comtesse de Valentinois fut nommée première dame d'honneur de la fille du roi de Sardaigne, mariée au comte de Provence.

(6) Dans un lit de justice tenu le 23 de ce mois, le roi passa un édit par lequel il déclarait que, comme la juridiction du parlement de Paris était trop étendue,

à peu près comme quand M. de Mazarin faisait de son palefrenier son intendant (7).

On est présentement bien seul à Chanteloup ; il n'y a plus que madame de Grammont et madame de Stainville ; la concorde règne toujours ; mais est-elle au fond du cœur ? j'en doute. M. de Beauvau demandera bientôt la permission pour lui, sa femme et le marquis de Bouflers ; j'attends avec impatience la réponse qu'on lui fera, j'en tirerai des conséquences pour moi. J'aurai après cela encore bien des réflexions à faire, et des conseils à prendre, mais je n'en veux recevoir que de vous ; j'espère, mon ami, que vous ne me les refuserez pas, et que quand vos affaires, et surtout votre santé vous le permettront, vous me ferez une petite visite. Je ne sauterai point à pieds joints

---

allant de Lyon jusqu'à Arras, il avait jugé nécessaire de la partager en six différentes cours, sous la dénomination de *Conseils Supérieurs*. Toutes ces cours devaient avoir une égale juridiction, et se tenir à Arras, Blois, Clermont, Lyon, Poitiers et Paris.

(7) On disait que le duc de Mazarin s'amusait à faire une loterie des emplois que les gens qui composaient sa maison devaient remplir la semaine ou le mois suivant ; de manière que souvent il arrivait que son palefrenier devenait son intendant, et son cocher son chef de cuisine.

par-dessus la félicité, pour me jeter dans la douleur; je jouirai du plaisir d'être avec vous, et tant qu'il durera, je ne penserai point à la séparation. Je ne vous promets pas de chercher à vous plaire, il faudra que ce bonheur m'arrive de votre pure grâce; je n'entends rien à l'art qu'on met dans la conduite; je sens bien qu'il est souvent nécessaire; mais si j'y avais recours, je rappellerais la fable de l'Ane et du Petit Chien. J'ai un million de défauts, je le sais bien, et je serais bien fâchée que vous ne les connussiez pas tous; ce ne serait pas moi que vous aimeriez, et je craindrais toujours que vous ne vinssiez à me connaître; je ne serais point à mon aise avec vous. Ce n'est pas que je ne veuille me corriger, mais je ne veux pas me contrefaire.

Ma liaison avec madame votre sœur est fort honnête, mais pas fort vive. Tout le monde la trouve fort aimable; et elle l'est en effet beaucoup. Adieu; je ne sais quand j'aurai de vos nouvelles. La mer est impertinente.

LETTRE CIV.

Jeudi 7 mars 1771, à 6 heures du matin.

Nous n'eûmes point hier de courrier, je crois qu'il arrivera aujourd'hui. Peut-être m'apportera-t-il des lettres; mais, si je l'attendais pour y répondre, vous n'en recevriez de moi que de demain ou d'après demain en huit, et je ne veux pas vous accoutumer à être si long-temps sans entendre parler de moi; d'ailleurs j'ai besoin de m'occuper de ce qui m'intéresse, pour faire diversion à un ennui qui ne fait qu'augmenter, et je crains bien qu'il ne devienne insupportable; n'ayez pas peur, voilà le seul mot que je dirai de moi.

Vous savez que le prince royal que nous avions chez nous est changé en roi (1); ce changement arriva le premier de ce mois, à 8 heures et demie du soir; le comte de Scheffer partit sur-le-champ pour Versailles, n'espérant pas voir le roi plus tôt que le lendemain matin. Le roi ayant appris, par M. de Duras, que M. de Scheffer était arrivé, lui fit dire de

---

(1) Par la mort de son père, Frédéric Adolphe.

venir, et lui donna audience quoiqu'il fût déjà couché; grâce si singulière qu'elle n'avait encore été accordée à personne. Il s'informa comment le roi de Suède voudrait être traité; que si c'était en roi, il irait demain le visiter; et que, lorsqu'il viendrait à la cour, il lui donnerait la droite. M. de Scheffer dit qu'il garderait le même incognito. Le roi de Suède fut mardi à Versailles, il eut une longue conférence tête à tête avec le roi, après laquelle on fit entrer le prince Charles et M. de Scheffer. Ce nouveau roi est enchanté du nôtre; il a bien raison; il en a reçu toutes les marques d'amitié et de considération possibles; il n'a pas eu lieu d'être aussi satisfait de nos princes du sang, qui ont un peu manqué de civilité envers lui. Ce roi fut hier à l'académie des sciences; il ne fut point harangué, mais d'Alembert fit un discours rempli de son éloge; l'on dit qu'il est admirable : il revint après chez lui, et il reçut *des visites de plusieurs dames.* Aujourd'hui il va à l'académie française, où il entendra encore son panégyrique directement ou indirectement, et toujours par d'Alembert; sans doute qu'après être rentré chez lui il recevra encore des dames; mon tour viendra; M. de Scheffer m'a dit qu'il voulait m'admettre à cet honneur; je ne l'ai point recherché, mais j'ai cru ne devoir pas le refuser. Je n'ai dit à personne que je devais faire cette visite ; si elle n'avait pas lieu, on se moquerait de moi, et si elle a lieu, on ne pourra pas dire que je m'en sois vantée d'avance ; c'est un honneur dont je me passerais fort bien, mais que je ne suis pas fâchée de recevoir, parce que quelques marques de considération sont du moins de petites armes défensives contre l'orgueil et l'insolence. Tous les suédois partiront lundi, et laisseront ici une très-bonne odeur ; je suis bien fâchée de ce qu'ils n'iront point en Angleterre ; ils comptaient y passer deux mois au moins. Ce roi vous plairait beaucoup ; il aurait bien voulu rester encore long-temps prince royal ; il avait beaucoup d'objets de curiosité qu'il aurait bien voulu satisfaire ; mais il faut qu'il retourne dans son triste pays : en voilà bien assez sur cet article. Je pourrais en traiter un autre qui serait bien plus long, mais ce n'est pas matière à raconter par la poste ; tout ce que je puis vous dire, c'est que je ne suis point frondeuse, et que je suis fort éloignée d'approuver tout ce qui se passe. M. et madame de Beauvau partirent avant-hier pour Chanteloup. Ils en reviendront le 18 ; et le 21, M. de Beauvau sera reçu à l'académie (2); vous me ferez savoir si vous êtes curieux de son discours. Je ne le suis guère de tous les écrits qui paraissent aujourd'hui; on en est inondé; à quoi cela servira-t-il? A faire des papillottes.

LETTRE CV.

Paris, dimanche 10 mars 1771.

EN vérité, mon ami, la lettre que M. Churchill m'a apportée m'a causé la plus étonnante surprise; je ne me souviens plus de ce que ma lettre du 15 contenait, mais il faut que je me sois bien mal exprimée, puisqu'elle vous a tant déplu : je répondrai aux endroits que vous en citez. Je vous ai dit que je n'entendais rien à l'art qu'on met dans la conduite; hélas! mon Dieu, cela n'est que trop vrai. J'ajoute que je suis bien aise que vous connaissiez tous mes défauts. Y a-t-il du mal à cela? Est-ce dire que je ne veux pas m'en corriger? Je voudrais n'en avoir aucun, et vous ne pouvez pas me soupçonner d'un dessein formé de vous déplaire; ah! j'en suis bien loin, et je suis bien

---

(2) A la place du président Hénault.

décidée, non pas à mettre de l'art dans ma conduite, mais à la régler suivant vos avis et vos conseils, tant que vous voudrez bien m'en donner. Je vous ai dit encore, *je sais que je vous déplais, je sais que je vous ennuie*. Pouvez-vous me faire un crime de ces expressions? Mais enfin j'ai tort, puisque je vous ai fâchée, et je pèserai à l'avenir toutes mes paroles au poids du sanctuaire. Si, après m'être bien observée, vous m'apprenez que je continue à vous ennuyer et vous déplaire, j'irai m'enterrer à Chanteloup pour le reste de ma vie, et je serai bien persuadée que j'ai couru après une chimère en cherchant un ami véritable.

Il y a bien long-temps que je suis persuadée qu'on ouvre les lettres aux bureaux; on aura vu dans les miennes beaucoup d'estime et d'attachement pour vous; vous savez ce qu'on peut avoir lu dans les vôtres, et si mon amour-propre a pu en être flatté.

Je me proposais de vous faire le récit du souper que j'ai fait avec le roi de Suède; mais je m'en acquitterai bien maussadement aujourd'hui : n'importe, vous aimez les faits, voici donc comme cela s'est passé.

Je comptais, jeudi dernier, souper chez les Brienne; M. de Creutz vint chez moi l'après-dînée, et me dit que son roi me priait de passer la soirée et de souper chez lui. Je n'hésitai point à l'accepter ; je lui demandai quelle serait la compagnie : mesdames d'Aiguillon, et nulle autre. J'eus du monde dans le courant de la journée, et entre autres madame votre sœur qui m'avait amené une dame de ses amies ; elles restèrent chez moi jusqu'à neuf heures avec d'autres personnes ; je leur demandai la permission de sortir, et je dis tout bas à madame Churchill où j'allais, en la priant de n'en point parler. Je trouvai chez le roi, les deux duchesses(1) et MM. de Sestain et de Creutz. Le roi s'occupa de me faire donner un bon fauteuil, me fit changer de celui où on m'avait placée d'abord, pour me mettre dans un plus commode ; il aurait voulu avoir un tonneau. La grosse duchesse se mit à chanter la chanson que j'avais faite sur mon tonneau, disant au roi qu'elle était de ma façon. Le petit prince et M. Scheffer arrivèrent, et ce fut là toute la compagnie. Avant le souper, on lut le discours que d'Alembert avait prononcé à l'académie des sciences en présence du roi qui y avait été

---

(1) La duchesse d'Aiguillon mère, et la duchesse d'Aiguillon, épouse du ministre.

la veille; c'était sur la philosophie et les philosophes; les persécutions, les triomphes que la vérité a toujours éprouvés, l'éloge de tous les princes qui l'ont protégée, et particulièrement celui des princes qui sont venus nous visiter; le prince héréditaire, le roi de Danemarck. A cet éloge, le roi fit un mouvement, dit un oh! qui vous ressemblait comme deux gouttes d'eau. On passe ensuite à lui, roi de Suède; on loue feu son père, sa mère, son second frère, son petit frère, le roi de Prusse, et ensuite le roi de France. Ce discours est bien écrit, mais un peu froid et un peu long. Il me parut que le roi en jugeait fort bien; il ne disserte point, mais ses premiers mouvements expriment ce qu'il approuve, ou ce qu'il blâme; je lui trouve plusieurs choses de vous, et j'aurais voulu que vous l'eussiez pu connaître. Nous soupâmes; après le souper on parla du chevalier de Bouflers; on me fit chanter l'ambassade (2), et puis *madame d'Aiguillon* dit au roi de me demander la chanson des phi-

---

(2) Chanson fort connue, du chevalier de Bouflers, qui commence par ces mots :

« Enivré du brillant poste,
« Que j'occupe récemment, etc., etc. »

losophes, après laquelle elle dit tout bas qu'elle était de moi ; et le roi, elle, et toute la compagnie crièrent comme on fait à la fin des nouvelles comédies, *l'auteur, l'auteur, l'auteur!* On se retira à minuit. Je ne puis vous dire à quel point madame d'Aiguillon fut aimable, et tout le soin qu'elle se donna pour me faire valoir. Le roi, son petit frère, MM. Scheffer, de Sestain et de Creutz, furent hier souper à Ruel, où il ne devait se trouver que les deux duchesses, MM. d'Aiguillon, de Richelieu et de Maurepas ; on dit que cette cour suédoise partira demain ; le roi a beaucoup de regret à son voyage d'Angleterre. Je suis persuadée qu'il vous aurait plu ; on ne peut avoir plus de gaîté, de facilité, de politesse et de franchise.

Voilà un long récit. Ah! si je vous disais tout ce qui se passe ici, il faudrait bien changer de ton : c'est selon moi des choses épouvantables. Il y a une lettre anonyme qu'on porte à toute la noblesse, pour l'exciter à écrire à M. le duc d'Orléans, pour le prier de demander au roi le rappel du parlement ; on envoie le modèle de la lettre qu'il faut écrire ; il est vraisemblable qu'aucune personne sensée ne se rendra à cette invitation.

Toutes les places et les charges sont toujours vacantes. Il y a un homme ici au comble du malheur, M. de Maillebois (3); on l'avait nommé directeur des troupes, avec MM. d'Hérouville et de Mailly. Les maréchaux de France ont fait des représentations au roi contre lui; on lui a ôté son emploi, et on l'a donné au comte de Muy; sa femme me fait une pitié extrême; il n'y a pas d'exemple

---

(3) M. de Maillebois était fils du maréchal de Maillebois, et a été regardé comme un jeune homme de mérite, et comme un officier qui donnait de grandes espérances. Il commença par servir sous son père, en Italie, et fut ensuite beaucoup employé par le maréchal de Richelieu, au siége de Mahon. La même année il fut nommé maréchal général des logis de l'armée du maréchal d'Estrées; mais après la bataille d'Hastenbeck, on fit courir des bruits si désavantageux sur sa conduite pendant cet engagement, qu'il jugea à propos d'écrire un mémoire pour sa justification, dans lequel il représenta le maréchal comme un général inepte et absolument fou. Il fut sévèrement puni de cette démarche imprudente (comme on l'appelait alors), par la perte de tous ses emplois militaires, et fut renfermé au château de Dourlens. Il ne revint jamais de cette disgrâce, malgré les différentes tentatives qu'on fit en sa faveur, les maréchaux de France s'opposant toujours aux sollicitations de ses amis pour le faire réintégrer dans le service.

d'une personne aussi complètement malheureuse (4).

Si jamais je vous revois, mon ami, j'aurai tant de choses à vous raconter que les journées ne seront pas assez longues; je m'engage par serment à ne vous rappeler le souvenir d'aucun de nos différens, ni de traiter aucun des sujets qui vous déplaisent.

LETTRE CVI.

Mercredi 13 mars.

J'AURAIS bonne grâce de répondre avec humeur à une lettre toute pleine d'amitié, tandis que je réponds avec la plus grande douceur à celles qui ne sont pas de même. Je suis on ne peut pas plus reconnaissante de l'intérêt que vous me marquez. J'aurais fort désiré que vous eussiez suivi votre premier projet, et que vous eussiez placé votre voyage en mars ou avril. Vous dites que c'est ma faute si vous avez changé d'avis. Je m'examine en vain, et je ne puis trouver quels sont mes torts. J'aban-

---

(4) Madame de Maillebois était une dame fort aimable, fille du marquis d'Argenson, et sœur du marquis de Paulmy.

donne cette recherche, vous prétendez que j'en ai, cela suffit.

Dimanche 17.

J'ai voulu attendre une occasion pour cette lettre ; votre ambassadeur m'a fait espérer qu'il en aurait une demain ; si elle manque, elle partira mercredi par son courrier ; j'imagine que les lettres qu'il porte ne sont point visitées aux bureaux. Je vais donc, dans cette confiance, vous parler *à cœur ouvert*. Ces mots vous font peur ; rassurez-vous, vous ne lirez rien qui vous fâche.

Je suis dans une grande perplexité pour mon voyage ; je ne me porte point bien, mes meilleures nuits sont de trois ou quatre heures de sommeil, et presque toujours de deux ; je m'affaiblis beaucoup ; le plus léger exercice me semble impossible. Je me lève fort tard ; de mon lit je passe à mon tonneau ; je ne sors point, ou quand je sors, ce n'est qu'à neuf heures du soir, pour aller dans des maisons où je trouve peu de monde, et où je suis fort à mon aise. Comment pourrai-je soutenir pendant trois jours de suite, d'être en voiture huit ou dix heures, et de coucher deux ou trois nuits dans des cabarets ? J'arriverai à Chanteloup morte de fatigue; les embrassades, les compliments achèveront de m'épuiser. Voilà l'arrivée, voyons le séjour. Je serai certainement fort bien reçue, avec tendresse par la grand'maman, avec joie par le grand-papa, avec beaucoup de politesse de madame de Grammont, avec beaucoup de plaisir par le grand abbé. Je serai fort contente de les voir; ils auront le plus grand désir de me bien traiter, de me mettre à mon aise; je voudrai y être, je me dirai que je le dois, mais machinalement je ferai des efforts; je craindrai de les ennuyer, je chercherai à leur plaire; je serai désolée si je me trouve affaissée, comme il m'arrive souvent dans mon tonneau. Je suis quelquefois dans l'impossibilité de parler, de penser, et d'écouter ce qu'on dit. Voilà l'état où je suis. Doit-on sortir de chez soi? Je ne crains point de tomber malade; je finirai comme le président; il semble qu'il ait tracé ma route, je le suis pas à pas. Cet aveu dépouillé d'artifice vous surprendra; je n'en ai pas pris la copie dans l'essai des moyens de plaire de Moncrif, ni dans Quinault, ni dans Scudéri; mais quand on parle à son ami, quand on veut se conduire par ses conseils, il faut lui faire un exposé fidèle. Il faut ajouter à tout ceci la difficulté des mesures qu'il faut prendre. La grand'maman, le grand-papa, et tout ce qui est avec eux, disent qu'il faut que je parte sans demander permission, et que deux jours après mon départ je fasse rendre une petite lettre à M. de la Vrillière, dont la grand'maman m'a envoyé le modèle. Plusieurs personnes ne sont point de cet avis, et nommément madame de Mirepoix, qui se chargera d'obtenir ma permission; elle en a déjà parlé à madame du Barri, qui lui a répondu qu'elle ne le voulait pas, et que si j'y allais, elle me ferait ôter ma pension. La maréchale s'est moquée d'elle, a tourné ses menaces en plaisanterie, et en effet je n'en ai pas peur; ce n'est pas ce qui m'arrêtera, ce malheur-là n'arrivera point, et s'il arrivait, je m'en consolerais. Ma santé est donc le plus grand obstacle que je trouve, mais peut-être me porterai-je mieux d'ici au mois de mai.

Je n'ai point la crainte de paraître ridicule à madame de Grammont, et au grand-papa; de m'attirer le mépris de l'une, et d'ennuyer l'autre en traitant le système de l'amitié; vous avez eu le privilège exclusif d'en être importuné, et si vous interrogiez tous les gens de ma connaissance et de mes amis, ils vous diraient que personne n'est plus éloigné que moi des dissertations sur toutes matières, et surtout sur celle-là.

Lundi 18.

Comme cette lettre vous sera rendue par un particulier, et qu'elle ne passera pas par les bureaux, je puis hasarder des nouvelles.

La dame du Barri prend plus de crédit que jamais, et cependant elle ne peut venir à bout de placer le d'Aiguillon ; toutes les places restent vacantes, tous les prétendants ont chacun leur protecteur ; ces protecteurs ont le pouvoir de nuire, et non pas celui de pouvoir servir leurs protégés. Je vois que la maréchale (1) n'est admise à aucune confidence ; elle voit les choses de plus près, mais elle en est réduite aux conjectures qui peuvent être plus vraisemblables que les autres, mais sur lesquelles on ne peut rien tabler. Le prince de Condé nuit à beaucoup de gens, c'est lui qui s'oppose à M. d'Aiguillon ; cependant le patron ne l'aime point. On croit que le Monteynard ne restera point ; que le Terray sera chassé ; que le chancelier périra. On ne pré-

---

(1) La maréchale de Mirepoix.

voit que des chutes, des disgrâces; on ne sait ce que tout cela deviendra. Vous me demanderez pourquoi donc je prétends que madame du Barri a tant de pouvoir, puisqu'elle ne peut déterminer à rien; c'est qu'elle ne se soucie de rien, qu'elle ne veut du bien à personne, qu'elle change d'avis et de sentiment à tout moment. Nous verrons comment M. de Beauvau sera reçu à son retour de Chanteloup. On lui avait accordé sa permission de très-mauvaise grâce, il y a passé dix ou douze jours; il en revient aujourd'hui. Le prince, que vous croyez y en avoir passé trois, est apparemment le prince de Beaufremont; il n'y a point encore été, il n'a pu obtenir sa permission; mais la grand'maman croit que c'est par la mauvaise volonté de M. de la Vrillière, à qui il s'est adressé pour l'avoir; et cela pourrait bien être, puisque M. et madame de Tingri (2) l'ont obtenue en s'adressant directement au maître; ils y ont passé quinze jours, et reviennent aujourd'hui. Madame de Brionne, M. d'Ayen, et madame de Tessé, qui demandèrent la per-

---

(2) Le prince et la princesse de Tingri. Le prince de Tingri sortait d'une branche de la maison de Montmorenci; il était un des quatre capitaines des gardes du corps.

mission, au commencement de ce mois, ne l'ont obtenue que pour le mois prochain. J'aurai le temps d'ici au mois de mai de voir ce qui arrivera; je me conduirai en conséquence.

Le petit prince de Suède est très-malade d'une dyssenterie, ce qui retarde le départ du roi son frère.

Je m'aperçois que je vous promettais des nouvelles, et que je ne vous tiens pas parole; c'est qu'on croit savoir ce qui se passe, et qu'en voulant s'en rendre compte à soi-même, on trouve que l'on ne sait rien; ce qu'on a su la veille est détruit par ce qu'on apprend le lendemain.

Qu'il n'en soit pas de même entre nous, mon ami, et que le plaisir que m'a fait votre dernière lettre ne soit point diminué par celles qui la suivront.

Je n'ai point eu de lettres du petit Craufurd.

LETTRE CVII.

Paris, dimanche 24.

Vous n'aurez qu'un mot aujourd'hui; je compte avoir cette semaine une occasion par laquelle je vous enverrai les discours de l'académie, dont l'un est de M. Beauvau, l'autre de M. Gaillard, et les réponses de l'abbé de Voisenon.

Le roi de Suède part demain. La maladie de son frère l'a retenu plus long-temps qu'il ne voulait. On a nommé pour ambassadeur auprès de lui M. de Vergennes (1).

L'évêque d'Orléans (2) est exilé dans une de ses abbayes, qui est dans le fauxbourg du Mans.

Je pourrai vous écrire dans le courant de la semaine.

Vous m'avez annoncé une lettre de M. Craufurd, je n'ai pas entendu parler de lui.

Je lis la vie de Charles-Quint, de Robertson; l'article de Luther m'a fait plaisir ; mais ce qui m'en a fait infiniment, c'est Gil-Blas, que j'avais déjà lu plus d'une fois ; mais grâces à mon peu de mémoire, il a eu pour moi presque l'agrément de la nouveauté, ce qui me confirme bien que la facilité du style est ce qui fait le charme de tout ouvrage, et le fait passer

---

(1) Le même qui fut ensuite ministre des affaires étrangères, à Versailles.

(2) L'abbé de Jarente. Il fut pendant plusieurs années, durant le ministère du duc de Choiseul, chargé de la *Feuille des bénéfices*.

à la postérité ; il n'y a que les livres facilement écrits qu'on peut relire plus d'une fois, et même sans cesse. Témoins les lettres de madame de Sévigné ; les mémoires de Grammont ; je dirais presque les mémoires de mademoiselle de Montpensier ; encore quelques autres, mais pas en grand nombre.

Adieu, jusqu'à un des jours de cette semaine, je ne sais pas lequel ce sera.

LETTRE CVIII.

Paris, mardi 26 mars 1771.

VOILA l'occasion que j'attendais ; je puis vous parler librement. Nous sommes dans des craintes mortelles, on dit que tout le monde va être exilé : tous les princes du sang, excepté M. le comte de la Marche, parcequ'il n'a pas signé la lettre au roi dans laquelle les princes demandaient le rappel du parlement ; quatorze ducs, pour s'être joints aux princes ; et plusieurs autres grands seigneurs, entre autres M. de Beauvau : c'est peut-être celui qui est dans le plus grand danger ; son sort sera bientôt éclairci, il entre en quartier(1) lundi ; il est allé aujourd'hui à la chasse avec

_____
(1) Comme un des quatre capitaines des gardes du corps du roi.

le roi, il doit souper ce soir chez moi; je saurai quelle mine on lui aura faite. Les griefs qu'on a contre lui sont toutes les imprudences de sa femme dont la hauteur et, soit dit entre nous, l'insolence, est un peu forte; nul ménagement dans ses propos. On leur avait refusé la permission d'aller à Chanteloup, elle lui a fait écrire une lettre au roi si pressante, qu'il arracha la permission. Ils ont donc passé dix jours à Chanteloup. Avant qu'il partît, il était bruit d'une lettre à M. le duc d'Orléans pour l'inviter à se mettre à la tête de la noblesse; on prétend qu'il y a eu une vingtaine de personnes qui en ont écrit. La dame du Barri a déclaré qu'elle voulait qu'on éloignât de la cour tous les amis de M. Choiseul, qu'on leur ôtât toutes les places et emplois qu'il leur avait donnés. M. d'Usson, qui devait aller en Suède, a été révoqué, M. de Vergennes est à sa place. Le baron de Breteuil court grand risque; on sollicite beaucoup la dame pour lui, on espère l'adoucir. M. de Malesherbes, M. de Sartine, l'archevêque de Toulouse, peut-être M. de Trudaine, etc. etc. auront des lettres de cachet, ils s'y attendent. M. d'Aiguillon partit dimanche pour Verret qui est sa terre, il en revient vendredi ou samedi. Il veut, à ce qu'on dit, qu'on porte tous les grands coups, en son absence; on ne doute point qu'il n'ait les affaires étrangères, et que la Dame ne surmonte la répugnance que le roi paraît y avoir. Le roi de Suède a rendu de grands services à M. d'Aguillon; le roi partit hier; toutes les apparences de regrets et d'amitié pour l'absence du grand-papa, ont été de pures comédies. La Dame est plus souveraine que ne l'était sa devancière (2) et même le cardinal Fleury; elle est irritée au dernier point, et ce qui me fait trembler, c'est la peur qu'on ne laisse point mes parents où ils sont, et qu'on ne les envoie bien plus loin, qu'on ne les dépouille de leurs places et de leur charges, enfin qu'on ne mette le comble à leurs malheurs. Ce temps-ci est affreux; on ne peut prévoir par où il finira.

Je me flatte que cette lettre vous parviendra sans inconvénient; vous ne tarderez pas, je vous prie, à m'en mander la réception; je serai fort inquiète jusqu'à ce que j'aye reçu votre réponse.

Je vous envoie les discours de l'académie (3),

---

(2) Madame de Pompadour.

(3) A la réception du prince de Beauvau à l'académie française, à la place du président Hénault.

et la lettre anonyme adressée à la noblesse, en conséquence de laquelle cette vingtaine de personnes dont je vous ai parlé ont écrit à M. le duc d'Orléans.

Je vous avoue que je désapprouve fort leur conduite, je trouve qu'ils s'attirent tout leur malheur.

Vous jugez bien que tous mes projets sont à vau-l'eau ; j'ajouterai ce soir ou demain matin ce que j'aurai appris.

Je tâche de me bien conduire. Adieu, à tantôt ou à demain matin.

Depuis cette lettre, je reçois un billet de la princesse de Beauvau, qui me mande qu'elle est incommodée, et qu'elle me prie que le souper de ce soir soit chez elle ; j'y consens.

Je soupai hier chez la maréchale de Mirepoix avec le prince de Conti, l'Idole et la maréchale de Luxembourg, etc. etc. Je restai seule avec la maréchale de Mirepoix ; elle a une entorse, je crois vous l'avoir mandé ; elle est depuis dix jours à Paris ; elle ne saurait marcher ; mais elle ne laissera pas d'aller demain à Versailles ; elle agira pour son frère (4) avec une grande vivacité ; et si, malgré cela,

---

(4) Le prince de Beauvau.

il y arrive malheur, elle se retirera. Ses sentiments sont nobles, tendres et généreux.

Pour moi, mon ami, je suis toute abasourdie; je ne sais où j'en suis; je ne prévois que les plus grands malheurs; je ne sais ce que je deviendrai; je ne tiens plus à rien; il ne me reste plus qu'à végéter. Vous êtes bien heureux de pouvoir vous passer de tout, de vous suffire à vous-même, il n'y a que ce bonheur-là dans le monde; on ne peut s'appuyer ni compter sur rien; fait-on des imprudences, on en est puni; a-t-on une bonne conduite, elle est déconcertée par les événements; a-t-on eu du discernement dans le choix de ses amis, les accidents, les circonstances vous en séparent, on se trouve seul dans l'univers : peut-on compter pour quelque chose la société des sots ou des indifférents? On est tout en vie, et on éprouve le néant. Je demande pardon de ces lamentations, mais peut-on toujours souffrir sans se plaindre? Si mes parents sont maltraités, si on les fait sortir de leur demeure, j'en serai touchée jusqu'au fond du cœur. J'aime tendrement la grand'maman; je suis persuadée de son amitié; elle mérite si peu son malheur; elle a tant de vertus, tant de courage, que les plus indifférents s'intéressent à elle. J'aime aussi le grand-papa ; il est aimable, doux et bon. Le grand abbé m'intéresse aussi beaucoup ; il est capable d'une véritable amitié ; il était heureux, sa fortune sera renversée ; le malheur de la grand'-maman lui tournera la tête. Je ne perds point de vue tous ces objets ; ils affaissent mon âme plus qu'ils ne l'irritent ; j'espère que je deviendrai imbécille ; tant mieux si je perds tout sentiment.

Il est à propos de vous dire quels sont les gens que je vous ai nommés. M. de Malesherbes est premier président de la cour des aides ; il est fils de l'ancien chancelier M. de Blancmenil ; il a fait des remontrances et un arrêté d'une grande force, et qui ont fort déplu (5).

---

(5) La suppression de la cour des aides formait une partie du plan du chancelier Maupeou, pour la réforme de la judicature en France, qui eut lieu dans ce temps-la. Lamoignon de Malesherbes se distingua toujours comme magistrat, à la tête de sa cour, et ensuite comme ministre d'état sous le règne de Louis XVI, et s'opposa avec énergie aux taxes nouvelles et aux lettres de cachet. Après la démission de son ami, le sage et l'éclairé Turgot, en 1776, il demanda également à se retirer des affaires. Mais en 1793, à l'âge de 70 ans passés, il se présenta à la barre de la Convention pour y prendre la défense de Louis XVI, en disant : « J'ai été deux fois » appelé au conseil de celui que vous allez juger, dans

M. de Sartine est notre lieutenant de police (6). Le tort qu'on lui trouve, c'est de n'être pas délateur.

Ce qu'on sollicite pour M. le baron de Breteuil, c'est qu'il ne soit point révoqué de son ambassade à Vienne; on rappellera, à ce qu'on dit, M. de Guignes.

Mercredi 27.

La journée d'hier n'a rien produit; je soupai chez les Beauvau; le mari revenait de la cour; il avait chassé, avait été traité comme à l'ordinaire; ils ne paraissaient pas trop inquiets, et puis la femme a un courage indomptable, la gloire est sa passion, rien ne lui fait peur; l'exil, la perte du commandement, sont des bagatelles, en comparaison de l'honneur qui résulte d'assurer la liberté, de se garantir du pouvoir arbitraire, etc. etc.

» le temps que cette fonction était ambitionnée de tout » le monde : je lui dois le même service, lorsque bien » des gens trouvent cette fonction dangereuse ».

Il fut victime de son généreux dévouement, et périt sur l'échafaud peu de mois après avec sa fille, madame de Rosambo et sa petite-fille madame de Châteaubriand.

(6) Le même qui, sous le règne suivant, fut ministre de la marine.

Les Idoles partent aujourd'hui pour l'Isle-Adam, avec la maréchale de Luxembourg et Pontdeveyle; j'ai eu tort de ne vous pas mander qu'il se porte fort bien; je lui ai dit que vous me demandiez de ses nouvelles; il en est très-reconnaissant, et m'a bien recommandé de vous dire mille choses de sa part. C'est mon ami sans doute; M. de Beauvau l'est aussi, et puis en second ordre, j'en ai trois ou quatre autres. Oh! sans doute, je suis bien en amis, c'est ma faute si je ne suis pas contente; on a raison de le penser, de me le dire : eh bien! malgré cela, j'ai le travers de ne me pas trouver heureuse.

Vous me direz ce que vous pensez des harangues. Je lis Charles V, de Robertson, qui ne m'amuse guère; c'est un de mes malheurs de ne plus trouver de lecture qui me fasse plaisir. Je ne puis souffrir l'histoire où l'on s'attache à démêler les causes morales des événements et les réflexions philosophiques; c'est pour cela que je préfère les anecdotes aux mémoires, et les mémoires aux histoires. J'ai le projet de vous faire lire Saint-Simon; j'annonce à la grand'maman que j'ai une grâce à lui demander, qui me comblera de plaisir, mais dont je ne lui parlerai que quand il sera temps; elle me persécute dans toutes ses lettres pour me faire dire ce que c'est; je n'y réponds point, et je ne m'expliquerai que quand ce pourra être à bonne enseigne; mais comme il me faudra peut-être quelque temps pour déterminer à m'envoyer ces livres, il faudra s'y prendre un peu d'avance pour les demander.

Je finis, en vous priant instamment de ne pas tarder un moment à me répondre.

Vraisemblablement le baron de Breteuil n'ira point à Vienne; la dame du Barri ne le voulut point voir lundi dernier, où elle lui avait promis une audience; elle ne lui a point donné d'autre rendez-vous. La maréchale de Mirepoix ne va point aujourd'hui à Versailles; elle me dit hier qu'il n'en était pas besoin. Je souperai ce soir chez elle avec le comte de Broglio en tiers, c'est lui qu'elle protége; je ne sais si elle réussira, j'en doute.

Si par hasard vous voyez votre cousin, vous lui direz ce que vous voudrez des choses que je vous mande, ou rien du tout si vous l'aimez mieux. Il y a quelques jours que je n'ai vu M. et madame Churchill; je les trouve fort aimables. M. Churchill a de la gaîté; madame, de la douceur et de la politesse; mademoiselle, de la grâce, de l'agrément; elle plaît infiniment.

M. de Beauvau porta dimanche son discours au roi, qui ne lui en dit pas un seul mot hier; cela me paraîtrait un mauvais signe; mais on prétend que cela ne signifie rien.

Comme j'ai encore de la marge, voici quatre méchants vers :

> La cour royale est accouchée
> De six petits parlementaux (7),
> Tous composés de coquinaux;
> Le diable emporte la couvée.

Avouez que je vous ennuie à la mort, et que vous me trouvez une grande bavarde; je suis toujours hors de propos; je vous accable de mes écritures, et l'on se plaint ailleurs de ce que je n'écris point. Je renonce à bien faire; on se passe de l'approbation, en n'ayant point à tâche de l'obtenir.

Je n'ai point abandonné mes projets de voyages; mais j'attendrai que tout ceci ait pris couleur; tous les temps sont égaux, et j'aime pour le moins autant la campagne l'hiver que l'été; je ne puis pas me promener, ainsi qu'est-ce que me fait le beau temps?

---

(7) Ceci fait allusion à la division qui venait de se faire de la juridiction du parlement de Paris.

Lettre anonyme envoyée avec le projet de la lettre à M. le duc d'Orléans.

27 mars 1771.

J'AI l'honneur de vous envoyer, Monsieur, le projet d'une lettre que je crois qu'il est convenable d'écrire dans les circonstances présentes à M. le duc d'Orléans; ce moyen étant le seul qui nous reste pour porter au roi nos réclamations, puisqu'il nous est défendu de nous assembler.

J'ai l'honneur de vous avertir que tous les maréchaux de France qui ne sont pas pairs, M. le marquis de Poyanne, M. le duc de Gontault, M. le marquis de Ségur, M. le prince de Beauvau, M. le marquis de Castries, M. le comte de Jarnac, M. le duc de Liancourt, MM. de Coigny, ainsi qu'un très-grand nombre de gentilshommes, reçoivent en même temps semblables projets, et vous pouvez en conférer avec eux; car je crois qu'il est important *de ne pas perdre de temps.*

Je vous demande pardon, Monsieur, de ne point signer; mais le but de cette démarche doit vous servir de preuve que je suis digne d'être membre d'un corps dont j'ai les droits autant à cœur.

Je suis bien loin de croire, Monsieur, que le style de la lettre que j'ai l'honneur de vous proposer soit le meilleur que vous puissiez prendre, et je suis persuadé que les changements que vous y ferez, si vous jugez à propos d'en faire, seront à l'avantage de la démarche que j'ai l'honneur de vous proposer.

Projet de la lettre à M. le duc d'Orléans.

Monseigneur,

La noblesse soumise depuis long-temps au malheur de n'avoir point de chef, de représentant, et de ne pouvoir s'assembler, remet avec confiance ses intérêts dans les mains de V. A. S., dans une conjoncture où le renversement des lois et des formes observées jusqu'à présent dans l'état, cause les plus vives alarmes à tous les ordres qui le composent.

Tout gentilhomme vraiment conduit par l'honneur ne peut voir, sans une mortelle peine, qu'on déshonore pour ainsi dire la nation, en rendant arbitraire, par *conséquent* tyrannique, un gouvernement doux et réglé qui subsiste avec tant d'éclat depuis tant de siècles.

L'édit du mois de décembre dernier, en attaquant d'abord la magistrature, et en l'anéantissant bientôt après, annonce assez ce que les mauvaises intentions d'un seul peuvent faire éprouver à des sujets qui vivent actuellement sous le meilleur des maîtres, et ce que la postérité doit craindre du despotisme qu'on cherche à établir, et dont le parlement qu'on se propose de substituer à l'ancien serait l'instrument le plus dangereux, en abusant du nom des lois et des formes.

C'est à vous, Monseigneur, que votre rang et vos sentiments approchent si naturellement du trône, de faire valoir les justes réclamations d'un ordre si distingué dans l'état, que Henri IV a daigné se dire le premier gentilhomme de son royaume; que par vous le roi soit éclairé sur ses vrais intérêts, et que la noblesse vous doive d'avoir fait entendre une voix qui ne s'élève jamais, que pour publier son respect pour le roi, son attachement aux vrais intérêts de l'état, et sa reconnaissance pour S. A. S.

Je suis avec, etc.

LETTRE CIX.

Paris, mardi 3 avril 1771.

OH ! pour cette fois-ci il n'y a pas à se plaindre du retardement de la poste; la lettre que je reçus hier est datée du 30 ; cette diligence est impossible, c'est une méprise de date.

Votre aventure (1) fait tenir ici toutes sortes de propos ; les uns disent que c'est à votre cousin (2) qu'elle est arrivée, qu'on voulait lui enlever ses dépêches ; les autres disent que c'est à vous ; que l'on vous soupçonnait d'avoir une correspondance secrète avec M. de Choiseul, mais bientôt on n'en parlera plus. Nous avons ici, ainsi que vous à Londres, d'autre fil à retordre. La prudence me défendait de vous entretenir ; mais je n'ai pas besoin de ces défenses, mon aversion naturelle pour la politique et encore plus pour l'intrigue, me fait ignorer presque tout ce qui se passe. Nous sommes inondés de papiers et de paperasses ; le peu que j'en ai lu m'a tellement ennuyée, que j'ai pris une ferme résolution de n'en pas lire davantage. Tout ce qui me fâche ce sont les imprudences des mauvaises têtes qui peu-

---

(1) L'hôtel de M. Walpole, dans Arlington-Street, fut forcé sans que ses domestiques s'en aperçussent ; toutes les serrures furent ouvertes, et les effets que contenaient les armoires, les secrétaires, etc., éparpillés dans les appartements, sans que rien se trouvât enlevé.

(2) M. Robert Walpole qui avait été secrétaire d'ambassade à Paris.

vent nuire à des gens sensés et malheureux, qui, bien loin de les approuver, les condamnent et s'en affligent. Vous devez m'entendre, et concevoir qu'il en résulte pour moi beaucoup d'incertitude dans mes projets.

Je serais fort affectée de vos troubles (3) si vous jouiez quelque rôle ; mais je connais trop votre façon de penser, pour avoir la moindre inquiétude.

La maréchale de Mirepoix est toujours retenue ici par son entorse ; elle ne peut pas encore mettre le pied à terre ; j'en suis fâchée pour elle, mais il en résulte un bien pour moi ; je passe les soirées avec elle, et j'y trouve des personnes que vous savez qui me plaisent beaucoup ; la grosse duchesse, le petit comte de Broglio, et d'autres que vous ne connaissez pas, et qui sont aimables, et dont vous vous accommoderiez fort bien.

Je soupai hier chez madame de Jonsac, j'y jouai à cavagnol ; elle ira le mois prochain à Jonsac ; car telle est la volonté de son mari, et elle est son esclave. Je pense souvent que,

---

(3). Les troubles qui eurent lieu à l'élection de Middlesex, et l'expulsion de Wilkes de la chambre des communes, qui en fut la suite.

quand on se trouve malheureuse, on doit songer qu'on n'est pas sa femme ni celle de M. de Maillebois. S'il n'y avait pas une autre vie, et qu'on n'eût pas le paradis pour expectative, le sort serait bien injuste de rendre aussi malheureuses les deux plus parfaitement honnêtes femmes que je connais. Je pourrais parler d'une troisième (4), vous comprenez bien quelle elle est; mais ses malheurs ne sont pas du même genre, ils n'affaissent pas l'âme, ils ne lui ôtent pas le ressort, ils ne l'humilient pas, ils donnent de l'éclat à ses vertus.

Voilà tout ce que vous aurez de moi aujourd'hui; je vous ai accablé de lettres depuis quelque temps. N'allez pas croire, je vous prie, que c'est par le goût que j'ai pour bavarder; vous êtes la seule personne à qui j'aime à écrire.

LETTRE CX.

Paris, mercredi 1er mai.

DE votre lettre du 24, l'article qui me plaît davantage c'est le désarmement de vos vaisseaux; j'ignorais le risque que je courais (1),

---

(4) De la duchesse de Choiseul.
(1) Par une rupture entre la France et l'Angleterre.

heureusement je ne l'apprends que lorsqu'il est passé.

Soyez persuadé que si vous venez ici, comme vous le faites espérer, vous serez content sur tous les points que vous désirez de moi; ni bouderies, ni importunité d'aucun genre, rien ne troublera votre tranquillité et n'entreprendra sur votre liberté. Par un bonheur extrême vous trouverez ici votre famille (2), circonstance très-avantageuse pour moi; je ne serai point inquiète de votre amusement, ce que je serais indubitablement, si vous n'aviez que moi pour compagnie et pour ressource.

Vous me faites une peinture bien pathétique du bonheur dont on peut jouir dans la vieillesse, quand on conforme les occupations de sa vie à cet état (3); un chien, un chat, un apothicaire, un directeur, des voisines médisantes; hors ce dernier article, tous les autres me manquent; j'aurai bientôt un chat, je voudrais avoir un

---

(2) La sœur de M. Walpole, lady Marie Churchill, et sa famille.

(3) M. Walpole l'avait faite de la manière suivante: « Quand je vois une vieille femme sans enfants, sans » parents, sans amis, sans esprit, qui ne s'occupe que » de sa partie de jeu pour la soirée, je me dis : voilà » une personne heureuse! Elle croit assez à ce que lui

chien, mais pour les deux autres je ne saurais les désirer.

Je vous félicite, autant que vous vous en applaudissez, de l'heureuse situation de votre âme; vous êtes vraiment philosophe, je ne sais auquel vous devez plus de reconnaissance, de la nature ou de l'expérience. Pour moi, qui ne dois rien ni à l'une, ni à l'autre, je suis dispensée, et même il m'est interdit de m'applaudir de rien; je passerai ma vie à faire des fautes, à m'en repentir, à les réparer, et puis

» dit son directeur pour avoir de l'espérance; l'on ne
» saurait guère craindre une éternité de tourments pour
» avoir pesté contre son chat ou sa femme de chambre.
» Son apothicaire, ses petits comptes, sa marchande,
» son dîner, et quelque dévote qui lui confie des men-
» songes scandaleux, l'amusent; et elle se croit pieuse
» en damnant sa voisine; elle n'aime personne, et se
» croit pétrie de tendresse pour le genre humain, en
» donnant quelques sous aux pauvres, les dimanches.
» Mon amie, vous vous moquerez de moi, mais voilà ce
» que j'appelle le bonheur. Rien n'afflige cette bonne
» *personne. C'est le pendant d'un philosophe.* Son
» libraire, c'est l'apothicaire de la dévote. Ses rivaux,
» les voisines; son cercle chez le baron d'Holbach, la
» partie de jeu. Le dîner tient la même place chez
» l'un et l'autre; et la renommée est le paradis de l'en-
» cyclopédiste. J'aimerais mieux cependant être la
» dévote; il y a moins d'affectation à son fait. »

à recommencer. J'ai perdu toute espérance, toute idée du bonheur; ce qui me console, c'est que je ne vois pas que les autres soient plus heureux que moi; excepté vous, tout le monde s'ennuie, personne ne suffit à soi-même, et c'est ce détestable ennui dont chacun est poursuivi, et que chacun veut éviter, qui met tout en mouvement.

Notre chancelier s'est mis dans une situation qui l'en mettra à l'abri pour long-temps, il rendra le dernier soupir avant d'avoir eu le temps de bâiller; ce n'est pas un homme, c'est un diable, tout est ici dans un bouleversement dont on ne peut pas prévoir quelle sera la fin. Je ne saurais entreprendre de vous faire des détails, il y en aurait d'immenses à raconter; les faits principaux, vous les aurez lus dans le procès-verbal du lit de justice (2); on en annonce un autre dans le courant de ce mois, il sera suivi de nouveaux exils, d'édits bursaux qui achèveront la ruine de tout le monde. On ne nomme point de ministre des affaires étrangères; on dit continuellement: c'est dans deux jours que M. d'Aiguillon sera

---

(2) Tenu le 15 avril pour l'établissement final des nouveaux tribunaux, créés à la place du parlement.

nommé, il s'en passe quinze sans qu'il en soit question, alors on dit : ce ne sera pas lui, ce sera celui-ci, ce sera celui-là ; aujourd'hui on pense que ce sera le chancelier : enfin, enfin, on en dit de toute façon, et ce qu'on a dit la veille est démenti par ce qu'on dit le lendemain.

Comme cette lettre vous sera rendue par le courrier de l'ambassadeur, je puis risquer une chanson assez plaisante sur l'air de la *Fée Urgèle*, cependant je tremble en l'écrivant.

Wiart, qui est encore plus prudent que moi, ne veut pas l'écrire (3).

Il m'arrive une bonne fortune après laquelle je soupirais depuis long-temps, c'est un livre qui me plaît infiniment, il est de M. Gaillard : il a pour titre : *Rivalité de la France et de l'Angleterre* ; il est par chapitres, et chaque chapitre est les événements du règne d'un roi de France et d'un roi d'Angleterre contemporains ; Louis le jeune et Henry II, Philippe-Auguste et Richard cœur de lion, etc. Ledit Gaillard est fort partial, je trouve qu'il a raison,

---

(3) Voyez la lettre suivante.

je suis de son avis ; devinez par-là pour quelle nation il est.

Je soupai hier chez la grosse duchesse avec la maréchale de Mirepoix, le maréchal de Richelieu, le petit comte de Broglio. Vous voyez que j'étais tout au travers de l'armée ennemie ; on m'y traite fort bien, quoique l'on n'ignore pas que je ne sois bien fidèle à mon parti.

Ah! je comprends la répugnance que vous avez à écrire, je l'éprouve souvent ; depuis douze ou quinze jours je ne peux pas tirer de mon génie une page entière ; c'est un malheur qui vous est réservé, qui n'est uniquement que pour vous, que cette facilité que j'ai, quand je vous écris, à remplir quatre pages ; cependant aujourd'hui il n'y en aura que trois ; je ne puis mettre à l'épreuve ni votre patience ni la mienne, à vous raconter tout ce que je fais, tout ce que j'entends, tout ce que je dis, tout cela est ennuyeux à la mort. Adieu.

LETTRE CXI.

Mercredi 8 mai 1771.

JE suis fort contente d'être bien avec vous,

mais je ne le suis pas de votre santé. Si je vous en marquais trop d'inquiétude, vous vous mettriez en colère, et je ne veux plus vous fâcher. Si cette maudite goutte vous revient, toutes mes espérances seront détruites, et mes projets changés.

Vous ne me dites point quand votre cousin reviendra, je compte que ce sera ces jours-ci. Votre ambassadeur (1) est le meilleur homme du monde, je l'aime beaucoup, mais à la manière dont on aime son chien; il vient chez moi, se campe dans un fauteuil, nous nous faisons des amitiés, nous ne nous disons rien, nous restons ensemble; et nous sommes contents l'un et l'autre; il me donne la facilité de vous écrire, et de vous envoyer tout ce que je veux.

Voilà la protestation de nos princes (2), vous jugerez par-là si nos affaires sont en train d'accommodement; on ne comprend rien à

---

(1) Le comte d'Harcourt.

(2) Contre le lit de justice tenu le 15 avril. Les princes du sang ayant été mandés pour y assister, refusèrent tous, excepté le comte de la Marche, fils du prince de Conti : ils avaient tous écrit au roi que ne pouvant donner leur suffrage à ce qu'on se proposait de faire, ils ne croyaient pas convenable d'assister au lit de justice.

ce qui regarde M. d'Aiguillon; la dame ne peut parvenir à le faire ministre. Tout ce qui se passe est ineffable; on ne peut prévoir quelle en sera la fin. La petite maréchale (3) est à sa campagne; j'y vais souper ce soir avec mon évêque de Mirepoix; c'est un homme qui me convient fort, mais je ne réponds pas qu'il vous plaise; nous n'avons pas toujours les mêmes goûts, mais c'est surtout en fait de lecture. Je lis actuellement un livre qui a pour titre: *la Rivalité de la France et de l'Angleterre*, par M. Gaillard; il me fait beaucoup de plaisir. Quand vous serez ici, vous m'en direz votre sentiment; je ne hasarderai point de vous l'envoyer, d'autant plus qu'il est bien loin d'être fini; il n'en est qu'à Philippe de Valois et Édouard III, il n'y a que trois volumes; il y en aura peut-être douze ou quinze.

J'eus hier à souper milady Mary Coke, avec mesdames de Luxembourg, de Lauzun, l'Idole, sa belle-fille que j'appelle le Trognon, et puis des évêques et des archevêques.

Malgré la prudence de Wiart je vais le forcer d'écrire la chanson dont je vous ai parlé, il n'y a point de risque, à ce que l'on m'a dit,

---

(3) La maréchale de Mirepoix.

parce qu'on n'ouvre point le paquet des ambassadeurs.

Air *de la Fée Urgèle.*

L'avez-vous vue, ma du Barri,
 Elle a ravi mon âme,
 Pour elle j'ai perdu l'esprit,
 Des Français j'ai le blâme :
Charmants enfants de la Gourdan,
Est-elle chez vous maintenant?
 Rendez-la-moi
 . . . .
 Soulagez mon martyre;
 Rendez-la-moi,
 Elle est à moi,
 . . . .
 L'avez-vous vue, etc.

 Je sais qu'autrefois les laquais
 Ont fêté ses jeunes attraits :
 Que les cochers,
 Les perruquiers
L'aimaient, l'aimaient d'amour extrême,
 Mais pas autant que je l'aime :
 L'avez-vous vue, etc.

Je ne sais si je vous ai envoyé la lettre aux princes (4) sur l'air *de l'allure, mon cousin ;* en tout cas la voici.

---

(4) Le roi fut si irrité de la conduite des princes du sang qui ne s'étaient pas rendus au lit de justice du 13

Ne venez point ici, mon cousin,
C'est mon ordre suprême,
Et dites à mes autres cousins
Qu'ils en fassent de même, mon cousin;
Sur ce, je prie Dieu qu'il vous ait, mon cousin,
En sa sainte et digne garde.

Adieu, je vais me lever. Je n'ai point encore eu de nouvelles de madame Churchill.

On a retranché une grande partie des fêtes qu'on devait donner au mariage, toutes celles qui devaient être à Marli; un opéra, le bal masqué, une tragédie; on a changé la table du banquet royal, parce que les princes n'y seront point; les princesses y sont invitées; elles y iront ainsi qu'à la célébration, mais elles n'iront point au bal paré, ni à aucun spectacle.

Notre comtesse de Provence arrive dimanche à Fontainebleau; le roi et toute la famille royale y vont samedi l'attendre; toute la cour ira lundi à Choisy, le mardi matin à Ver-

---

avril, que le jour suivant ils reçurent tous des lettres de la propre main de sa majesté, par lesquelles elle leur défendit de paraître en sa présence, de voir aucune personne de la famille royale, ni de se trouver dans aucun lieu où la cour pourrait se rendre. C'est la formule de ces lettres qui était tournée en ridicule.

sailles; le mariage se fera à midi. Le marié a, dit-on, trois cautères, et la mariée fort peu de dents.

LETTRE CXII.

Paris, mercredi 12 juin.

Au nom de Dieu, ne me marquez plus de craintes, ayez la plus entière certitude que, si nous nous brouillons jamais, ce ne sera pas pour les mêmes sujets. Je sens l'excès de votre complaisance, j'en suis si reconnaissante, j'ai tant de joie de l'espérance de vous revoir, qu'il me semble que rien ne peut plus m'affliger ni m'attrister. Je venais de recevoir une lettre de M. de Beauvau qui annonce les projets les plus ruineux; j'y suis insensible; je ne sens que le plaisir que j'aurai de vous voir. Vous trouverez les mémoires de Saint-Simon; l'abbé me mande qu'il en a fait le paquet, et qu'ils partiront à la *première occasion :* me voilà un peu rassurée sur votre ennui. Ne me faites point de procès sur mon inégalité, c'est le défaut de tous les gens naturels, il est plus ou moins grand selon les caractères; il tient aussi à la santé, et surtout aux digestions;

les fraises et la crème me rendent triste, et me causent des impressions différentes; aussi j'observe de m'abstenir des choses qui me donnent des vapeurs; enfin, enfin, je serai bien trompée, si vous n'êtes pas extrêmement content de ma raison et de ma conduite.

Je n'entends point parler de madame votre sœur; mais selon ses anciens projets, elle doit arriver en même temps que vous.

Vous ne trouverez personne de votre connaissance ici; Compiègne, Chantilly, Villers-Coterets enlevèrent tout le monde; vous n'aurez que St.-Simon, vos parents, la Sanadona et moi pour toute compagnie; nous ferons tant que vous le voudrez des voyages à Ruel et à Roissy (1); j'aurai cent mille et mille choses à vous raconter, autant de conseils à vous demander; pour moi, je crois que le temps sera très-bien employé; j'espère, et même je crois que vous ne vous ennuierez pas. Vous trouverez la scène changée, M. d'Aiguillon en place (2), d'autres nouveaux ministres; vous entendrez crier des édits qui

---

(1) Les châteaux de plaisance de la duchesse d'Aiguillon douairière, et de M. de Caraman.

(2) Comme secrétaire d'état pour les affaires étrangères.

nous couperont bras et jambes ; nous parlerons de Strawberry-Hill ; je renouvellerai connaissance avec Rosette ; je serai bien trompée, si les journées me paraissent longues.

Adieu, d'ici là écrivez-moi, ne m'écrivez-pas, vous êtes le maître, je trouverai tout bon.

LETTRE CXIII.

Paris, dimanche 23 juin 1771.

Vous aurez votre même logement au Parc-Royal, et nous nous en sommes assurés fort à propos ; quelques jours plus tard, il n'aurait plus été temps. Me voilà donc sûre que vous vous mettrez en route le 7 ; ma joie est bien troublée par la connaissance que j'ai de la fatigue que vous aurez, du sacrifice que vous faites de vos occupations, de vos amusemens. Comment vous dédommager de tout cela ? mérité-je ce que vous faites pour moi ? l'estime et l'amitié que j'ai pour vous ne sont-ils pas des sentimens très-naturels ? exigent-ils de si grandes marques de reconnaissance ? C'est à moi à vous donner toutes sortes de marques de la mienne, ne doutez pas que la première de toutes ne soit de bannir de mes discours tout ce qui pourrait troubler votre tranquillité ; nous ne rappellerons point le passé, j'aime mieux convenir d'avoir été assez ridicule pour que vous vous soyez mépris à ce que je pensais, que de vous ennuyer par des explications qui seraient pour le moins aussi fatigantes qu'inutiles. Je ne vous ferai point veiller, vous déciderez de l'heure du repas et vous réglerez totalement ma conduite pendant tous les jours que vous voudrez bien me donner. De votre côté, je vous demande avec instance de ne me laisser voir aucune crainte ni aucune défiance, et qu'il n'y ait entre nous ni plaintes, ni reproches, ni gêne, ni embarras ; enfin que je puisse pendant quelques semaines être heureuse et goûter le plaisir. Préparez-vous à me trouver bien vieillie ; ce n'est pas de l'extérieur que je parle, il n'importe guères ; c'est de l'âme, elle est bien affaissée ; si vous la ranimez, vous ferez un beau miracle.

Vous trouverez les mémoires de St.-Simon, ils rempliront quelques-unes de vos heures, nous ferons des promenades tant qu'il vous plaira. La grosse duchesse se fait un grand plaisir de vous revoir ; madame de Mirepoix vous fêtera beaucoup. Vous trouverez, à ce que j'espère, l'ami Pontdeveyle en fort bonne santé, sa fièvre n'est presque plus rien. Vous ferez connaissance avec un homme dont je fais cas, il est parfaitement raisonnable, presque autant que vous, mais pas à la vérité tout à fait aussi aimable, l'évêque de Mirepoix (1).

Vous verrez aussi l'ami Tourville, mais rarement, et puis les oiseaux avec leur cortège, le prince de Beaufremont, le prince de Monaco; vous verriez aussi plusieurs étrangers, si l'on n'allait pas à Compiègne le 16. Voilà mes alentours; mais sur quoi je fonde votre plaisir et le mien, ce sont les Churchill dont je n'ai point de nouvelles, ils arriveront sans doute à peu près dans le même temps que vous.

Adieu, ma joie est mêlée de crainte, le voyage m'inquiète; je ne me consolerais point, s'il vous causait la plus légère incommodité.

---

(1) M. de Cambon, évêque de Mirepoix. Il avait été conseiller au parlement de Toulouse, et grand-vicaire de la même ville où demeurait sa famille. Il mourut au commencement de la révolution française.

LETTRE CXIV.

Paris, 26 juin 1771.

Mon premier mouvement, en ouvrant votre lettre, a été la terreur; mais, Dieu merci, vous vous portez bien, vous êtes content de moi, rien ne dérange vos projets; il ne me reste plus d'autre crainte que la fatigue du voyage, et un peu de l'ennui du séjour. Les du Châtelet sont arrivés cette nuit de Chanteloup; on a dû les charger des mémoires de St.-Simon; ils n'ont point encore envoyé chez moi, mais apparemment ils y enverront avant le départ de la poste; ainsi je pourrai vous mander si je les ai reçus.

Est-il possible que je ne vous aye pas mandé la nomination de M. d'Aiguillon, qui a été le 5 de ce mois? Il donna hier son premier dîner, il y eut cinquante-cinq personnes. Mad. d'Aiguillon, la mère, en fit les honneurs ainsi que sa belle-fille. Tous les diplomatiques sont enchantés de notre grosse duchesse; en effet elle est charmante : sa joie est si naturelle, si simple, si exempte de hauteur, de fausse gloire, et elle est si éloignée d'être avantageuse, que tous les différents partis sont contents d'elle, l'estiment, l'aiment et lui veulent du bien. Vous faites très-bien de lui écrire, elle compte que vous ferez de fréquents voyages à Ruel.

Il est plaisant que vous ayiez ignoré la nouvelle destination de votre cousin (1), et qu'ici nous sachions mieux que vous ce qui se passe à Londres. Nous le regrettons beaucoup; tous ceux qui le connaissent et qui ne jugent pas par les manières extérieures, l'estiment et l'aiment. Comme il va être absent pour bien des années, il ne m'importe plus de ce que vous pensez pour lui; mais s'il était resté parmi nous, j'aurais désiré que vous l'eussiez aimé. Il retourne à Londres lundi; je vous écrirai par lui pour la dernière fois, et ce sera pour vous souhaiter un bon voyage. Suivant mon calcul, je vous embrasserai de vendredi en quinze, ce sera le 12; je souperai cependant chez moi le 11, avec quelque espérance que vous pourriez bien arriver. Je crois que votre présence me sera fort utile pour toutes sortes de santés; celle de l'âme sans doute, et même celle du corps, qui depuis quelque temps n'est pas des meilleures.

---

(1) Comme ministre plénipotentiaire à la cour de Lisbonne.

Pontdeveyle se porte mieux, mais il a cependant toujours de petits ressentiments de sa fièvre ; mais il ne veut ni vieillir ni être malade ; il se fait un grand plaisir de vous revoir, non-seulement par l'amitié qu'il a pour moi, mais c'est qu'il en a pour vous.

Point de nouvelles des Churchill, j'en suis extrêmement étonnée.

Je donne demain à souper à milord Grantham, à M. Robinson (2), à votre ambassadeur, à votre cousin, à madame de Mirepoix, peut-être à madame d'Aiguillon, et à plusieurs autres ; ce sera, j'espère, le dernier souper dans ce genre, car je suis infiniment dégoûtée de la nombreuse compagnie. Adieu.

LETTRE CXV.

Mardi 3 septembre, à six heures du matin 1771.

Toutes réflexions faites, la meilleure tournure que je puisse donner à mes lettres est celle d'un journal ; je vous écrirai donc tous

___

(2) Le feu lord Grantham et son frère. Le lord Grantham était alors ambassadeur extraordinaire à la cour de Madrid.

les jours l'histoire de la veille; vous y trouverez rarement des faits intéressants, mais il y aura quantité de noms propres, quelquefois des faits, toutes les nouvelles que j'apprendrai; et jamais, non jamais, des pensées ni des réflexions.

Pour commencer : hier quand vous fûtes parti (1) on ferma ma porte; on l'ouvrit une demi-heure après, et l'on m'apporta un billet de la princesse de Beauvau, et deux lettres de la poste; le billet disait qu'il ne fallait prier personne pour ce soir, qu'on pouvait bien quelquefois souper en particulier. Les lettres étaient de deux prélats, l'une de mon neveu (*l'archevêque de Toulouse*) fort triste, fort tendre, et fort naturelle; l'autre de mon ami, qui a le bonheur de vous plaire (*l'évêque de Mirepoix*); la date était du 28; il ne savait rien de l'événement (2); il me disait ses conjectures; il ne savait rien non plus du changement de mes projets; il me croyait partie,

---

(1) M. Walpole arriva à Paris le 10 juillet, et quitta cette ville le 2 septembre suivant.

(2) La disgrâce du prince de Beauvau, et sa retraite du gouvernement de Languedoc.

ou même arrivée ; il m'exhortait à être fidèle à la résolution de ne pas excéder un mois, il est dans tous vos principes, ses conseils ressemblent aux vôtres ; c'est la pierre de touche à laquelle je reconnais le bon sens et l'amitié.

Mercredi, à 7 heures du matin.

Ma journée d'hier fut bien insipide ; je vis l'évêque d'Arras (3), je sentis du plaisir à être dégagée d'avec lui ; je vis aussi votre cousin (4), il viendra me tenir compagnie ce soir, il rit plus qu'il ne parle ; je suis si sérieuse, qu'il est impossible que je ne l'ennuie ; je ne sais de quoi lui parler ; j'eus hier à souper M. et madame de Beauvau, la princesse de Poix, l'archevêque d'Aix (5), et l'ami Pontdeveyle ; je mis toutes vos leçons en pratique, elles me deviendront chaque jour plus aisées à suivre ; je m'intéresse si peu à tous les sujets qu'on traite, j'y prête si peu d'attention, qu'il me sera facile de ne choquer personne par mes contradictions ; dans le temps que la conversation fut la plus animée, je pensais à Arras,

---

(3) M. de Conzie, évêque d'Arras.
(4) M. Thomas Walpole.
(5) L'abbé de Cicé.

à Calais, au passage à Douvres, et à Londres ; j'aurais préféré des nouvelles de ces lieux-là à toutes celles de la cour et de la ville.

LETTRE CXVI.

Mardi 3 septembre 1771,
à 6 heures du soir.

M. BLAQUIÈRE (1) passa hier la soirée chez moi ; voici ce qu'il m'a raconté. Le 25 du mois passé, qui était un vendredi, il fut dîner chez M. d'Aiguillon ; on ne se mit à table qu'à trois heures, le conseil ayant duré jusqu'à cette heure-là. C'était le propre jour de la gazette où est l'article de milady Waldergrave. M. d'Aiguillon, en rentrant chez lui, prit M. Blaquière en particulier, et lui dit : Monsieur, je viens de porter au roi la gazette, et je lui ai fait lire l'article d'Angleterre. Sa majesté est très en colère contre les gazetiers, de leurs insolences ; il est bien éloigné de vouloir manquer de considération au

─────────────────

(1) Le colonel Blaquière, ensuite sir John, et maintenant lord Blaquière. Il était secrétaire d'ambassade auprès du lord Harcourt.

roi d'Angleterre, il m'a ordonné de les punir, et on leur a ôté la gazette. M. Blaquiere marqua beaucoup de surprise, et assura M. d'Aiguillon que le roi d'Angleterre ne serait nullement fâché de l'article, mais beaucoup de la punition qu'on voulait faire aux auteurs; que souffrant dans son propre pays tout ce que les papiers publics contenaient contre lui, il était bien éloigné de trouver mauvais les écrits des autres pays, et qu'il ne ferait certainement nulle attention à cette gazette (2). Le même jour M. d'Aiguillon tint le même propos à milord Harcourt, qui lui fit la même réponse; et ne se contentant pas de lui avoir parlé, il lui donna par écrit le désaveu de cette gazette, en le priant de le notifier au roi d'Angleterre.

Le Blaquiere ne doute point que l'on cherchait un prétexte pour ôter la gazette à messieurs Arnauld et Suard; milord Harcourt a sollicité pour eux ainsi que M. Blaquiere, mais on croit qu'on ne leur pardonnera pas, et l'on

---

(2) Dans la *Gazette de France* on avait parlé de la comtesse douairière de Waldergrave, comme femme de S. A. R. le duc de Glocester, avant que leur mariage fût rendu public, et avoué par la cour de Londres.

me dit hier qu'il était question de la donner à M. Marin.

M. de Guignes a été bien reçu ; le soir le roi lui donna le bougeoir (3) ; on ne doute cependant pas que vous n'ayiez le baron de Breteuil : mais rien n'est encore déclaré.

Adieu, mon cher ami, votre laquais attend ma lettre, il part demain matin, il compte n'arriver que mardi ou mercredi, ainsi je ne doute pas que vous ne receviez ma lettre par la poste un jour plus tôt que celle-ci.

LETTRE CXVII.

Paris, lundi 23 septembre 1771.

Oui, je désire d'être raisonnable ; mais que faut-il donc faire pour y parvenir ? Je croyais que vous étiez charmé de ma conduite, que vous y aviez trouvé du changement, et que vous vous en applaudissiez ; et point du tout, vous me donnez des louanges que je ne mérite pas, pour faire passer à leur faveur un blâme que je ne mérite peut-être pas davantage. Je

---

(3) Donner le bougeoir était une marque particulière d'attention et de faveur, qui donnait le droit d'éclairer sa majesté jusqu'à sa chambre à coucher.

ne peux pas, dites-vous, souffrir la contradiction : quand on me donne des raisons, je suis toujours prête à m'y soumettre; mais je ne saurais supporter le manque de justesse, l'opiniâtreté et l'aigreur. Je pourrais avoir le ton plus doux et plus poli, j'en conviens, mais je ne suis point avantageuse, et je suis toujours prête à me rendre aux avis des autres quand ils sont raisonnables. Voulez-vous que je ne dispute plus ? voulez-vous que je change de caractère ? Non, vous ne le voulez pas. Il vaut mieux être un méchant original qu'une bonne copie ; il faut se rechercher dans son naturel, il faut le régler, le conduire, mais jamais le perdre. Je peux être née imprudente, il faut m'en corriger et me contenter d'être franche, et ne point me donner pour être mystérieuse et réservée ; rappelez-vous, mon ami, les personnes qui sont toutes parfaites, qui s'observent sans cesse, qui passent les vingt-quatre heures sans faire une faute, et mettez-moi à côté, moi, qui en fais bien plus que Dieu n'en pardonne aux justes, et dites franchement laquelle vous plaît le plus. Soyez raisonnable à votre tour, mon ami, contentez-vous des progrès que vous avez trouvés à votre dernier voyage, espérez d'en faire encore davantage dans ceux qui le suivront. Dites-moi pourtant toujours la vérité, mais n'affectez plus une sévérité dont il n'est plus besoin, ne pensez plus de moi ce qu'on dit aux enfants, *quand on vous donne un pied, vous en prenez quatre.* Oh! non, non, vous n'avez plus rien à craindre; hélas! hélas! c'est tout au contraire; je suis bien éloignée de me flatter et d'abuser; je suis toujours prête à tomber dans les plus excessives défiances. Mais voilà-t-il pas que vous bâillez? Venons aux nouvelles, aux noms propres, etc.

Votre cousin arrivera à Londres chargé de toutes sortes d'écrits; je lui ai recommandé de vous prêter ceux dont vous seriez curieux. La fin de la seconde partie de *la Correspondance,* pourra vous divertir : *les lettres d'un homme à un autre homme* m'ont paru ce qu'il y a de plus raisonnable; mais dans le fond tout cela ne vous fait rien. Ce qui me décourage à vous mander des nouvelles, c'est qu'il me semble qu'elles vous doivent bien peu intéresser. Vous vous affectez cependant de celles de la cour de Louis XIV. Voyons l'effet que vous feront celles de la cour de Louis XV. Vous étiez ici quand on a ôté au prince (*de Beauvau*) son commandement, vous avez vu la lettre du roi et sa réponse. Le jour de votre départ il eut une audience du roi, il lui donna le mémoire de l'état de ses affaires, de ses dettes qui sont sept cent mille francs qui portent intérêt, et quatre cent soixante mille livres de dettes criardes; il demande des secours d'argent et de continuer à être employé lieutenant-général, ce qui vaut trente-sept mille francs d'appointement. La première demande a été refusée tout net, on n'a point encore répondu à la seconde. Vous trouverez comme moi qu'on a grand tort de contracter autant de dettes, quand on n'a pas des fonds pour en répondre, et qu'il ne faut pas être si glorieux et avoir tant de hauteur quand on a besoin d'avoir recours aux grâces. Tout cela n'est que trop vrai, mais j'en plains davantage ce pauvre prince qui a été entraîné dans le malheur, ainsi que notre premier père, par l'instigation de sa femme, qui fut séduite par l'instigation de Lucifer, ou de son orgueil.

La sœur(1) affecte beaucoup de chagrin; elle dit à moi et à d'autres qu'elle rend tous les services qui dépendent d'elle; je ne sais si cela est sincère et si la haine qu'on a pour la belle-sœur ne l'emporte pas sur l'amour qu'on a

---

(1) La maréchale de Mirepoix.

pour le frère. Je marche sur des œufs entre ces deux partis, et ne voulant m'attirer l'inimitié d'aucun, je n'ai l'amitié véritable ni de l'un ni de l'autre. Tous les deux me parlent très-librement et sans défiance, mais c'est par le besoin et le plaisir qu'ils ont à répandre leur fiel. Toute la part que j'y prends, c'est d'observer le cœur humain; je n'en connais qu'un, dont je puisse penser du bien; souffrez cette douceur en passant.

J'eus avant-hier le prince, la princesse (*de Beauvau*), les archevêques d'Aix et de Toulouse. Ce dernier est bien triste, il croyait n'être qu'aux premiers échelons, et il pourrait bien ne jamais monter plus haut; son esprit s'en ressentira, le mouvement lui était nécessaire pour s'accroître, le repos l'affaiblira (2).

Le chancelier poursuit son ouvrage. Les parlements de Bordeaux et de Toulouse sont cassés et rétablis, celui de Rouen sera détruit, je crois, le 26; on y substituera un conseil supérieur. Celui d'Aix viendra après, il sera cassé et rétabli. Celui de Bretagne est réservé

---

(2). Voyez son portrait par madame du Deffand, dans le quatrième volume de ce recueil.

pour la bonne bouche. On ôtera le commandement de cette province à M. de Duras; le comte de Broglio espérait l'avoir, il est presque sûr qu'il ne l'aura pas, et qu'il sera donné à M. de Fitzjames.

La duchesse de Bouflers (3), qui avait donné sa démission de sa place chez madame la dauphine, vient d'être remplacée par la duchesse de Luxembourg (4).

Adieu, à demain ou à un autre jour, je prévois que votre cousin ne partira pas sitôt.

Mercredi 25.

Depuis lundi il n'est pas survenu de grands événements; les gazettes, si vous les lisez, vous auront appris la mort de la duchesse de Villars, et que sa place est donnée à madame la duchesse de Cossé, fille de M. de Nivernois;

---

(3) Veuve du duc de Bouflers, fils de la maréchale de Luxembourg, de son premier mariage, et mère de la duchesse de Lauzun.

(4) *Le mari de cette dame n'était pas un fils du maréchal* de Luxembourg, mais du duc de Bouteville, branche de la maison de Luxembourg. Durant la vie de son père, on le nommait M. de Royanne. Il épousa une fille du marquis de Paulmy, et prit après son mariage le titre de duc de Luxembourg.

elle l'aurait refusée de grand cœur ; mais son mari qui est favori de la sultane (5), l'avait demandée à son insu et l'a obligée de l'accepter ; mais comme elle nourrit sa petite fille, on lui permet de n'entrer en exercice qu'après qu'elle l'aura sevrée. Madame la dauphine n'a pas d'éloignement pour elle ; mais elle est fâchée qu'on n'ait pas choisi pour cette place une de ses dames de compagnie. On parle tous les jours du renvoi de l'abbé Terray, mais au moment qu'on le croit noyé, il reparaît sur l'eau. Sa dame de la Garde (6), qui est une infâme, vient d'être renvoyée ; il y a été forcé ; ce sacrifice le soutiendra peut-être quelques semaines ; mais il périra à la fin. J'ai quelque soupçon que votre cousin en sera fâché ; il a, dit-on, d'assez fâcheuses affaires avec les fermiers généraux sur les fournitures de tabac, et le Terray lui est favorable.

Je trouve que vous avez raison quand vous

---

(5) Madame du Barri.

(6) La maîtresse de l'abbé Terray, qui, de concert (comme on le supposa) avec l'abbé, recevait de l'argent, non-seulement pour chaque faveur, mais pour chaque acte de justice qu'on sollicitait dans son département de contrôleur-général des finances.

dites qu'il y a des *esprits marchands*, qui se moquent et méprisent tout ce qui n'a pas directement l'intérêt pour but. Je pensais l'autre jour que bien des gens faisaient une grande dépense d'esprit sans en avoir la propriété ; tout ce qu'ils ont est d'emprunt, ou de hasard, comme l'argent du jeu. Je dis cela hier à la maréchale de Luxembourg ; je fus bien surprise de ce que non-seulement elle trouva que j'avais raison, mais elle dit qu'elle allait me le prouver par un exemple dont elle me demandait un grand secret ; elle me nomma tout bas l'idole. Ah! mon Dieu, lui dis-je, vous ne vous souvenez donc pas que c'était la femme du monde que vous prétendiez qui avait le plus d'esprit? Ah! oui, dit-elle, je le pensais alors, et je ne le pense plus aujourd'hui; et moi, madame la maréchale, je ne l'ai jamais pensé.

Il me resterait à vous parler des ambassades. Tout est encore problématique ; mais votre cousin, qui vous rendra cette lettre, est très-instruit sur cet article qui sera plus éclairci quand il partira, qu'il ne l'est à présent. Pour moi, je crois toujours que ce sera le baron de Breteuil ; il vous dira aussi que tout le corps diplomatique donne l'un après l'autre des dîners au *bacha* d'Aiguillon. *Bacha*, souvenez-vous que c'est ainsi que je l'appellerai. L'ambassadeur d'Espagne se distingue singulièrement; il ne va à aucun de ces dîners, il a refusé celui de madame de Valentinois où était la sultane; la sultane en doit donner un lundi, où tous nos mandarins et tous les diplomatiques sont invités.

J'ai eu une seconde visite du Caraccioli; il parle facilement, abondamment, et communément, cela vaut autant et même un peu mieux que St.-Chrysostôme (7).

Y a-t-il exemple d'une pareille bavarderie? ah! je vous en crois bien ennuyé, cependant elle pourrait n'être pas finie, cela dépend du départ de votre cousin.

Lundi 30.

La lettre que je reçus hier, datée du 23, devrait bien me couper la parole; j'y ai cependant répondu hier par la poste; je ne vous en dirai donc rien aujourd'hui, si ce n'est que je vous prie de bannir vos craintes, ou du moins de ne m'en plus parler : attendez

_____

(7) Nom que, par plaisanterie de société, on avait donné, on ne sait trop pourquoi, à mademoiselle Sanadon.

mon manque de parole pour m'en dire de dures et de désobligeantes; je les mériterai alors, comme étant la plus basse, la plus sotte, la plus folle, en un mot la plus ridicule du monde.

Je ne sais plus du tout quand votre cousin partira; je suis bien tentée de vous envoyer ce volume par le Blaquière; il prétend qu'il n'y aura nul inconvénient; si je vois que votre cousin ne se détermine pas à partir, je pourrai bien prendre ce parti.

Je vais vous surprendre, en vous apprenant que la grosse duchesse dîne aujourd'hui à Lucienne chez la sultane; le bacha, son fils, a exigé d'elle cette complaisance; il y a huit jours qu'elle s'en défend; mais il a fallu céder ou se brouiller avec lui. La petite maréchale (*de Mirepoix*) est fort aise de l'avoir pour compagne. Les autres femmes, qui sont à ce dîner, sont mesdames de Valentinois, de Montmorenci, et de Choiseul; ce dernier nom vous surprend, mais c'est celle qui est jeune et belle, et dont le mari est le grand ennemi du grand-papa (8). Les autres convives

---

(8) Un M. de Choiseul, qui était au service de la marine, de la même famille que le duc de Choiseul;

sont, M. le chancelier, tous les ministres d'état et tout le corps diplomatique, excepté les ambassadeurs d'Espagne et de Naples ; ce sont les seuls qui ne vont point chez elle; apparemment qu'ils suivent leurs instructions.

Je ne veux point tarder à vous donner du plaisir ; l'affaire de l'armure (9) est en très-bon train ; mais après l'aventure des mémoires de St. Simon (10), je n'ose plus compter que sur ce que je tiens. Dites-moi, si votre prudence vous le permet, s'il n'y a point quelque sujet d'inquiétude sur la guerre. Nos confédérés (11) d'ici, qui ne demanderaient que plaies et bosses, en murmurent quelque chose ; le prétendant a quitté Rome, on dit qu'il va se mettre à la tête des confédérés de Pologne ; le marquis de Fitz-james est parti avec une commission de notre

---

mais principalement connu par son inimitié contre son parent.

(9) L'armure de François Ier, maintenant à Strawberry-Hill.

(10) Le manuscrit des *Mémoires du duc de Saint-Simon* publiés depuis, que madame du Deffand croyait entre les mains du duc de Choiseul, tandis qu'il était déposé à la bibliothèque du roi.

(11) C'est de la sorte qu'elle indique le parti du duc de Choiseul.

cour, on dit que c'est pour le joindre ; cela ferait-il quelque sensation chez vous ? Cette nouvelle ne me paraît qu'une peau d'âne, c'est-à-dire un conte.

LETTRE CXVIII.

Paris, mercredi 9 octobre 1771.

J'ATTENDAIS constamment le départ de votre cousin pour faire partir mon volume ; il est énorme ; mais ce sont des rapsodies de trois semaines, de vieilles nouvelles, des réponses à quelques unes de vos lettres dont vous ne vous souviendrez plus ; enfin de vrai galimatias. Pourquoi me l'envoyer, me direz-vous ? Je n'en sais rien, si ce n'est par le regret du temps que j'aurais perdu. Vous voilà prévenu ; si vous craignez l'ennui à un certain point, tenez-vous-en à la lettre d'aujourd'hui, et jetez le volume au feu.

J'ai de bien mauvaises nouvelles à vous donner sur l'armure : voilà *le billet* que je viens de recevoir de madame de la Vallière, qui vous mettra parfaitement au fait. Vous jugez bien que j'attendrai votre réponse pour terminer cette affaire ; l'armure restera chez madame de la Vallière jusqu'à ce que je l'aye reçue. Ce bijou me paraît un peu cher (1), et ressemble beaucoup aux casques du château d'Otrante. Si vous persistez à le désirer, je le payerai, je le ferai encaisser et partir sur-le-champ. C'est certainement une pièce très-belle et très-rare, mais, comme vous voyez, infiniment chère, et pour laquelle il faudra peut-être faire bâtir un château de Madrid, comme nous en avons dans le bois de Boulogne.

A l'égard de votre lit, de ses circonstances et dépendances, et des deux fauteuils, je n'enverrai chercher le marchand de la rue de la Huchette que lorsque M. d'Aiguillon se sera décidé à nommer un ambassadeur (2). Votre cousin vous racontera tout ce qu'il fait, il est très-bien instruit, et il vous mettra au courant, mieux que je ne pourrais faire, de l'état des choses et du jugement qu'on en peut porter; il a de l'esprit, de la chaleur et beaucoup de franchise; je devrais peut-être dire d'in-

---

(1) On l'avait d'abord estimé mille écus; mais il fut acheté pour cinquante louis.

(2) Pour Londres. C'est avec le bagage de cet ambassadeur qu'on devait envoyer le lit de M. Walpole.

discrétion ; vous ne serez pas étonné si ces deux mots me paraissent synonymes.

Nos confédérés sont étrangement scandalisés du dîner que la grosse duchesse d'Aiguillon a fait à Lucienne; la grand'maman dit qu'elle s'est *souillée*. La crainte qu'elle me paraît avoir de le céder en chaleur et en animosité aux *dominations*, (c'est ainsi que je nomme les dames de Beauvau et de Grammont) la fait tomber dans des exagérations ridicules et risibles. Vous ne le croirez jamais, mais je me conduis avec une prudence ineffable ; j'en suis moi-même étonnée, et je cherche quelle est la cause de ce grand changement; je n'aurai point la fadeur de vous dire, *c'est le désir de vous plaire* ; non ce n'en est point le motif, il me semble plutôt la vanité de jouer dans tout cela une espèce de petit rôle, et puis ajoutez l'excessive indifférence que j'ai pour les deux partis. Je vous sais bien bon gré de m'avoir détournée de mon voyage; c'était une entreprise, par rapport à mes forces et à mes sentiments, beaucoup plus grande que nature. Je me trouve très-bien de l'habitation de mon tonneau, je crains moins l'ennui, je m'accoutume à mon âge ; je sens que mon bonheur dépend de supporter patiemment les privations, et d'arriver par degrés à pouvoir me passer de tout.

On est d'avant-hier à Fontainebleau; Paris sera pour moi comme Londres l'est pour vous; mais je n'ai point de Strawberry-Hill, je ne puis avoir les mêmes occupations que vous avez. D'abord je n'ai point d'yeux, ni de talent; je n'ai ni chien, ni chat, ni goût, ni fantaisies, et je suis, pour ainsi dire, réduite à moi-même, à mademoiselle Saint-Chrysostôme et quelquefois à la fièvre et à la continuelle toux de l'ami Pontdeveyle : oui, à sa toux et à sa fièvre; car dès qu'il a du relâche, il abandonne le coin de mon feu pour l'opéra comique, et ma soupe et mon poulet, pour aller souper ailleurs. Eh bien! en vérité je trouve tout cela fort bon.

Je vois beaucoup le Caraccioli, c'est comme si je l'avais vu toute ma vie; on est pour lui, dès la première fois qu'on le voit, ce qu'on pourrait être pendant toute une éternité. Il m'amena hier Goldoni pour me lire une comédie qu'on appelle le *Bourru bienfaisant;* on m'en avait dit tant de bien que je désirais de l'entendre. Je fus bien attrapée, c'est la pièce la plus froide, la plus plate qui ait paru de nos jours. Mais j'aurai plus de plaisir ce soir; mesdames de Mirepoix, de Bouflers, et de Boisgelin souperont chez moi, elles réciteront des scènes du *Misantrope*, elles en récitèrent avant-hier des *Femmes savantes*, mais si parfaitement bien, qu'il y avait long-temps que je n'avais entendu rien qui me fît autant de plaisir. Mais je m'avise que je ne vous en fais guère en écrivant si longuement; j'espère du moins que le style ne vous déplaira pas, c'est celui dont je serais avec tous mes autres amis.

Ne tardez pas à me répondre, et à vous décider pour l'armure; si vous persistez à la vouloir, vous l'aurez au plus tard dans le courant du mois prochain.

LETTRE CXIX.

Mercredi 30 octobre 1771.

Nous voilà donc en paix! le ciel en soit béni; il nous y maintiendra, j'en suis sûre, et nous n'aurons plus à l'avenir de querelles, *nos disputes ne rouleront que sur des larcins d'idées*. Comment trouvez-vous cette phrase? la croyez-vous de moi? J'espère que non: elle est de Marmontel, dans le conte des Trois

Sultanes. Ah! mon Dieu, quel auteur! qu'il a de peine, qu'il se donne de tourments pour avoir de l'esprit! Il n'est qu'un gueux revêtu de guenilles.

Vous saurez que j'ai passé une nuit blanche, mais si blanche, que depuis deux heures après minuit que je me suis couchée, jusqu'à trois heures après midi que je vous écris, je n'ai pas exactement fermé la paupière ; c'est la plus forte insomnie que j'aye jamais eue, mais depuis quinze jours je ne dors que quatre ou cinq heures par nuit, séparées par des lacunes de six, sept, ou huit heures ; je ne souffre point, j'ai rarement de l'agitation, je ne sais à quoi attribuer cette incommodité ; j'imagine toujours que ce sont les digestions, cependant je mange fort peu ; et tous les jours je fais quelque retranchement ; je me porte bien dans la journée, j'ai la tête libre, et le seul inconvénient que j'éprouve, c'est un peu de faiblesse, et surtout dans les jambes. Suivez mon exemple, non pas en ne dormant point, *mais en me rendant* un compte aussi fidèle de votre santé, et c'est de quoi vous ne me parlez jamais.

Je suis parfaitement satisfaite que vous soyez content de mes lettres, les louanges que vous leur donnez me font beaucoup de plaisir ; la vanité sans doute peut y avoir part, mais en vérité moins que vous ne croyez. J'ai beaucoup de correspondances actuellement, et même j'en suis fort fatiguée. Quelquefois j'écris des lettres dont je ne suis pas mécontente ; eh bien ! alors je regrette qu'elles ne soient pas pour vous, et puis je m'en console, parce que vous seriez bien importuné d'en tant recevoir.

Je viens d'écrire à la grosse duchesse qui est à Pontchartrain : je la prie de s'informer du petit paquet que vous m'annoncez et que je n'ai point reçu. Madame de Mirepoix a fait un voyage ici de deux jours, nous avons soupé ensemble chez les Caraman. Son frère est toujours dans la détresse ; s'il n'obtient aucun secours, je ne sais ce qu'il deviendra.

Madame de Luxembourg partit lundi dernier pour Chanteloup, elle y restera huit jours ; rien n'est plus comique et plus singulier que cette visite, c'est pour qu'elle soit placée dans ses fastes ; *ce n'est pas assurément l'amitié qui en est le motif.*

Oui, vous avez raison ; mon voyage, quoique pour le printemps prochain, n'est pas cependant fort prochain, et sûrement vous serez appelé au conseil, je me trouve trop bien de ceux que vous voulez bien me donner.

Souffrez qu'aujourd'hui je ne vous mande point de nouvelles; j'ai la tête un peu étourdie.

Je n'ai plus rien à vous dire de votre armure, elle est payée et je ne crois pas qu'elle le soit plus qu'elle ne vaut; peut-être aurait-elle été au-dessous de cinquante louis à l'inventaire, mais il y a grande apparence qu'elle aurait été par delà.

J'ai vos deux fauteuils chez moi; je ne sais ce qui aviendra de votre lit, les ambassades ne se nomment point; j'en suis fâchée, et fort inquiète; j'ai peur que cela ne signifie rien de bon.

Je ne vous ai point parlé de la chute de la moitié d'une aile du château de Chanteloup; cet accident arriva le 12 de ce mois à huit heures et demie du soir, comme on était à table; un quart d'heure plus tôt, il y aurait eu plusieurs personnes d'écrasées; et si c'avait été la nuit, il y en aurait eu plus de trente; heureusement *tout le monde en était sorti* : le dommage sera réparé pour douze ou quinze mille francs.

LETTRE CXX.

Paris, mercredi 13 novembre 1771.

Oh! pour cette fois-ci votre lettre est *forte de choses*; j'attends avec impatience que vous me confirmiez la résurrection du duc de Glocester (1), mais je ne m'y attends pas. Que je plains madame votre nièce! Convenez que la vie est abominable, que les malheurs sont réels et le bonheur une illusion; j'en suis si fortement persuadée, que la vieillesse m'est moins insupportable que naturellement elle le doit être; je dis sur toutes les choses qui me fâchent (et qui sont continuelles); cela ne durera pas long-temps; cependant la mort me fait peur; je ne saurais y fixer ma pensée, mais je déteste la vie. Mes insomnies me feront perdre l'esprit; ce n'est pas assurément de me coucher trop tard qui en est la cause, je suis presque tous les jours couchée entre une et deux heures.

Vous me reprochez d'écrire des nouvelles à

---

(1) Feu le duc de Glocester, qui se trouvait alors en Italie, avait été dangereusement malade et abandonné des médecins.

d'autres qu'à vous, ce reproche est injuste ; à qui donc ai-je écrit? vous êtes ma seule correspondance en Angleterre, je suis comme les petits chiens qui ne *sautent que pour le roi*; ce n'est que pour vous que je fais l'effort de raconter. Ce que je peux vous dire aujourd'hui, c'est que le baron de Breteuil ne vous portera point votre lit, à moins que vous ne vouliez aller coucher à Naples où il est nommé ambassadeur; on ne doute point que M. de Guignes ne retourne chez vous. On prétend que milord Harcourt ne reviendra ici que les premiers jours de janvier, et vous ne reverrez apparemment M. de Guignes que dans le même temps.

Voilà tout le monde qui va arriver de Fontainebleau ; je ne m'en soucie point du tout ; j'ai le bonheur d'acquérir de la paresse, qui a beaucoup de ressemblance à l'indifférence; je ne trouve point cet état fâcheux, il y a longtemps que je pense que c'est celui qui convient à mon âge, il est heureux de pouvoir se passer de ce dont on ne peut jouir.

Je suis charmée de tout ce que vous dites sur le sens commun; tout esprit qui ne l'a pas pour base est fatigant, et ennuyeux à la longue.

Je suis absolument de même avis que vous (2). Croyez fermement qu'il y a plus de rapport entre vous et moi que vous ne pensez : vous avez plus de force d'esprit et beaucoup plus d'esprit, vous êtes un meilleur observateur, vous avez par conséquent beaucoup plus d'expérience ; vous n'avez point besoin d'appui, je ne saurais m'en passer ; vous vous suffisez à vous-même, et je ne puis supporter d'être à moi-même ; enfin je suis une femmelette, et vous êtes un homme ; il faut que dans notre commerce chacun y mette son contingent, vous de la raison, moi de la confiance et de la docilité.

L'idole est au comble de la gloire ; elle avait

---

(2) M. Walpole avait dit : « en tout, qu'on pense ce » qu'on veut, il n'y a de sûr que le sens commun. Il me » semble que toute autre sorte d'esprit n'est qu'un écart, » une manière de déraisonner agréable pour le moment, » mais suivie de regrets. Notre route est crayonnée, » bornée, limitée. Il faut y marcher aussi doucement » qu'il est possible ; il ne tient pas à nous d'en tracer une » nouvelle, sans rendre la seule que nous ayions plus » difficile et quelquefois dangereuse. Si j'avais un enfant » à élever, je serais tenté de ne lui dire que ce peu de » mots : ne prenez de guide à votre conduite que le sens » commun ; qu'il soit votre confesseur, votre médecin, » et votre avocat. »

écrit au roi de Suède, sa lettre n'était point parvenue au roi; mais, comme on la lui avait annoncée, il l'a prévenue et lui a écrit des choses charmantes et admirables; je crois vous avoir mandé que madame de Luxembourg lui avait aussi écrit, j'ai vu la réponse qu'il lui a faite qui est fort bien. Cette maréchale, qui est partie pour Chanteloup, le 28 du mois passé, n'est point encore de retour, on dit qu'elle arrive ce soir. Est-ce à vous que j'ai mandé que les voyages de Chanteloup ne signifiaient plus rien? On ne sait plus quel sentiment y conduit.

Je suis si charmée de ce que vous dites que vous diriez à l'enfant que vous élèveriez, que je me fais votre enfant; je vous prends pour mon confesseur, mon avocat, mon médecin, enfin pour mon sens commun. Adieu. Je suis fâchée que vous n'ayiez point vu votre cousin Thomas, je voudrais que vous causassiez avec lui.

LETTRE CXXI.

Vendredi 15 novembre 1771.

CETTE lettre-ci est un hors-d'œuvre, je vous prie de n'en être point fâché; je pourrais lui trouver une raison, mais je veux bien l'avouer, ce n'est qu'un prétexte. Milord Spencer m'a dit qu'il partait dimanche; je vous l'annonce, pour que vous puissiez prévoir son arrivée, et envoyer chez lui chercher trois paquets.

J'ai relu bien des fois votre dernière lettre; je ne puis vous dire à quel point j'en suis charmée, il n'y a point de meilleure consolation pour moi que l'intérêt que vous me marquez; je ne puis douter qu'il ne soit sincère; indépendamment de tout ce qui peut me le prouver, le style seul m'en peut convaincre : votre philosophie est si simple, si naturelle, qu'elle fait sur moi une grande impression; mais je voudrais qu'il pût suffire de se soumettre à tous les malheurs inévitables, pour les pouvoir supporter patiemment; j'y fais tout mon possible; soyez sûr que je bannis tous les raisonnements, et que je suis aussi persuadée que vous qu'il faut s'en tenir au sens commun. Je ne m'afflige point d'être vieille et aveugle, parce qu'il est impossible que cela soit autrement; mais il est des malheurs qu'on croit qui pourraient cesser, où l'on se flatte qu'il y aurait du remède; on ne peut s'empêcher de le chercher, de le désirer; mais bien loin de le trouver, on accroît ses peines par les difficultés qu'on rencontre, on ne peut compter sur la bienveillance de personne; ou l'on vous blâme, ou l'on vous envie; on ne trouve que de l'indifférence ou de la haine, de l'insipidité ou de la malignité, et souvent tous les deux rassemblées dans les mêmes personnes. Ne l'avez-vous pas éprouvé, et n'est-ce pas par cette même raison que vous aimez tant la solitude? Je n'ai qu'un seul bonheur dans ma vie, c'est d'avoir fait un ami tel que vous; mais voyez et jugez à quelle condition j'en jouis. Ne craignez rien, je n'en dirai pas davantage, je passe à ce qui peut vous amuser.

Je vis hier madame de Luxembourg qui m'apporta une lettre de la grand'maman, elle n'était de retour que la veille au soir; elle se loue beaucoup des gens qu'elle a vus; je fus très-contente de tout ce qu'elle me dit, je crois qu'elle s'est très-bien conduite, et qu'on a été très-content d'elle.

L'abbé Barthélemi arrive ces jours-ci, j'aurai du plaisir à le revoir, il me fera passer quelques moments agréables.

Voilà tout le monde qui à la file arrive de Fontainebleau : M. et madame de Beauvau, aujourd'hui ; madame de Mirepoix, dimanche; et tous les étrangers successivement.

Le Blaquière a du Stanley (1) dans sa façon de parler ; il n'a pas le même accent, mais il a la même manière, il est lent, il est froid, n'a point de premier mouvement, il pèse tout ce qu'il dit, et tout ce qu'il dit me paraît pesant sans avoir de poids. J'aimais bien mieux Robert (2), *lequel est un grand ennemi des inutilités*, j'en suis une pour lui, aussi je n'en entends plus parler. Thomas (3) prétend qu'il reviendra ici ce printemps; et je le crois, parce que ses affaires l'y rappelleront : j'aurais voulu que vous eussiez pu causer avec lui à son arrivée, j'en étais convenue avec lui, il devait vous dire tout ce que je ne pouvais pas vous écrire ; je m'étais flattée que même, par rapport à moi, vous auriez été bien aise de l'entretenir.

Mon petit présent à la grosse duchesse

---

(1) M. *Hans Stanley*, qui se trouvait comme ministre plénipotentiaire à Paris, en 1762, et avait signé les préliminaires de la paix, connue par la dénomination de *paix de Paris*.

(2) M. Robert Walpole.

(3) Frère de celui qu'on vient de nommer.

(*d'Aiguillon*) a parfaitement réussi, je suis fort bien avec elle ; elle est extrêmement occupée. Madame de Maurepas (4) est très-mal, il n'y a pas d'apparence qu'elle en revienne ; son mari sera au désespoir et c'est ce qui afflige la duchesse, elle retourne aujourd'hui à Pontchartrain ; je devais souper avec elle ce soir, et je souperai entre l'ami Pontdeveyle et Saint-Chrysostôme ; je suis fort contente de cette dernière, je lui pardonne l'ennui qu'elle me donne, ce n'est pas de sa faute, je voudrais seulement qu'elle s'en tînt à son insipidité naturelle et qu'elle ne voulût point avoir l'éloquence de son patron. Mais n'ayez point peur ; je ne dis cela qu'à vous, j'en dis du bien à tout le monde, non-seulement je tolère, mais je flatte sa petite vanité autant qu'il m'est possible.

Ma conduite avec la mère Oiseau (5) est un peu plus difficile et scabreuse, je veux n'y être ni bien ni mal. La nièce (6), qui chante si bien, *sans dépit, sans légèreté*, me

---

(4) Elle était sœur de la duchesse douairière d'Aiguillon.

(5) La marquise de Bouflers.

(6) La vicomtesse de Cambise.

plairait beaucoup davantage, mais j'ai peur de n'en pas tirer grand parti ; elle a beaucoup d'humeur et d'inégalité, elle a de la vérité, et c'est par où elle me retient, car de toutes les bonnes qualités, c'est celle-là, sans nulle comparaison, dont je fais le plus de cas, et sans laquelle toutes les autres me choquent ou m'ennuient.

Comme cette lettre ne partira que dimanche, je la reprendrai sans doute plus d'une fois.

Samedi.

La grosse duchesse n'a point été à Pontchartrain ; je soupai hier chez elle avec l'ami Pontdeveyle, la St.-Chrysostôme, un évêque, le chevalier de Redmont, et madame de Chabrillant ; on fit un wisk pendant lequel je causai avec la duchesse ; c'est une honnête et bonne personne, et qui me traite toujours de mieux en mieux. J'eus l'après-dîner le Caraccioli ; je perds les trois quarts de ce qu'il dit ; mais comme il en dit beaucoup, on peut supporter cette perte. Je vis aussi le prince de Beauvau, il est profondément triste : je le tiens aussi malheureux que notre premier père ; il est peut-être encore plus triste, mais ce qui est ineffable, il n'a aucun repentir; il mangera, je vous jure, toutes les pommes que son Eve voudra; j'ai des instants où j'en suis affligée, mais soudain je me console par l'extrême contentement qu'ils ont de leur gloire prétendue. Ils sont dépouillés, ils sont presque nus, ils n'ont nulle ressource, mais ils sont des héros. Leurs créanciers ne partagent pas leur gloire; tout le monde est fou.

LETTRE CXXII.

Lundi 2 décembre 1771.

Il y a aujourd'hui trois mois que (1)... devinez quoi? mais il n'est pas question de cela.

J'ai encore l'abbé Barthélemi ici, nous souperons demain tête-à-tête pour la dernière fois. Aujourd'hui j'ai les Beauvau.

Madame de Cambise, oiseau de ma volière, s'est envolée, je ne cours point après, elle reviendra quand il lui plaira; je ne me fais *point honneur de cette philosophie;* je suis assez d'avis que l'on n'en a que pour ce qui est indifférent.

---

(1) M. Walpole avait quitté Paris ce jour-là.

Mardi.

J'eus hier à souper les Beauvau, la marquise de Bouflers, la St.-Chrysostôme, la princesse de Monaco, Pontdeveyle, et M. de Stainville. La princesse (*de Beauvau*) resta la dernière et ne m'a quittée qu'à trois heures. Il n'y a point d'exemple d'une éloquence aussi forte et aussi abondante en paroles; je pourrais être flattée de sa confiance, si le résultat de tout ce qu'elle m'a dit n'avait été à sa plus grande gloire. Sa politique, sa conduite partent de sentiment, d'une élévation peu commune, d'une prudence consommée, d'une justice, d'une équité irréprochables; il n'y a qu'elle, et ses amis qui ayent de l'honneur et de la probité; tous les autres ont des âmes basses, intéressées, et ne sont dignes que du mépris. Je crois m'être tirée de cette conversation avec retenue et sagesse. Il faut avouer que cette femme a beaucoup d'esprit, du caractère, et même des vertus; j'en connais peu qui ayent autant de vérité et de loyauté, mais elle a tant soit peu d'orgueil, et beaucoup de vanité, ce qui arrête le penchant qu'on pourrait avoir à l'aimer (2). J'aurais du plaisir, je l'avoue, à observer dans chacun les nuances de leurs amours-propres; mais il me reste si peu de temps à vivre, que je prends tout en passant, sans m'occuper à en tirer du profit; je me livre tout entière à la paresse, à l'indifférence, il en résulte une impartialité qui me fait regarder la société comme une lecture; je cause avec un parti, et puis tout de suite avec celui qui y est contraire, comme je passe d'un alinéa à un autre; et comme je n'ai plus de mémoire, j'oublie tout ce qu'on me dit, aussi promptement que j'oublie ce que je lis. Je n'ai point, comme vous, la ressource de mille goûts différents; la privation du sens qui en produit le plus, me réduit à n'en avoir point d'autre que celui de la société; je m'y rends le moins difficile qu'il m'est possible, mais il m'est impossible de ne pas être intimement persuadée que tout est vent et néant dans ce monde, excepté le sentiment de l'âme pour lequel vous avez tant d'horreur, et pour lequel vous êtes si *propre.*

---

(2) Voyez un autre et différent portrait de la princesse de Beauvau dans les mémoires de Marmontel, tome III, page 156.

J'ai mal dormi cette nuit; sans être malade ni même sans aucune incommodité particulière, je ne me porte point bien; j'ai le sentiment de ma destruction; je m'aperçois chaque jour de quelque faculté que je perds. Ceux qui doivent être long-temps sans me revoir ne s'apercevront que trop de ce dépérissement.

Ce détail n'est pas gai, mais,

A raconter ses maux souvent on les soulage.

Peut-être que la lettre que j'attends demain dissipera tous mes nuages.

Mercredi 4.

J'avais pris une terrible résolution que je n'aurais peut-être pas tenue, je m'étais dit : si je trouve dans la lettre que j'attends des lamentations sur la peine qu'on a à écrire, sur la disette de nouvelles, etc., etc., je n'ajouterai rien à ce que j'ai écrit, et je ne ferai partir ma lettre que par la poste de lundi.

Mais je suis bien éloignée de ce procédé; votre lettre est charmante, la plus gaie, la plus délibérée, enfin telle que vous êtes quand vous êtes de votre mieux; il faut que je me tienne à quatre, pour ne vous pas dire en bon français ce que je pense; je vous le dirai donc en Italien, un *t*, un *i*, un *a*, un *m*, et un *o*. Votre esprit me plaît infiniment, toutes vos idées, toutes vos définitions sont vives et justes; eh, mon Dieu! mon Dieu! que je hais la mer et ses poissons! Mais ne parlons pas de cela.

J'ai beaucoup joui du grand abbé, nous avons soupé trois fois tête-à-tête. Vous rappelez-vous la lettre que vous m'écrivîtes quand vous apprîtes par votre cousin Robert, mes projets de voyage et de séjour? Tout ce que vous aviez prévu, tout ce que vous aviez jugé, est de la plus grande justesse. Mon Dieu! que j'aurais de choses à vous dire! car je suis persuadée que ce qui m'intéresse ne vous est point indifférent, j'en ai trop de preuves pour en douter.

Vous avez raison de ne vous point alarmer de mes insomnies, elles ne me tueront point, mais elles accélèreront la décrépitude, et il est assez triste de vivre quand on n'est plus que la moitié de soi-même.

J'ai ce soir un grand cavagnol, composé d'oiseaux et d'oisons. Demain j'aurai la maréchale de Luxembourg, sa petite-fille la princesse de Beauvau, et sa belle-fille (*madame de Poix*) et puis des hommes; quelque goût que vous ayiez pour les noms propres, je ne saurais croire que vous aimiez les litanies, je me dispense de vous en faire.

Le maréchal de Biron, après trente et un ans de mariage, vient de mettre à la porte madame sa femme (3) par raison d'incompatibilité ; il lui rend tout son bien, et comme il est fort considérable, on lui donne à lui une gratification annuelle de quarante mille francs, en attendant un grand gouvernement. Mon pauvre prince (4) n'est pas spectateur bénévole de ce procédé.

Dites-moi, je vous prie, si vous avez la grande histoire de M. de Thou, et si vous en faites cas.

LETTRE CXXIII.

Paris, vendredi 12 décembre 1771.

La Saint-Chrysostôme vient de partir pour l'Opéra ; j'ai au moins une heure et demie, deux heures, avant qu'il m'arrive du monde.

---

(3) Née Montmorenci.
(4) Le prince de Beauvau, à qui la cour avait refusé toute indemnité pécuniaire lorsqu'on lui ôta le gouvernement de la province de Languedoc.

Dimanche, à 2 heures.

Je fus interrompue. J'attends actuellement le facteur, qu'il m'apporte une lettre, ou non, et quoique je ne sois pas à terme, je ne vous en écrirai pas moins, j'ai trop de choses à vous dire.

Enfin, le malheur tant craint et tant prévu vient d'arriver ; M. de Choiseul n'a plus les Suisses (1), sa démission lui a été demandée, et il l'a envoyée sur-le-champ ; je ne suis pas assez sûre de toutes les circonstances pour vous les dire, chacun les raconte différemment. Tout ce que je sais certainement, c'est que sa soumission a été prompte et parfaite, sans parler d'aucune capitulation. Ceux qui peuvent être les mieux instruits croyent qu'on lui a accordé ou qu'on lui accordera deux cent mille francs d'argent comptant et cinquante mille francs de pension sur la charge, réversible à la grand'maman. Mais le pauvre abbé (*Barthélemi*) est bien à plaindre s'il perd sa place de secrétaire. Jusqu'à présent le changement de général n'a point entraîné

___

(1) Le duc de Choiseul était capitaine-général des gardes-suisses.

celui de secrétaire ; M. Malezieux Détournelle, qui l'était sous M. le prince de Dombes et le comte d'Eu, a conservé sa place sous M. de Choiseul, et ce n'a été qu'à sa mort qu'elle fut donnée à l'abbé Barthélemi ; personne ne doute que ce ne soit M. le comte de Provence à qui le roi donnera les Suisses.

Quittons les grands sujets, pour venir à nos petites affaires. Je suis désolée, désespérée, de vous avoir donné le conseil d'envoyer des oiseaux au Carrousel (2) ; on m'a fait comprendre que cela vous coûtera des sommes immenses ; il me reste l'espérance que vous n'aurez pas trouvé le moyen de les faire partir ; je tremble d'apprendre qu'ils soient en chemin ; au nom de Dieu, s'il en est encore temps, désistez-vous de cette idée ; je vous en ferai tout l'honneur, vous en aurez tout le mérite ; mais enfin, s'ils sont partis, je vous prie de me faire savoir ce qu'il vous en coûte.

Trois heures sonnent, point de facteur ; s'il

---

(2) A la duchesse de la Vallière, qui avait pris beaucoup de soin pour faire avoir l'armure de François Ier à M. Walpole, lequel désirait de lui envoyer quelques oiseaux étrangers pour sa volière.

n'arrive point, je vous dis adieu, et je fais partir ma lettre.

LETTRE CXXIV.

Mardi 17 décembre 1771.

Ai-je tort de vous écrire aussi souvent? dois-je renfermer en moi tout ce que je pense, et n'êtes-vous pas assez mon ami, pour que je puisse espérer de trouver en vous quelque consolation, ne fût-ce que celle de vous parler avec confiance? Je n'exige point que vous répondiez à chacune de mes lettres; mais quand je suis bien noire, que je ne sais plus que devenir, il ne me vient point d'autre idée que celle de vous écrire. Je sens cependant une sorte de crainte; je me dis : à quoi cela sera-t-il bon? à le fatiguer, à l'importuner; il me répondra avec sécheresse, avec humeur, je serai plus malheureuse qu'auparavant; ne dois-je pas être contente qu'il entretienne une correspondance avec moi, sans abuser de cette complaisance? Oui, je me dis tout cela, mais après ces sages réflexions, je ne sais plus que devenir. Je ne saurais me suffire à moi-même; je n'ai de goût ni d'amitié pour personne, ni personne n'en a pour moi ; je me tourmente pour avoir du monde à souper, j'ai mille peines à rassembler une fastidieuse compagnie qui m'ennuie à la mort. Si dans ce nombre il y a quelques personnes qui valent mieux que les autres, je suis piquée du peu de cas qu'elles font de moi, de leur orgueil, de leur importance, etc. Je suis tentée quelquefois de partir pour Chanteloup ; s'il n'y avait que la grand'maman, je n'hésiterais pas, malgré les soixante-quatre lieues ; mais la belle-sœur, et tous ses adhérents me repoussent et me font changer d'avis. Je me représente l'état où je serais, si je venais à m'en repentir, et alors je conclus qu'il vaut encore mieux supporter le malheur présent et actuel que d'en aller chercher un bien loin, qui serait peut-être encore plus grand. Je reçus hier un petit billet de l'abbé, il me mande qu'il arrivera à Paris aujourd'hui ou demain ; ce pauvre homme est bien à plaindre ; j'attends que je l'aye vu pour continuer cette lettre. Comme il y aura dans la continuation des noms et des faits, elle m'obtiendra le pardon du triste préambule.

Samedi 21.

Depuis trois jours j'ai eu table ouverte, c'est-à-dire douze ou treize personnes chaque fois ; le jour le plus brillant fut hier, c'étaient les Beauvau, la Cambise, le Stainville, le Toulouse, trois étrangers, Caraccioli, Mora, et Creutz. Cela ne se passa pas mal. Le Caraccioli est commode, on est à son aise avec lui, on n'a aucun embarras pour l'entretenir.

Je compte mardi donner la messe de minuit (1) aux Beauvau, aux Luxembourg, etc. N'allez-vous pas conclure que je me divertis fort bien ? ah ! mon Dieu ! que j'en suis loin !

Le petit Sorbe (2) mourut hier d'apoplexie ; il dînait chez madame de la Vallière, et en rendant son verre à son laquais il rendit l'esprit ; il n'a pas souffert une minute ; ce soir, tout son corps était violet de la tête aux pieds. Il n'avait pas un sou de bien, il laisse soixante mille francs de dettes et deux sœurs, honnêtes filles, très-dévotes, dont il avait

___

(1) Madame du Deffand avait dans une de ses chambres une tribune qui donnait dans l'église du couvent de St.-Joseph ; et c'est là que communément elle rassemblait quelques amis pour entendre la messe de minuit à Noel, après laquelle elle donnait un souper nommé le *réveillon*.

(2) M. de Sorbe, envoyé de la république de Gênes en France. Il était fort aimable en société.

grand soin, et qui ne sauront plus que devenir. Il y a des gens si malheureux qu'on est honteux de se le croire quand on se compare à eux. Mais à quoi sert de penser, de réfléchir? on est nécessairement gouverné, entraîné par ce qu'on sent. Je suis un peu trop moraliste, n'est-ce pas?

Les Suisses ne sont point encore donnés, cela est assez étrange. Le traitement de M. de Choiseul est cent mille écus en argent et soixante mille francs de pension sur la charge: on la disait réversible à la grand'maman, on prétendait hier que ce n'en serait que la moitié; le brevet n'est point encore signé.

Il est certain que vous reverrez M. de Guignes avant le 15 ou le 20 du mois prochain; vous aurez par lui de mes nouvelles; je pourrais en recevoir des vôtres par milord Harcourt.

Je suis actuellement en pleine jouissance du grand abbé; sa fortune reçoit un grand échec, mais on supporte tout quand on n'est pas frappé par l'endroit sensible.

Je voudrais bien que vous eussiez reçu ma dernière lettre assez à temps pour n'avoir pas conclu votre marché d'oiseaux; je suis réellement désolée de vous avoir donné ce maudit conseil qui, si vous l'avez suivi, doit vous coûter des sommes immenses.

Au nom de Dieu, ne me parlez plus des avances que j'ai faites, et ne vous ingéniez point pour me rembourser; je suis bien pauvre, mais pas assez pour que cette bagatelle m'incommode le moins du monde, et si je comptais jusqu'à un certain point sur votre amitié, j'exigerais de vous que vous ne m'en parlassiez jamais; rien ne serait plus honnête, rien ne me prouverait plus l'intimité de notre amitié. Ah! mon Dieu! quel mot m'est échappé? pardonnez-le-moi, je vous prie.

J'ai écrit à M. Trudaine, pour le prier d'écrire à M. Caffieri, directeur de la douane de Calais, de ne pas tarder un moment à faire partir les deux caisses qui sont à son adresse. J'ai, je vous l'avoue, grande impatience de le recevoir; j'aurai beaucoup de plaisir à tirer tout ce qu'elles contiennent, et à en faire la distribution. Vous moquez-vous, en me faisant des excuses des soins que vous me donnez? je dirai, comme madame Remy dans le Paysan parvenu, à qui on reprochait l'usage qu'elle faisait de sa maison : *Ne voilà-t-il pas un beau taudis que le mien, pour être chiche?*

Il en est du loisir de votre sibylle, comme du taudis de madame Remy.

Adieu, je crois cette lettre éternelle; cependant si j'en reçois une de vous demain, j'ajouterai à son éternité.

C'est M. le comte d'Artois qui a les Suisses, rien n'est plus sûr.

LETTRE CXXV.

Paris, lundi 6 janvier 1772.

Tout ce que je crois infaillible manque toujours; j'étais sûre d'une lettre ce matin, il n'y a point eu de courrier; voilà ce qui arrivera souvent cet hiver. Je vous ai promis, ou pour mieux dire, menacé d'un volume, il faut le commencer.

Le 6 du mois passé, M. du Châtelet (1) étant à Chanteloup, jouant au pharaon, sur les dix heures du soir, on vint lui dire qu'on le demandait; rentrant un moment après il se mit au jeu, et dit à la compagnie que c'était un *soldat de son régiment, qu'il aurait beau-*

_____

(1) Le comte du Châtelet, qui avait été ambassadeur en Angleterre. Il était alors colonel du régiment du roi, infanterie.

coup à écrire la nuit, ou, ce qui serait encore mieux, qu'il partirait le lendemain ; il se leva, et M. de Choiseul se doutant de quelque chose, sortit avec lui; ce soldat était un courrier de M. d'Aiguillon, qui apportait une lettre à M. du Châtelet ; il lui mandait que le roi voulait la démission de M. de Choiseul de sa charge des Suisses, qu'il sût de lui quel dédommagement il désirait, et qu'il rendît promptement réponse. M. de Choiseul rentra sans rien dire, continua à jouer jusqu'à l'heure ordinaire, et puis écrivit au roi ; et M. du Châtelet, chargé de sa lettre, partit le 7 de grand matin. Arrivé à Versailles, il fut chez M. d'Aiguillon à qui il ne voulut point remettre la lettre, mais il lui dit les propositions qu'elle contenait. 1° Sa liberté; 2° le payement de ses dettes dont il faisait l'énumération ; trois ou quatre millions qu'il avait mangés du bien de sa femme, et deux autres à différents créanciers ; il rappelait le souvenir d'une grâce qui lui avait été accordée et signée sept ou huit mois avant sa disgrâce, et qui n'avait pas été consommée parce qu'on y avait omis une formalité qu'on devait réparer et qui avait été négligée; je ne me ressouviens pas bien en quoi cette grâce consistait, mais c'était sur le bailliage d'Haguenau auquel on devait joindre une forêt et différents droits. Cette grâce aurait suffi pour le parfait arrangement de ses affaires. Après cette visite au ministre, M. du Châtelet fut chez le roi, lui présenta la lettre. Est-ce la démission, lui dit le roi ? Non, mais les propositions qu'il fait à votre majesté. Je ne veux point la lettre, je veux la démission. Tout de suite, M. du Châtelet envoya un courrier à Chanteloup, qui rapporta la démission sans aucune condition. Le roi alors reçut la lettre qui l'accompagnait, et la mit dans sa poche sans la lire, et dit qu'il donnerait deux cent mille francs d'argent comptant et cinquante mille francs de pension sur la charge, qui seraient réversibles à la grand'maman. Autre courrier à Chanteloup pour apprendre cet arrangement ; sur-le-champ la grand'maman écrivit par la poste à M. du Châtelet qu'elle ne voulait point qu'il fût question d'aucune grâce pour elle, qu'elle lui recommandait de le déclarer, et qu'absolument elle ne voulait entrer pour rien dans le traitement qu'on ferait à son mari. M. du Châtelet était bien résolu de ne point obéir à cet ordre, et se garda en effet d'en parler ; mais cette lettre avait été lue, et heureusement elle ne mit point d'obstacle à la négociation. M. du Châtelet insista sur une augmentation, et ne trouvant point de facilité auprès de M. d'Aiguillon, il se détermina à parler à madame du Barri, en qui il trouva plus de douceur et de facilité; il obtint cent mille francs de plus, ce qui en fit trois cents, et dix mille francs de plus pour la pension, ce qui en fit soixante, et toujours les cinquante réversibles à la grand'maman. Cette affaire consommée, il s'en est suivi une brouillerie dans toutes les formes entre M. d'Aiguillon et M. du Châtelet. Le premier avait écrit à l'autre, dans sa lettre du 6, en annonçant la demande de la démission : qu'il avait parlé au roi conséquemment à une conversation qu'il avait eue avec lui, il y avait six ou sept mois, dans laquelle il lui avait confié que M. de Choiseul consentirait très-volontiers à se démettre de sa charge, si on lui en faisait un bon parti. M. du Châtelet lui en a donné le démenti, et affirme que ce fut lui qui lui dit qu'on ne laisserait certainement pas la charge à *M. de Choiseul*, et qu'il s'agissait de savoir ce qu'il pourrait désirer pour dédommagement; qu'alors il lui avait répondu, que comme il avait des dettes immenses, il imaginait que si on les acquittait, il consentirait volontiers à perdre sa charge ; mais qu'il parlait de lui-même et qu'il ne savait point ce que pensait M. de Choiseul, ne l'ayant jamais entretenu sur ce sujet ; et qu'ainsi il avait grand tort de dire que c'était en conséquence de sa conversation avec lui qu'il avait parlé au roi. Je ne sais lequel des deux a menti, j'ai quelques notions qui me forceraient à croire que M. du Châtelet a parlé le premier ; quoi qu'il en soit, M. du Châtelet, en dernier lieu, s'est parfaitement bien conduit ; M. de Choiseul et tous ses amis disent qu'ils sont extrêmement contents de lui.

Mais, mon ami, l'on ne fait que mentir ; il ne se dit rien aujourd'hui qu'on puisse croire ; tout ce qu'on affirme le plus affirmativement, se trouve faux ou du moins très-douteux. On dit, par exemple, que ce qui a déterminé le roi à lui ôter les Suisses, est une lettre qu'il avait reçue du comte de Provence qui les demandait pour lui, et que cette lettre était l'ouvrage de M. de la Vauguyon, de M. d'Aiguillon et de madame de Marsan (2).

―――――

(2) La princesse de Marsan, née Rohan Rochefort.

L'autre parti assure que M. le comte de Provence n'a point écrit, ce qui paraît vraisemblable, puisqu'on a donné les Suisses à M. le comte d'Artois. La seule chose dont on ne puisse douter, c'est que M. de Choiseul ne les a plus. Il a pris la résolution d'acquitter ses dettes, non ce qu'il doit à sa femme, car cela est impossible; mais à ses autres créanciers; ils vendent leurs tableaux, leurs diamants, une grande partie de leur vaisselle; il est même question de leur hôtel et de deux maisons qui y tiennent; le tout pourrait faire la somme de seize ou dix-sept cent mille francs, y compris les cent mille écus de sa charge (3).

Si vous pensez que tout ceci diminue la gaîté de M. de Choiseul, vous vous trompez; sa bonne humeur n'en souffre pas la plus

---

Elle était la veuve du prince de Marsan, de la maison de Lorraine, et possédait à la cour l'espèce de crédit que donnent une haute naissance, un rang distingué, une grande habileté et une bonne conduite, accompagnés d'un caractère naturellement porté aux intrigues politiques.

(3) Malgré toutes ces dispositions, le duc de Choiseul mourut à Paris en 1785, endetté, à ce qu'on dit alors, de trois millions de livres.

légère altération. On a eu bien de la peine à contenir la grand'maman et à l'empêcher de faire un refus formel de l'article qui la regarde.

Pour le grand abbé, son affaire n'est point encore finie ; c'est M. d'Afry qui s'en mêle, c'est son ami intime, c'est lui qui aura le travail avec le roi, du moins on le croit. L'abbé, vraisemblablement, ne gardera point sa place (4) ; on dit qu'elle pourra être supprimée, on croit qu'on lui assurera la moitié du revenu sur la place même, si elle est donnée à d'autres, ou sur les fonds destinés pour les Suisses ; tout ce qu'il craint, c'est une pension sur le trésor royal, ou une abbaye. Son sort ne peut pas différer encore long-temps à être décidé ; dès qu'il le sera, il repartira pour Chanteloup ; en attendant, je le vois tous les jours.

Mardi 7.

Je viens de relire ce que je vous ai écrit hier, vous n'y comprendrez rien, on ne peut

---

(4) La place de secrétaire des gardes-suisses. On trouva fort mauvais dans le temps, qu'elle eût été donnée à un ecclésiastique. Immédiatement après cette nomination, on vit paraître au bal de l'Opéra un masque habillé moitié en abbé et moitié en uniforme des gardes-suisses.

pas être moins clair, je n'ai pas le talent des détails; d'ailleurs pourquoi en faire? que vous importe? Madame de Sévigné les rendait intéressants, il est impertinent de suivre son exemple, quand on ne peut pas l'imiter. Vous allez penser que je quête des louanges, puisque vous croyez que je n'irais à Chanteloup que pour chercher des *cajoleries*; je ne dis pas que je ne les aime, mais cependant je sens bien quand elles sont sincères, et ce n'est que quand elles le sont, qu'elles me font véritablement plaisir; enfin il n'y a que la vérité qui me plaise, je ne la trouve véritablement qu'en vous.

M. de Stainville nous dit hier que l'affaire de l'abbé était finie, qu'il avait dix mille francs de pension sur la place de secrétaire, que son successeur n'était point encore nommé, et qu'on croyait que cette place serait supprimée et ses fonctions réunies à celui qui a le bureau des Suisses. M. d'Afry est nommé administrateur de tout le corps, il travaillera avec le roi, et il a vingt mille francs de pension; il a mérité ce traitement par sa bonne conduite, il a rempli parfaitement ses devoirs envers le grand-papa sans déplaire au roi; il aime fort l'abbé, et il l'a bien servi.

Le prince de Beauvau, conduit par sa femme, n'a fait que des sottises ; il a bravé le roi, et fini par lui demander l'aumône, je crains bien qu'on ne la lui fasse pas ; ils doivent aller l'un et l'autre le mois prochain à Chanteloup, ils y resteront jusque vers la fin de mars, le quartier (5) sera le 1er. avril. Jugez de la bonne mine que lui fera le roi, ce qu'il en obtiendra. Rien n'a été si ridicule que le voyage de madame de Luxembourg à Chanteloup ; elle était l'ennemie des Choiseul, et comme il est du bel air actuellement d'être dans ce que nous appelons aussi l'opposition, elle a employé toutes sortes de manéges pour se réconcilier avec eux ; elle a été très-bien reçue, parce que c'était pour eux un nouveau rayon de gloire et qu'ils en sont ivres. La pauvre grand'maman à qui on n'en laisse que des bluettes, fait sacrifice sur sacrifice et parvient à peine à l'ombre de la considération ; la sœur engloutit tout, et sous l'apparence de quelque politesse pour cette grand'maman, on écrase son amour-propre. Les visites qu'on reçoit, toutes les attentions sont pour cette belle-sœur ; excepté

---

(5) Le quartier de service du prince de Beauvau, comme un des quatre capitaines de la garde du roi.

madame de Brionne qui n'a d'objet que le maître du logis, et les Tingri, Château-Renaud, Petite Sainte qui ont été pour la grand'-maman, elle n'a de part dans les visites des autres que des civilités apparentes. Le seul grand abbé est parfaitement à elle.

En voilà assez sur les Choiseul.

Vous ne garderez pas le Guignes bien longtemps, ou je suis trompée ; j'ignore qui lui succédera : on dit le marquis de Noailles (6). On n'apprend rien par la maréchale de Mirepoix, parce qu'en effet elle n'est au fait de rien, elle n'a aucun crédit, on la satisfait avec de l'argent pour lequel elle a une grande avidité, non pour arranger ses affaires, mais pour le dissiper en niaiseries. Le roi lui a fait présent d'un tapis de la Savonnerie pour le salon de sa nouvelle maison qui est dans un quartier abominable, à mille lieues de tous ses parents et amis ; le prétexte qui la lui a fait prendre, était le projet de marier son frère le chevalier ; le mariage dont il s'agissait est rompu, il n'en

---

(6) Le marquis de Noailles, second fils du maréchal duc de Noailles et frère du duc d'Ayen. Il remplaça le comte de Guignes dans l'ambassade d'Angleterre, mais ce ne fut qu'en 1776.

fera jamais d'autre; personne, comme de raison, ne voudra de lui.

Cette lettre est immense et ne vous fera certainement nul plaisir. Je ne vous ai dit que des choses inutiles, et j'omets peut-être toutes celles qui auraient pu vous amuser; mais, mon ami, on n'est pas vieille impunément, on perd la mémoire, l'imagination, il ne reste que l'amitié, et c'est sur quoi il faut se taire. Adieu.

LETTRE CXXVI.

Vendredi 7 février 1772.

Les courriers, presque toujours, arrivent présentement un jour plus tard, ce qui rend les réponses plus tardives; je n'ai reçu votre lettre qu'hier, et celle-ci ne partira que lundi.

Combien vous faudrait-il donc de matériaux pour faire une lettre? une révolution dans un royaume ne vous suffit-elle pas (1)? cette aventure ne m'intéresse guère plus que le siège

---

(1) L'arrestation et l'emprisonnement de la reine alors régnante de Danemarck, et de plusieurs personnes de la cour, soupçonnées d'avoir conçu le projet de faire signer au roi une renonciation à la couronne, pour se saisir elles-mêmes du gouvernement du pays.

de Jérusalem, la prison de Bajazet, etc., etc. Quand les événements publics n'influent ni sur moi, ni sur mes amis, je n'y prends aucun intérêt, et je les écoute avec une distraction scandaleuse, j'ai l'air d'une imbécile. Vous ne me parlez point dans vos dernières lettres du duc de Glocester; est-ce bon signe ? je le voudrais bien.

Vous m'inquiétez sur l'état du duc de Richmond, le changement d'air lui serait peut-être bon, je lui conseille d'en essayer, et de venir en France. Ce conseil n'est pas tout intérêt à part, car j'avoue que je serais ravie de le revoir; vous le lui direz, si vous le jugez à propos.

Je commence à être rassurée sur mon pauvre ami Pontdeveyle, il n'a presque plus de fièvre; il l'a eue double-tierce pendant vingt jours. Nous avons fait une grande perte en M. de la Vauguyon : vous sentez bien que c'est une contre-vérité; excepté l'archevêque et les jésuites défroqués, tout le monde a marqué une joie immodérée. On croit qu'on ne nommera pas un autre gouverneur, c'est l'opinion publique; le prince a quatorze ans quelques mois; ce qui pouvait arriver de mieux pour son éducation, c'est d'être délivré d'un tel gouverneur (2).

On s'attendait dimanche dernier à une promotion de six cordons bleus. MM. de Trème, de Villeroi, de Lévy, de Sourche, de Montmorin, de Croissy. Ce ne fut qu'à dix heures du matin que l'on sut qu'il n'y en aurait point; le soir il y eut un bal à l'Opéra, il y arriva six masques, avec des nez de papier bleu long d'un pied, avec un écriteau, *promotion de 1772.* Cette folie est assez plaisante.

Madame du Barri a eu ces jours passés un fort gros rhume, elle fut saignée deux fois dans le même jour, elle se porte bien présentement, et le roi se porte à merveille, dont je suis fort aise.

Je continuerai cette lettre, s'il survient quelque événement. J'en oubliais un bien important, c'est que la chatte de madame de Luxembourg, la fameuse madame Brillant est morte, âgée de quinze ans, et ce qui est de bien remarquable, c'est que cela est arrivé un vendredi, jour toujours funeste à la maréchale.

---

(2) Le duc de la Vauguyon avait été gouverneur du dauphin, depuis Louis XVI, et de ses deux frères, dont le plus jeune, le comte d'Artois, était encore sous sa conduite.

Dimanche 9.

Je ne sais rien de nouveau ; je n'ai pas assez de gaîté pour vous dire des riens ; j'appelle ainsi le détail de ce que je fais. Je n'ai plus de contenance en vous écrivant, je ne suis point ferme sur mes pieds, j'ai toujours peur de tomber à droite ou à gauche. Je ris, quand vous louez mon esprit, je vois que c'est pour ne pas écraser tout à fait ma vanité ; vous êtes trop bon juge pour que je puisse croire vos louanges sincères ; ce sont vos blâmes qui m'ont persuadée de votre vérité, et vous leur devez toutes les importunités dont vous vous plaignez. Si vous n'étiez pas aussi vrai que vous me le paraissez, je ne penserais pas pour vous de la manière que je fais.

Je vais pourtant vous rendre quelque compte de ce que je fais. Pour fuir l'ennui, je me dissipe autant que je peux, je soupe rarement chez moi ; je vais de côté et d'autre ; je lis toutes sortes de livres, je n'en trouve presque point qui me plaisent ; celui qui me fait plus de plaisir actuellement, ce sont les *Lettres de Bussy* ; vous allez vous récrier : tout le monde s'en est dégoûté et n'en a porté de jugement que sur celles qu'il écrit au roi. Je ne lis point celles-là, et je hausse les épaules en lisant celles de madame Scudéri ; je m'imagine que vous trouvez que les miennes leur ressemblent, et ce qui me le persuade le plus, c'est que les réponses de Bussy ressemblent beaucoup à celles que vous me faites ; pour vous le prouver, vous n'avez qu'à lire la cent quatre-vingt-neuvième du tome cinquième, page deux cent soixante-dix-neuf, je veux mourir si vous ne trouvez pas une parfaite ressemblance. Je conviens que cette madame Scudéri est insupportable, et qu'elle quête de l'amitié comme on demande l'aumône ; quoiqu'elle ait de l'esprit, son style est si fade, si ennuyeux, si languissant, que j'admire la patience de Bussy, d'avoir entretenu une telle correspondance : belle matière à réflexions ! Mais presque toutes les autres lettres sont charmantes ; dans les deux premiers volumes, il n'y a que sa correspondance avec madame de Sévigné, et je conviens que les lettres de celle-ci sont encore plus agréables que celles de son cousin. Dans les cinq autres volumes, celles de madame de *Montmorency sont très-agréables*, celles du père Rapin, de Benserade et de beaucoup d'autres me paraissent très-bonnes, et les réponses de Bussy encore meilleures ; les jugements qu'il porte de tous les ouvrages qui paraissaient me semblent excellents. Je vous prie encore d'avoir la complaisance de lire une lettre de madame de Sévigné, c'est la quarante-troisième du second tome, page cent quatre. Le commencement n'est rien, c'est vers la fin qu'elle fait l'éloge d'un évêque d'Autun, je ne crois pas qu'il y ait rien de plus agréable (3). Si vous avez des momens perdus, relisez ce recueil de lettres, passez celles au roi et celles de madame Scudéri, et si l'on peut se bien juger soi-même, vous conviendrez que vous avez beaucoup du style de Bussy, vous en avez la vérité, le délibéré, le bon goût,

---

(3) Voici ce passage : « Vous avez présentement
» votre aimable évêque. Je vous plains, si vous n'êtes
» pas en état de profiter du séjour qu'il doit faire à
» Autun. Il m'avait priée de lui écrire ; mais je vous
» déclare que je n'en ferai rien : je suis étourdie et ac-
» cablée de la beauté de son esprit. Je vis par hasard,
» au moment qu'il partait, deux pièces toutes divines
» qu'il a faites, et à mesure que je les lisais, et que j'en
» étais charmée, je prenais ma résolution de n'écrire
» *jamais à un tel homme*. Qu'il revienne donc, s'il veut
» savoir ce que je pense. La douceur et la facilité de
» son esprit s'accommodent mieux à ma faiblesse ;
» l'éclat en est caché par sa modestie et par sa bonté.
» Voilà l'état où je suis pour votre prélat. »

mais vous n'en avez pas la vanité, que je lui pardonne en faveur de cette vérité que j'aime tant, et à qui la modestie donne quelques petites entorses.

Peut-être vous moquerez-vous de cette analyse; en ce cas, je n'en ferai plus à l'avenir, je serais fâchée d'être réduite à ne faire que des gazettes, ou à ne parler que de la pluie et du beau temps. Je ne sais jamais le temps qu'il fait, je sais peu ce qui se passe, peut-être conclurez-vous qu'il ne me reste qu'un parti à prendre, celui de ne point écrire; si c'est votre avis, il faut le dire.

Mes inquiétudes ne sont point calmées sur mon pauvre ami Pontdeveyle, la fièvre ne l'a point encore quitté, elle est moins forte, mais c'est peut-être parce qu'il s'affaiblit lui-même.

Pour moi, je suis absolument brouillée avec le sommeil, je suis cinq heures de la nuit livrée à mes belles réflexions; j'épuise tous es livres pendant quatre ou cinq heures après, et je dors deux ou trois heures sur les onze heures ou midi; je me lève fort tard, sur les six heures les visites arrivent, je sors sur les neuf, je rentre à minuit ou une heure, et je me dis: pourquoi suis-je née? pourquoi craindrais-je de finir?

LETTRE CXXVII.

Mercredi 12 février 1772.

Je ne suis point trop mécontente de la lettre que je reçois, excepté les *racines profondes*. Voilà tout ce que je vous dirai; et à propos de racines, je n'ai reçu qu'avant-hier celles que vous m'avez envoyées (1), elles embaument; je vous en remercie, vos sachets en seront meilleurs.

Je me hâte de vous apprendre que Pontdeveyle n'a plus de fièvre; voilà trois jours de suite qu'il vient chez moi, ce qui me plaît extrêmement, premièrement parce qu'il est guéri, et secondement parce que j'allais chez lui tous les jours, et qu'il me déplaît beaucoup de sortir avant neuf heures. Il sera très-sensible à l'intérêt que vous prenez à lui.

Vous faites fort bien de ne point écrire à madame d'Aiguillon. Ne suivez jamais mes conseils, il ne me convient nullement d'en donner, je m'en repens toujours l'instant

_____
(1) Des racines d'Iris.

d'après. Suivez votre instinct, il vaut mieux que toutes mes lumières. J'ai ri de ce que vous êtes *une bête féroce à demi apprivoisée*. Je pense que cela est un peu vrai, mais je ne suis pas comme vous, je ne hais point tout ce que je crains ; tout au contraire, je crains toujours un peu ce que j'aime beaucoup.

Je ne sais pas si vous vous souvenez que M. de Gontault (2) ne m'aimait guère et que de sa vie il n'était venu chez moi ; il y vint il y a trois jours, et il y soupera lundi prochain. Ma chambre est un petit théâtre, il y a des changements de décoration ; aux Beauvau, aux Stainville, aux Praslin, etc., succèdent les Mirepoix, les d'Aiguillon, les Chabrillant, les Bédé, etc. ; tout cela se rencontre quelquefois, sans se combattre et sans se fuir. Pour moi, je pense que rien n'est si absurde que d'être fanatique, et rien de si mal avisé que d'attiser les haines.

Je ne doute pas que l'on n'apprenne la mort de votre princesse (3) l'ordinaire prochain. Je

---

(2) Le duc de Gontault, frère du maréchal duc de Biron, et père du duc de Lauzun. Il avait épousé la sœur de la duchesse de Choiseul.

(3) S. A. R. la princesse douairière de Galles, mère du roi actuel. Elle décéda le 8 février 1772.

suis bien persuadée que sa fille (4) est très-innocente de tous les projets qu'on lui impute, et sans être grande politique j'ai un système sur tout cela qui, je suis persuadée, est fort juste ; la dame qui envoie une boîte *ornée* de son portrait (5), a je crois plus de part à ce qui est arrivé que celle qui est enfermée. Les médecins jouent de grands rôles à Copenhague (6) ; on les tient dans les cachots, tandis que les nôtres courent les champs et abandon-

---

(4) Caroline Matilde, reine de Danemarck, arrêtée le 17 janvier 1772, le lendemain matin d'un bal masqué donné à la cour par ordre de la reine douairière, avec le consentement du roi. Elle fut renfermée dans le château de Cronenbourg, comme coupable d'avoir voulu forcer le roi à renoncer à la couronne, pour établir une régence concentrant tout le pouvoir entre les mains de la reine régente et de ses favoris.

(5) La reine douairière de Danemarck, dont la conduite paraît bien plus dictée par un esprit d'intrigue politique et par des vues ambitieuses, que celle d'une jeune princesse étourdie, dissipée, âgée de 21 ans. Ce fut l'âge de la reine Caroline Matilde lors de sa catastrophe.

(6) Les comtes de Struensée et de Brandt, favoris de la reine de Danemarck, et fauteurs du projet dont il a été parlé, avaient tous les deux étudié la médecine, avant leur rapide élévation à la cour de Copenhague.

nent leurs malades. Gatti est à Naples, et a laissé là la grand'maman ; Pomme, qui a été malade pendant la maladie de Pontdeveyle, partit il y a quatre ou cinq jours pour la Provence sans dire adieu, et sans avertir personne. Bouvard dit qu'il faut s'en consoler parce qu'il a laissé son secret, l'eau de veau et les bains. La petite sainte (7) est toujours assez malade, elle ira à Barège au mois de mai ; son dernier voyage à Chanteloup lui a fait grand mal.

Madame de Croissy (8) vient de mourir, son mari est dans le dernier désespoir ; elle était âgée de soixante-onze ans, il en a soixante-dix. Il y en avait cinquante qu'ils étaient mariés, et vivaient dans la plus grande union ; que devient-on après une telle perte ?

Je lis des voyages de Groenland qui m'ennuient à la mort ; il vaut bien mieux dans ce

---

(7) Madame de Choiseul-Betz.

(8) La fille du maréchal de Coigny, elle avait épousé le marquis de Croissy, fils du marquis de Torcy, ministre des affaires étrangères vers la fin du règne de Louis XIV. On se réjouit de trouver à la date de cette lettre, un exemple de parfaite union domestique dans la classe distinguée en France.

pays-là être né ours que d'y naître homme ; c'est M. de Creutz qui m'a forcée à faire cette lecture.

Votre Caraccioli me voit souvent, mais je n'augmente pas de goût pour lui, il a une abondance de paroles qui ne sont qu'un amas de feuilles sans aucun fruit. Un des grands inconvénients de la vieillesse, c'est que l'on devient difficile ; je ne sais pas si c'est que le goût se perfectionne, mais je sais que presque rien ne plaît ; il n'y a plus rien d'agréable pour moi que les anciennes connaissances, parce qu'elles sont d'anciennes habitudes.

LETTRE CXXVIII.

Paris, vendredi 21 février 1772.

Je ne saurais être de votre avis sur les Lettres de Bussy (1), si ce n'est dans la préfé-

---

(1) M. Walpole avait écrit : « Comment ! je ne vous » reconnais plus : quoi donc ! vous, vous qui ne vous » souciez pas du style, qui n'aimez que les exhalaisons » de l'âme et le naturel, vous trouvez belles les lettres de » Bussy, où il n'y a que des riens en beau langage, et » la plus fade vanité du monde ! Il est pétri de préten-

rence que vous donnez à madame de Sévigné sur lui; celle-ci avait infiniment plus d'âme et de vivacité, tout son esprit n'était que passion, imagination et sentiment; elle ne voyait rien avec indifférence et peignait les amours de sa jardinière avec la même chaleur qu'elle aurait peint celles de Cléopâtre et de madame de Clèves. Ce n'est pas qu'elle fût romanesque, elle en était bien loin; le ton de roman est à la passion ce que le cuivre est à l'or. Bussy avait l'âme froide, il avait la vanité d'une provinciale et toutes les bassesses d'un courtisan. Je ne regrette point qu'il soit

» tions jusqu'à son amour pour sa fille, où il n'était
» que le singe de madame de Sévigné, et vous trouvez
» que je lui ressemble! me voilà bien humilié. Tout mo-
» deste que je suis, et je le suis par excès d'ambition, je
» me trouve si inférieur à ce que je voudrais être, que je
» ne vois rien en moi que de fort médiocre; au lieu que
» Bussy, qui au fond de son cœur se rendait justice,
» s'imposait l'air de se croire un génie : encore renforçait-
» il ce faux mérite par l'orgueil de la naissance. *Un*
» *homme comme moi*, voilà le précis de tout ce qu'il a
» fait; bien qu'on est toujours fort peu de chose quand
» *on n'est qu'un homme comme moi*, ses Mémoires sont
» la platitude même; Lses ettres, sauf votre respect, du
» dernier froid. Enfin, il n'y a que son histoire des
» Gaules qui vaille quelque chose, mais celle-là me
» plaît beaucoup. »

mort, il m'aurait souverainement déplu; sa vanité était insoutenable. Cependant la vanité tout à découvert n'est pas ce que je hais le plus, on peut la repousser, la combattre; celle que je déteste est celle qui prend le voile de la modestie et qui, avec les dehors de la politesse, force à s'y soumettre ou du moins à la souffrir. Bussy ne disait de lui que le bien qu'il en pensait, il croyait avoir infiniment de courage, parce qu'apparemment ce qu'il en avait eu en faisant la guerre, lui avait beaucoup coûté. C'est comme quand je me vante avec vous d'être extrêmement prudente; nous croyons toujours plus valoir par les qualités que nous acquérons, que par celles qui nous sont naturelles, et nous leur donnons du prix à proportion de ce qu'elles nous coûtent. Voilà ce qui excuse les vanteries de Bussy sur sa valeur. Il avait beaucoup d'esprit, très-cultivé, le goût très-juste, beaucoup de discernement sur les hommes et sur les ouvrages, raisonnait très-conséquemment; le style excellent, sans recherche, sans tortillage, sans *prétention*; jamais de phrases, jamais de longueurs, rendant toutes ses pensées avec une vérité infinie; tous ses portraits sont très-ressemblants et bien frappés. Vous n'avez point eu la complaisance de lire la lettre que je vous ai indiquée ; au nom de Dieu, lisez-la; et si vous ne vous y reconnaissez pas, je consens à être traitée par vous d'imbécile : c'est dans le cinquième volume, page 279, lettre clxxxix, à madame de Scudéri, du 5 septembre 1672. Cette madame de Scudéri était la veuve de ce M. de Scudéri du Voyage de Bachaumont, gouverneur du château de Lagarde, qui avait fait la critique du Cid, et frère de mademoiselle de Scudéri qui avait fait les romans de Cyrus et de Clélie. Cette femme était extrêmement pauvre, sa noblesse était des plus minces, et elle voulait être femme de qualité. Elle avait cultivé son esprit qui était médiocre, elle prétendait à la célébrité, et avait tous les ridicules que les prétentions peuvent donner. Ses lettres sont insupportables, et j'avoue, à ma honte, que je crois vous en avoir écrit quelquefois qui peuvent leur ressembler. Quand je suis dans mes grandes vapeurs, mes grands ennuis, je fais des efforts pour en sortir, je ne suis plus naturelle, je cherche mon âme, et je n'en ai que la réminiscence. Quelqu'un qui aurait une certaine dose de bonté, supporterait cela patiemment, et verrait bien que ce n'est point un état permanent, que ce n'est qu'une situation accidentelle, et ne se mettrait point en fureur, et ne taxerait pas de romanesque la personne qui toute sa vie a été la plus éloignée de l'être. J'ajouterai à ceci que chacun aime à sa guise, que je n'ai qu'une façon d'aimer, c'est-à-dire infiniment, ou point du tout. N'allez pas trouver mauvais ce que je vous dis ; voilà où m'a amenée insensiblement ce que je voulais vous dire sur Bussy. J'ajoute qu'il n'a pas compté imiter madame de Sévigné ; il était amoureux de sa fille, et couchait avec elle, c'est ce que j'ai su par feu la duchesse de Choiseul, ma véritable grand'mère (2), qui avait beaucoup vécu avec lui. Il y a dans le recueil de ses lettres plusieurs de celles de mon grand-père, qui était M. Brulard, premier président de Dijon.

Samedi 22.

Avouez que vous trouvez que je n'ai pas le sens commun, que je change de goût à tout moment. Non je n'en change point, je hais ce qu'on appelle aujourd'hui bien écrire, et *c'est peut-être parce que je le déteste*, que j'ai été contente des lettres de Bussy. Je suis

---

(2) Marie Boutillier de Chavigny.

de votre avis sur ses Mémoires, ce n'est rien du tout, j'aime autant les gazettes. Nous avons une Pélopide (3) de Voltaire, qui nous annonce qu'il a rendu l'esprit, c'est-à-dire avant que de l'avoir faite; je n'ai pas trouvé qu'elle valût la peine de vous l'envoyer.

La mort de votre princesse de Galles m'a touchée, elle ne devait pas aimer la vie; les malheurs sont bons à quelque chose, ils nous donnent du courage pour les derniers moments, cependant qui peut s'assurer d'en avoir ?

J'ai trouvé dans les Mémoires de Bussy (tout mauvais qu'ils sont) un trait qui peint parfaitement ce que je pense. Il fut malade à la Bastille et ce fut une diversion à son ennui, la maladie lui tint lieu d'occupations. Je comprends cela, parce que, quand je me porte bien, je ne sais que faire de moi, j'ai besoin de parler, d'agir, ce qui est fâcheux quand on a peu de moyens pour l'un et pour l'autre; mais laissons là Bussy et moi, pour n'y jamais revenir.

Aimez-vous la lecture des voyages ? je n'en

---

(3) *Les Pélopides* ou *Atrée et Thyeste*, tragédie de Voltaire.

saurais lire; j'ai commencé ceux de Sibérie et ceux de Groenland sans pouvoir les achever. Je lis actuellement les Mille et un quart d'heure. Je vais relire la Vie de madame de Maintenon. Mon malheur, c'est que je suis obligée de lire cinq ou six heures par jour, je commence à six heures du matin, et cela dure souvent jusqu'à onze heures ou midi; les insomnies allongent mes jours et abrègent ma vie, on en pourrait faire une énigme.

Je ne puis vous mander des nouvelles, si ce n'est l'exécution de la sentence rendue contre le fameux banqueroutier Billard; il a été au pilori à la Grève une seule fois pendant deux heures avec un écriteau, *banqueroutier frauduleux, commis infidèle*; il était en bas de soie, en habit noir, bien frisé, bien poudré; quand le bourreau vint le chercher à la conciergerie, il voulut l'embrasser, l'appela son frère, le remercia de ce qu'il lui ouvrait la porte du ciel, bénit Dieu de cette humiliation, et récita des psaumes le temps qu'il fut au carcan. Il fut conduit après hors de Paris, *et comme sa sentence porte le bannissement*, on ne doute pas qu'il n'aille à Rome auprès du général des jésuites, et comme sa banqueroute est de cinq millions, il aura eu la précaution de faire passer des fonds dans les pays étrangers : il aurait été juste de le condamner aux galères.

Dimanche.

Cette lettre pourrait partir demain, mais ce serait enfreindre le protocole des huit jours, et comme il n'y a point de protocole pour l'étendue que doivent avoir les lettres, je n'aurai point scrupule de rendre celle-ci un volume ; il y a dans votre dernière encore des articles où je veux répondre.

Le pape peut être fort aise du renvoi de M. de Choiseul, mais s'il s'en applaudit comme étant son ouvrage, soyez sûr qu'il est la mouche du coche, et que chez nous ce sont les intrigues de cour qui embourbent nos voitures ; la bonne ou mauvaise administration n'y entre pour rien, on a vu cela de tous les temps.

Il n'y a pas beaucoup de nouvelles ici ; de petits événements, comme par exemple que madame de Mazarin (4) est admise aux petits voyages ; qu'il y a eu dix-neuf personnes

---

(4) La duchesse de Mazarin, fille du duc d'Aumont.

d'empoisonnées chez madame de Marsan par de la mort aux rats, dont on avait fait une pâte qu'on avait placée sur une planche et qui a été confondue avec des tranches de pain dont a fait la soupe des gens; tous ont été fort malades, aucuns ne sont morts. Gerbier l'avocat a été mieux empoisonné par une médecine d'un empirique qui l'a brûlé vif; il n'est pas encore mort, mais on croit qu'il n'en peut pas revenir. J'attendrai demain l'arrivée du facteur pour fermer cette lettre; avouez que j'abuse de la permission, et que mes lettres sont éternelles; je parie que vous croyez que j'aime à écrire, eh bien! vous vous trompez, je suis en arrière avec tous ceux qui m'écrivent, et quand je me mets à dicter, Wiart pourrait vous dire que presque toujours il ne me vient rien.

Mercredi 26.

Le facteur est arrivé si tard, que j'ai cru que je n'aurais votre lettre que demain, et je balançais si je ferais partir la mienne; je vais donc commencer par un troisième volume.

Je regarde comme un très-grand malheur d'avoir un compatriote du caractère de Charles

Fox; je n'aime point sa sorte d'esprit et j'ai bien mauvaise opinion de son caractère. Pour le Selwyn, je ne m'en suis jamais beaucoup souciée, son esprit est à bâton rompu, il ne peut briller que dans son pays, qui lui fournit, bien plus que ne ferait tout autre, des occasions de dire des traits et de bons mots. Le nôtre, où règnent la monotonie et l'uniformité, ne lui inspirerait rien; vous m'avez une fois défini son esprit par un seul mot, je l'ai oublié, était-ce *inspiration?* Il me semble que c'était encore mieux que cela; si vous vous en souvenez, dites-le-moi. On dit que c'est tant mieux pour nous quand il y a bien des factions chez vous; je ne saurais vous en souhaiter, je hais le trouble et la fronde, je ne suis point fanatique de la liberté; je crois que c'est une erreur de prétendre qu'elle existe dans la démocratie, on a mille tyrans au lieu d'un. Enfin j'aime la paix, et comme mon désir pour moi en particulier est d'être gouvernée, je n'ai point de répugnance pour l'autorité. Cela vous paraîtra bien absurde, vous vous moquerez de moi, *mais j'y suis accoutumée.*

Votre duchesse, chez qui vous alliez dîner, n'est-ce pas la sœur de feu milord Hyde? N'est-elle pas folle à lier (5)? Je comprends que vous craigniez le retour de M. de Richmond, d'abord à cause de sa santé ; mais ne craignez-vous pas aussi qu'il ne se joigne à Charles Fox ? Tout cela se joindra-t-il à milord Chatham ? Toutes réflexions faites, j'aime mieux *nous ;* nous sommes de vrais moutons, nous paissons tranquillement : il est vrai qu'on nous tond un peu trop près en attendant qu'on nous égorge, mais que gagne-t-on à se révolter ?

LETTRE CXXIX.

Paris, jeudi 27 février 1772.

Cette lettre-ci sera un journal ; il me paraît que cette forme vous plaît assez, et elle me convient aussi. Je vais reprendre les choses de plus loin.

Lundi, votre ambassadeur donna un grand souper à M. le duc d'Aiguillon et à tous ses adhérents, il y avait vingt et une ou vingt-deux personnes ; la grosse duchesse a dit que

---

(5) Feu la duchesse de Queensberry. Madame du Deffand avait raison dans la première conjecture, et ne se trompait pas beaucoup dans la seconde.

le choix était scientifique, parce que c'étaient des amis assez obscurs, et qu'il fallait être bien instruit pour les connaître et les trouver ; les dames étaient au nombre de neuf, d'abord les trois générations (1), et puis mesdames de Forcalquier, de Valbelle, de Nesle, d'Avarai, de l'Aigle, de Flamarens ; les hommes, MM. maréchal de Richelieu, de Maurepas, l'ambassadeur de Sardaigne. Comme je ne suis pas aussi savante que milord Harcourt, je ne puis vous dire le nom des autres. Ce milord veut me donner à souper, il craint que je ne sois jalouse et il a tort ; je lui ai dit qu'il fallait qu'il priât madame de Mirepoix et madame d'Aiguillon, et qu'il leur laissât nommer la compagnie ; je soupai hier chez le comte de Broglio avec les deux maréchales, il n'y avait de femmes que la maîtresse du logis (2), sa sœur, duchesse de Bouflers (3) et moi ; il y avait dix ou douze hommes. Ce soir et les deux jours suivants je souperai chez moi ; aujourd'hui j'aurai la mère oiseau, une

_____

(1) Les trois générations de la famille du duc d'Aiguillon, sa mère, sa femme et sa bru, la comtesse d'Agenois.
(2) La comtesse de Broglio, née Montmorency.
(3) Mère de la duchesse de Lauzun.

madame de Polignac (4), non pas celle que vous connaissez, mais celle du Palais Royal qui vous divertirait; je l'ai raccrochée depuis peu, mais on ne la garde pas long-temps. En voilà assez sur ce qui me regarde, je viens aux questions.

Vous ne me parlez plus de notre danseuse (5); on dit qu'elle va revenir, et qu'elle est en dispute avec les directeurs de votre théâtre sur l'argent qu'on lui a promis.

Est-il vrai que vous faites un livre sur le jardinage? Si cela est, d'où vient ne m'en avez-vous rien dit? Il paraît ici depuis quelques jours une épître en vers, qui a pour titre: *Despréaux à Voltaire*; elle est d'un nommé Clément, celui qui a écrit contre Saint-Lambert; je l'ai lue; elle ne vaut rien; ainsi je ne vous l'enverrai pas. Il dit beaucoup de mal de tous nos beaux esprits; il y a beaucoup de noms propres, tout ce qu'il dit est vrai, mais est grossier, plat et lâche; personne présentement n'écrit bien. Indiquez moi ce que je dois lire; car, je vous le jure, excepté vos lettres (dont le style me plaît indépendamment de la main) tout m'ennuie.

---

(4) Madame de Polignac, née du Rumain.
(5) Mademoiselle Heinel, depuis madame Vestris.

Vendredi 28.

Je reprends ma lettre où je l'ai laissée; oui, vos lettres sont excellentes, et fussent-elles d'un inconnu, elles me plairaient infiniment. Vous rendez vos pensées à merveille, et vous pensez beaucoup; je n'y trouve rien à redire, si ce n'est deux mots que vous en avez supprimés qui y faisaient fort bien; apparemment que vous les croyez contraires à mon régime.

Je vis assez de monde hier, mais des ennuyeux. Il faut apprendre à s'ennuyer, dit-on; on veut dire apparemment qu'il faut apprendre à ne pas s'ennuyer; si quelqu'un a cette recette, qu'il me la communique; je lui aurai plus d'obligation que s'il me donnait deux yeux et qu'il m'ôtât quarante ans. Je vis hier M. de Praslin (6; les hommes sont bien différents des statues, la distance de celles-ci les rapetisse, et c'est l'approche des autres qui les réduit presque à rien. Oh! que les places font d'illusions!

---

(6) Le duc de Praslin qui avait été l'un des secrétaires d'état durant l'administration de son cousin, le duc de Choiseul.

Samedi 29.

La journée d'hier fut peu de chose. Je vis la maréchale de Luxembourg, mon neveu, l'archevêque, le reste ne vaut pas la peine d'être nommé. J'eus à souper madame de Cambise, Pontdeveyle et la Saint-Chrysostôme; cette Cambise me plaît, elle a un caractère à la vérité froid et sec, mais elle a du tact, du discernement, de la vérité, de la fierté, j'ai un certain désir de lui plaire qui m'anime. Ce ne sera jamais une amie, mais je la trouve piquante; c'est de toutes les femmes d'ici celle qui vous conviendrait le mieux.

L'on me donna hier des vers de Voltaire pour le chancelier; on les a parodiés (7); je

---

(7) Les vers de Voltaire se trouvent dans ses OEuvres. En voici la parodie :

Je veux bien croire à tous ces crimes
    Que la fable vient nous conter;
A ces monstres, à leurs victimes
    Qu'on ne cesse de nous vanter.
Je veux bien croire aux fureurs de Médée,
    A ses meurtres, à ses poisons,
A l'horrible banquet de Thyeste et d'Atrée,
    A la barbare faim des cruels Lestrigons :
Ces contes cependant ne sont crus de personne.
Mais que Maupeou tout seul ait renversé les lois,
    Et qu'en usurpant la couronne,

voudrais pouvoir vous les envoyer, mais cela ne se peut pas. J'ai voulu relire Clarisse, elle m'ennuie à la mort, je la laisserai bientôt là.

Adieu ; jusqu'à demain.

Lundi 2 mars.

Le lendemain n'a rien produit, le surlendemain guère davantage ; je soupai le samedi avec deux prélats qui se ressemblent comme deux gouttes d'eau, pour la taille, le son de voix, le même esprit, les mêmes sentiments, les mêmes idées, les évêques d'Arras et de Saint-Omer (8) ; ils ne sont ni plaisants ni badins, ce sont gens solides, occupés d'affaires, d'administration ; ils sont adorés dans l'Artois, ils y font des biens infinis ; c'est, à ce que je crois, où ils bornent leur ambition ; ils en ont

---

Par ses forfaits il règne au palais de nos rois,
Voilà ce que j'ai vu ; voilà ce qui m'étonne.
J'avoue avec l'antiquité,
Que ces monstres sont détestables ;
Aussi ce ne sont que des fables,
Et c'est ici la vérité.

(8) Ils étaient frères, MM. de Conzié. L'évêque de Saint-Omer devint depuis archevêque de Tours, et mourut en Allemagne pendant la révolution.

l'air, ils le disent, mais ils seraient, je pense, très-propres à des places plus importantes : enfin ce sont de bonnes têtes. Hier je passai la soirée au Carrousel, c'est un autre genre ; je serais embarrassée de dire lequel ; j'y retournerai encore ce soir pour mon lundi-gras ; et demain, pour le mardi-gras, j'irai chez madame de Jonsac, où il n'y aura que sa nièce d'Antlezy, la Saint-Chrysostôme et moi; vous conviendrez qu'il n'y a point de plaisir plus innocent.

Dans ce moment le facteur arrive ; la lettre que je reçois répond à plusieurs articles de celle-ci, c'est comme si vous l'aviez lue. Je suis de votre avis sur l'ambition (9), j'en reconnais le creux, le faux, le vide, mieux que personne, mais je la préférerais cependant à l'ennui que j'ai peur qu'on ne confonde avec

---

(9) M. Walpole avait dit : « Qu'est-ce que la grandeur
» externe ? Un hommage qu'on rend aux rangs dans tous
» les pays ; dans tous les âges, aux sots bien nés, à leurs
» femmes bien ou mal nées, bassesse du peuple en pré-
» sence des ducs ; bassesse des ducs en présence des rois ;
» adulation d'historiens, et menteries de généalogistes !
» Voilà contre quoi on troque le bonheur ! le bonheur,
» ce moment de tranquillité qu'on laisse toujours s'é-
» chapper, et qu'on ne retrouve plus ! »

la tranquillité; quoi qu'il en soit, je ne m'ennuie pas au moment que je reçois vos lettres, j'en suis contente. Peut-être ferai-je encore un journal; ce qui pourra m'en empêcher, c'est le manque de faits; je n'ose hasarder les réflexions, je ne sais jamais où elles peuvent me mener, et il est assez facile de vous déplaire. Il n'est pas besoin de vous dire que je suis fort éloignée d'en avoir l'intention. Avez-vous les Pélopides de Voltaire? de tous les genres il ne lui manquait que l'ennuyeux, il ne lui manque plus rien.

LETTRE CXXX.

Paris, 11 mars 1771.

Vous me donnez un conseil que je ne puis suivre; je n'ai ni le goût, ni le talent d'écrire, ce ne peut être un amusement pour moi (1), il faut que j'y sois déterminée par une raison quelconque, je ne saurais écrire à froid; le passé est presque effacé de mon sou-

---

(1) M. Walpole avait conseillé à madame du Deffand, dans les termes suivants, de s'amuser en écrivant : « Mais pourquoi toujours lire? pourquoi ne pas écrire? » cela intéresse davantage. Ecrivez ce que vous avez vu. » Si vous n'êtes pas contente de ce que vous écrivez,

venir; à moins qu'on ne me questionne, jamais je ne me le rappelle, et pour ce que je vois journellement, il ne m'intéresse pas assez pour chercher à en conserver le souvenir.

Je suis bien de votre avis; nous sommes fort monotones (2); mais si vous n'êtes pas un

---

» vous n'avez qu'à le brûler. Mon ami M. Gray disait
» que si l'on était content d'écrire exactement ce qu'on
» avait vu, sans apprêt, sans ornement, sans chercher à
» briller, on aurait plus de lecteurs que les meilleurs
» auteurs. »

(2) M. Walpole avait dit : « Vous aimerez mieux *vous*
» tant qu'il vous plaira, mais soyez sûre que *vous* êtes
» bien insipides auprès de *nous*. Vous êtes bien mono-
» tones, vos petits-maîtres savent-ils se faire tour à
» tour, beaux garçons, jaquets, législateurs, joueurs ?
» Perdent-ils des millions, et se vendent-ils pour des
» pensions qui ne suffisent pas pour payer leurs bou-
» quets journaliers ? Oui, nous avons des cadets qui
» donnent un louis par jour pour des roses, et des fleurs
» d'orange au mois de janvier. Ils entrent dans une
» assemblée, derrière un buisson, comme nos anciens
» Anglais qui allaient à la rencontre de Guillaume-le-
» Conquérant, en portant chacun une branche d'arbre.
» Lauraguais le visigoth s'en formalise. Enfin nous avons
» des Perses et des Spartiates ; nos damoiseaux sont cou-
» verts de guirlandes et nos femmes écrivent sur la ré-
» publique. Après, pas un individu qui ressemble à un

original dans votre pays, c'est que tout y est outré et dépravé, et que vous n'êtes que naturel; mais vous seriez un original chez nous, parce que nous ne sommes rien par nous-mêmes, et que voulant être quelque chose, nous nous faisons copie de tels et tels, qui le sont peut-être de ce qu'ils ont lu, ou entendu raconter; enfin la simplicité, la vérité ne se trouvent pas chez nous, j'en conviens.

Madame d'Aiguillon m'a chargée de vous demander si vous voulez l'Histoire de la ville de Bordeaux, elle prétend qu'elle vous ferait plaisir.

Je n'ai rien à vous demander de nouveau, la chose publique ne produit rien; je mène toujours la même vie, et mes pensées sont toujours les mêmes.

Je trouve votre lettre charmante, mais d'un ton que je ne puis prendre, il me faudrait plus de force et d'énergie que je n'en ai, pour y pouvoir répondre. Quoique je ne sois plus votre Petite, je suis cependant bien petite,

---

» autre : des originaux partout. Il serait impossible de
» faire un portrait qui ne serait reconnu d'abord. Je gage
» que vous m'avez trouvé assez original moi, eh bien!
» je ne fais pas sensation; on me trouve assez plat et
» raisonnable. »

bien sotte, bien puérile; je n'ai qu'un petit cercle d'idées sur lesquelles je redis toujours les mêmes choses; si je veux m'élever, je sens toute ma faiblesse.

Adieu. Peut-être ferai-je un journal pour l'ordinaire prochain; dans ce moment-ci je ne trouve rien à dire.

LETTRE CXXXI.

Paris, mardi 17 mars 1772.

Savez-vous qu'en faisant le portrait de Lindor (1) qui est parfaitement ressemblant, vous avez, sans intention, des mêmes traits fait le mien. Je ne sais pas si j'ai des *inspirations*, je ne le crois pas, *mais j'ai la faculté de sentir et non celle de comprendre. Ce qui frappe mon imagination n'arrive point, ou du moins très-difficilement et très-rarement à mon entendement.* Mais en quoi je ne ressemble point du tout à Lindor, c'est par le sommeil. Je ne demanderais pas mieux de suivre votre conseil; j'écrirais volontiers, si j'avais des yeux, mais je crois qu'il me serait impossible de dicter des faits; à peine puis-je

---

(1) Nom donné par plaisanterie à M. Selwyn.

dicter mes pensées, je n'ai point le talent de raconter ; ma mémoire, qui est très-courte, est à la glace ; j'estropie tous les bons mots que je répète ; mon esprit n'est point dans ma tête ; je suis le contraire de Fontenelle, de qui on disait qu'il avait deux cerveaux et point de cœur. Madame de Sévigné avait l'un et l'autre, et vous aussi ; mais gardez-vous bien de me placer dans cette classe, j'en suis parfaitement indigne.

La grosse duchesse ne veut point attendre que vous consentiez qu'elle vous envoie l'Histoire de Bordeaux, elle veut vous en faire présent ; on m'en lut hier quelques morceaux, je vous garantis que vous ne la lirez pas. Je viens de lire un ouvrage de M. Thomas, l'*Éloge des Femmes des différents siècles* ; il s'est surpassé lui-même. Nous avions autrefois un charlatan qu'on appelait le gros Thomas ; il distribuait son orviétan sur le Pont-Neuf, c'était l'idole du peuple. Je prétends que M. Thomas est le gros Thomas du peuple bel-esprit ; voilà une de ses phrases, à propos de la distance que les rangs mettent entre les hommes : *L'orgueil ne se mêle pas, et fait signe que l'on recule.* Tout est du même style.

D'où vient brûlez-vous tout ce que vous

écrivez? me trouvez-vous indigne de rien lire? manquez-vous de complaisance pour m'en faire quelque traduction? vous pensez beaucoup et vous rendez très-clairement vos pensées; que sait-on? peut-être me feriez-vous penser à mon tour? ne serait-ce pas une très-bonne œuvre de me tirer de l'ennui? Je n'entends que des riens, et je ne suis pas même aussi heureuse que Mad. de Sévigné qui se plaignait, quand elle était aux États de Bretagne, de dépenser tout son esprit en pièces de quatre sous; la monnaie que je reçois et que je distribue, est encore au-dessous de cette valeur. Je ne regrette point de ne plus aller aux spectacles, tout ce qu'on y donne est pitoyable; en vérité, en vérité, on ne sait pas pourquoi on est sur terre, et cependant on n'a point envie de la quitter; toujours quelques rayons d'espérance aident à soutenir l'instant présent; mais elle est au fond de la boîte, et elle est terriblement couverte de contradictions, de chagrins, et d'ennui.

Vous aimeriez mieux des nouvelles que tous ces beaux discours-là; mais il n'y en a point; ce sont des conjectures, des spéculations qui n'ont de consistance que par l'intérêt qu'on y apporte. Nous n'envoyons point d'escadre pour assiéger des châteaux, et délivrer des princesses prisonnières (2), ceci vous regarde, y a-t-il quelque fondement?

Mercredi 18.

Le facteur est passé, il n'y a point de lettres, j'en suis fâchée; j'attends avec impatience que vous m'appreniez comment vous aurez trouvé la lettre de Bussy. Je serais assez tentée de vous envoyer l'arrêt du parlement et le réquisitoire (3) contre les dernières brochures qui ont paru, et qui ont pour titre : *la Troi-*

---

(2) Ceci a trait à la reine de Danemarck. On sait que le commodore Macbride, depuis amiral, fut envoyé dans le Sund avec trois frégates, pour conduire la reine de sa prison de Cronenbourg à Stade, d'où elle fut envoyée au château de Zell; résidence qui lui fut assignée d'après un arrangement convenu entre les cours d'Angleterre et de Danemarck. Elle y mourut en 1774.

(3) Sur le réquisitoire écrit par M. Jacques Vergés, avocat-général du nouveau tribunal créé pour remplacer le parlement, cette assemblée condamna les deux brochures en question « à être lacérées et brûlées comme » impies, blasphématoires et séditieuses, attentatoires à » l'autorité du roi, injurieuses à la famille royale et aux » princes du sang, tendantes à soulever les peuples con- » tre le gouvernement, et détourner les sujets de l'obéis- » sance qu'ils doivent au souverain, et du respect dû » aux ministres et aux magistrats, etc., etc. »

sième *Partie de la Correspondance*, et le *Supplément à la Gazette*. Je n'ai point lu ces deux brochures, on dit qu'elles sont de la dernière insolence. Le réquisitoire me paraît admirablement bien écrit; je ne sais d'où vient je ne vous l'envoie pas; deux raisons m'en empêchent : l'une que cela rendrait mon paquet trop gros, et l'autre, qui est la plus forte, c'est que cela vous serait fort indifférent.

Adieu donc; n'ayant point reçu de lettre, il faut bien que je finisse celle-ci.

LETTRE CXXXII.

Vendredi 20 mars.

Les lettres ont été bien retardées, elles ne sont arrivées qu'aujourd'hui. Non, vous vous trompez, *il ne faut pas toujours que j'en revienne là,* c'est où je ne retournerai jamais, soyez-en sûr; ç'aurait été un plaisant chemin pour y retourner que de vous faire lire cette lettre de Bussy (1): c'est la conformité des

---

(1) M. Walpole avait dit : « Enfin, j'ai lu cette lettre » de Bussy, et je m'étonne que vous ayiez eu envie de » la citer. Que dit-elle d'abord ? sinon que quand madame

expressions qui me surprit, et qui, jointe à la critique que vous faisiez de son style, me fit naître l'envie de vous faire lire cette lettre. Ah! je n'ai pas besoin d'être rabrouée, ma tête s'affaiblit tous les jours, je deviens comme les enfants, j'ai besoin d'être caressée, qu'on me donne du bonbon; je crains qu'on ne me frappe, je trouve tout amer; je ne prétends pas avoir raison, mais on est comme on est, on n'est point maître de ses sensations. Madame de Beauvau me disait l'autre jour (apparemment pour me flatter) que ma manière de vieillir était surprenante, qu'on ne s'apercevait d'aucun changement. Ah! mon Dieu, mon Dieu! que cette louange est peu méritée! Je ne sais pas si je suis supportable pour les autres, mais je suis insupportable à moi-même. Vous avez raison, j'ai choisi un mauvais antidote contre la tristesse, en lisant Clarisse; le traducteur a été bien mal habile, il pouvait retrancher hardiment un tiers du livre, sans

---

» de Scudéri avait des vapeurs, elle persécutait Bussy,
» et lui reprochait le manque d'amitié sans rime ni
» raison. Il s'ennuya de ses fantaisies, voilà par où je lui
» ressemble. Il valait bien la peine de rappeler le passé
» pour citer ce beau morceau! mais, de façon ou d'autre,
» il faut toujours en revenir là. »

supprimer aucun événement, sans altérer aucune situation; l'ouvrage aurait été bien meilleur, il n'aurait pas été moins triste, mais infiniment moins ennuyeux.

J'aurais tort de décider que mes évêques (2) ne sont point ambitieux, ils ont l'esprit ferme, appliqué; ils ne sont ni dévots, ni galants, ni intrigants; et comme il faut bien être quelque chose, et que rarement on fait le bien pour le bien, il se peut qu'ils soient ambitieux; mais les moyens dont ils se servent sont honnêtes. Je ne vois personne dont je croye que l'esprit vous conviendrait. Pour votre famille anglaise (3), je vous avoue qu'elle ne m'a point plu du tout; cette belle-mère est une jaboteuse singulièrement importune; son début avec moi fut sur la haute métaphysique; je me reproche de l'avoir brusquée; je lui ai paru sans doute une vieille de très-mauvaise

---

(2) Les évêques de Saint-Omer et d'Arras. M. Walpole avait dit à leur sujet: « Vos deux évêques ne me » donnent point l'idée d'hommes sans ambition. Il faut » se contenter, si les ambitieux montent aux grandeurs » par l'échelle de la bienfaisance. »

(3) La famille de feu sir John Millar de Batheaston, composée de sir John et lady Millar, et sa mère madame Riggs.

humeur et fort bornée; elle m'aura bien jugée, et je ne m'en plains pas.

On dit ici que le chevalier Lambert est amoureux à la folie de notre danseuse (4) et qu'il veut l'épouser; il est depuis près de deux mois à Londres, et il n'y est allé que dans cette intention.

Il y a un homme qui s'est tué, il y a quatre jours, dans l'église de Saint-Eustache, sur le tombeau de sa maîtresse; cela n'est-il pas édifiant? il ne se passe guère de semaine qu'on n'apprenne un suicide; les banqueroutes en produisent plus que l'amour.

Je serai fort aise de revoir Lindor; la faculté qu'il a de s'endormir lorsqu'il s'ennuie, rend sa société très-commode. Je voudrais que tous les gens que je vois fussent de même; et ce que je voudrais plus que toutes choses, ce serait d'en pouvoir faire autant.

LETTRE CXXXIII.

Paris, vendredi 3 avril 1772.

MILORD Carlisle me fait dire qu'il partira demain; je comptais que ce ne serait que

―――――――――――――――
(4) Mademoiselle Heinel.

lundi, et que j'avais du temps devant moi pour vous écrire, et voilà qu'il faut que je me dépêche : c'est peut-être tant mieux pour vous. Vous ne vous souciez guère de nos nouvelles; je ne vous en sais pas mauvais gré, à peine m'intéressent-elles; mais je vous ai annoncé que je vous en apprendrais, il faut tenir sa parole.

Notre ministère est en guerre presque ouverte; le chancelier tout seul, M. d'Aiguillon à la tête des autres. Le chancelier a pour lui le clergé, c'est-à-dire le clergé dévot, l'archevêque de Paris (1), le cardinal de la Roche-Aymon, et ce qu'on regardait comme très-important, madame Louise (2). On commence à en avoir moins de peur, parce que le parlement vient d'enregistrer une déclaration qui restreint l'autorité du pape, malgré la volonté du chancelier. On regarde son crédit comme fort diminué, et M. d'Aiguillon, qui jusqu'à présent avait été protecteur des jésuites et des dévots, a changé de système; et c'est, à ce qu'il paraît, les ambassadeurs d'Espagne et de Naples qui ont le plus contribué à ce change-

---

(1) L'abbé de Beaumont.
(2) La fille de Louis XV, qui s'était retirée aux Carmélites.

ment. Vous ne comprendrez rien à tout ceci, je ne l'entends pas moi-même assez bien pour pouvoir vous l'expliquer. Il s'agissait de suspendre l'exécution d'un arrêt de 1762, donné à l'occasion de l'excommunication de Parme, qui ordonnait que tout ce qui viendrait de Rome serait examiné et enregistré au parlement avant d'avoir force de loi. Le chancelier avait obtenu une déclaration qui détruisait cet édit ; il comptait sur la docilité de son parlement pour enregistrer cette déclaration ; il a été fort surpris de ce que son parlement a fait des remontrances. Ces remontrances ont été appuyées par le d'Aiguillon, et par des représentations et sollicitations très-vives des deux ambassadeurs, comme étant contraires au pacte de famille. L'arrêt de 1762 a donc été confirmé, et tout ce qui viendra de Rome, excepté ce qu'on appelle le pénitenciel, sera enregistré au parlement, ce qui sauve la nation de la servitude de Rome, où le chancelier, pour gagner le clergé, voulait la soumettre. Tout ceci vous paraîtra un galimatias, mais vous pouvez en conclure que le crédit du chancelier reçoit une brèche considérable (3). On dit qu'il

―――――――――――――――――――――――

(3) Le clergé et les parlements ont toujours été jaloux les uns des autres. Le chancelier Maupeou qui n'ignorait

est question d'une négociation pour la réconciliation des princes, et que le d'Aiguillon et les autres ministres sont à la tête, et veulent en enlever l'honneur au chancelier. Il va y avoir une assemblée extraordinaire du clergé, l'ordinaire est qu'il n'y en ait que tous les cinq ans; celle-ci sera au bout de trois ans; on demande un don gratuit de douze millions, on en accordera dix; l'usage que l'on fait de tout cet argent est incompréhensible; on me dit hier, qu'il y avait toute apparence que l'on ne continuerait point à payer au trésor royal, comme on a fait depuis le commencement de l'année; enfin, tout ceci paraît si incertain, si chancelant,

---

pas que cette jalousie subsistait entre l'église et la robe, encourageait et appuyait les prétentions du clergé, qui voyait avec indifférence la destruction des parlements, sans songer que le pouvoir arbitraire qui anéantissait leurs rivaux, pourrait, dans quelque autre occasion, être également redoutable à leur corps. Le nouveau tribunal de Maupeou ne fut pas plutôt établi, que l'esprit de corps, un des plus puissants et des plus invariables moteurs de la détermination de l'homme, se trouva si parfaitement établi parmi ses membres, qu'ils insistèrent sur la *nécessité d'enregistrer les déclarations du* clergé, pour leur donner la validité d'une loi; quoique c'eût été par une cession de cette même prétention du parlement, que le chancelier avait obtenu l'adhésion du clergé à son nouveau système.

qu'il semble impossible que l'état présent subsiste. Si vous voulez que je vous dise ce que j'imagine qui arrivera, c'est que le chancelier sera disgracié, que l'on donnera les sceaux à M. de Boynes (4), que l'on fera quelques changements aux opérations du chancelier qui faciliteront aux princes les moyens de se désister avec honneur de leurs protestations, qu'ils retourneront à la cour, qu'ils deviendront les valets de madame du Barri, et qu'il ne restera que quelques victimes de l'héroïsme; je vois avec regret que M. de Beauvau sera une des principales. Cependant je soupçonne qu'il a trouvé quelque ressource, mais je n'en suis pas assez sûre pour hasarder de le dire.

Vous devez sentir combien il m'est important que vous ne tardiez pas un moment à m'accuser la réception de cette lettre.

Je n'ai point absolument renoncé au projet d'aller à Chanteloup, je ne veux point m'ôter cette ressource, en cas d'un ennui insupportable (5); mais ce ne sera qu'à toute extrémité que je quitterai mon tonneau. Toutes les rai-

---

(4) Alors ministre de la marine.

(5) M. Walpole a répondu : « Milord Carlisle me » remit votre lettre hier; si vous saviez à quel point » vous contez bien, vous ne feriez autre chose, et vous

sons pour rester chez moi sont si fortes, qu'il faudra une espèce de désespoir pour me faire partir, et alors on pourra m'appliquer le proverbe, *fin comme Gribouille, qui se jette dans l'eau de peur de la pluie.*

LETTRE CXXXIV.

Mardi 14 avril 1772.

Vous êtes obéi, on a corrigé les fautes d'or-

» vous ennuieriez bien moins. Quelle folie que de vou-
» loir aller à Chanteloup pour vous désennuyer! C'est
» absolument une manie que la manière dont vous parlez
» de l'ennui; on dirait que vous êtes une fille de seize
» ans qui est au désespoir qu'on ne lui permette pas de
» se divertir tant qu'elle veut. Qu'est-ce donc que vous
» cherchez? Vous voyez beaucoup de monde, et ne
» savez-vous pas encore que tout le monde n'est pas
» parfait? qu'il y a des sots, des ennuyeux, des traîtres?
» Vous vous lamentez tout comme si vous étiez à votre
» première découverte de la fausseté, ou de la frivolité.
» Je vous parle actuellement sans humeur; je vous prie,
» et vous conseille de quitter cette folie. Rendez-vous à
» la raison, prenez le monde comme il est; n'attendez
» pas à le refaire à votre gré, et ne ressemblez pas à ce
» prince dans les contes Persans, qui courait le monde
» pour trouver une princesse qui ressemblât à certain
» portrait qu'il avait vu au trésor de son père, et qui se
» trouva avoir été la maîtresse de Salomon. Vous ne
» découvrirez pas la maîtresse de Salomon à Chan-
» teloup. »

thographe, et fait quelques petits changements qui me donnent du scrupule; nous avons affaibli votre style, le vôtre a une certaine vivacité qui vous est unique, et qui vaut mille fois mieux que la lenteur et la froideur du correct (1). J'ai mis *difficultés* à la place de la *dépense*; j'ai peut-être tort. Venons à l'honneur que vous voulez me faire: il n'est pas douteux que je n'y sois bien sensible, mais mon amour-propre ne m'aveugle pas au point de consentir que vous me nommiez; il suffit qu'on me devine, en voilà assez pour ma gloire; je ne veux point nuire à la vôtre, vous vous exposeriez à un ridicule, et vous augmenteriez beaucoup la jalousie et la haine que tous les sots petits beaux-esprits ont pour moi. Je ne m'oppose point aux éloges que vous voulez bien me donner; j'y vois votre amitié, si je n'y trouve pas la vérité. La tournure que vous aviez prise, est, dit Pontdeveyle, style lapidaire; il aime mieux l'autre forme, c'est celle qu'il a prise dans la dédicace du *Siége de Calais*, et *des Malheurs de l'Amour*. Ce bon ami Pontdeveyle vous aime infiniment, je l'ai

_____

(1) Ceci a rapport à la dédicace et à la préface de l'édition de la Vie du Comte de Grammont, par M. Walpole.

détourné de vous le dire lui-même ; j'ai cru bien faire de vous épargner à l'un et à l'autre le petit embarras d'une lettre.

Il est très-vrai que le prétendant a épousé cette princesse (2), qui est la sœur aînée de madame de la Jamaïque ; sa mère et elle sont

---

(2) Une princesse de Stolberg. Sa sœur cadette avait épousé le comte de la Jamaïque, fils cadet du duc de Berwick. L'épouse du prétendant, connue depuis sous le nom de comtesse d'Albany, était certainement digne d'un meilleur sort que celui de partager les malheurs de la maison des Stuart, avec un mari également incapable de recevoir ou de communiquer les consolations de la vie domestique, et d'inspirer cet intérêt attaché à sa position. Après avoir vécu quelques années ensemble, sans avoir des enfants, la comtesse d'Albany demanda et obtint, par l'intervention de son beau-frère le cardinal d'Yorck, la permission de se séparer de son mari. Le prétendant continua à demeurer à Florence, et son épouse se rendit à Rome, où elle occupa, pendant quelque temps, un palais qui appartenait au cardinal en sa qualité de chancelier du Saint-Siége. Après la mort de son mari, arrivée en 1788, elle vint à Paris pour voir sa sœur ; et en 1791, elle passa en Angleterre, où elle est alliée à plusieurs familles distinguées ; sa mère étant fille de Thomas Bruce, comte d'Ailesbury, lequel était de la religion romaine, et vivait à Bruxelles, où il épousa une seconde femme, la comtesse de Sanna, dont il eut une fille unique, la mère de la comtesse d'Albany. Elle fut reçue en Angle-

venues à Paris, je ne sais pourquoi; le prince n'y était point, elles l'ont été trouver; j'ignore le lieu où il était, et celui qu'ils prétendent habiter à l'avenir : on dit que le prince a six cent mille livres de rente; pour elle, elle n'a rien. Sa fortune me paraît bien peu digne d'envie; n'est-ce pas un des plus grands malheurs que d'avoir des prétentions sans espérances? elles ne causeront je crois à votre nation aucune inquiétude.

Vous aurez malgré moi l'histoire de Bordeaux; j'ai fait encore hier au soir de vains efforts pour détourner la grosse duchesse de vous l'envoyer, mais elle est sûre qu'elle vous

---

terre avec tout le respect et tout l'intérêt dûs à sa situation et à son mérite personnel. D'après les conseils de ses plus proches parents, elle fut présentée à la cour de Saint-James, à cette cour où, dans d'autres circonstances, elle aurait pu régner; et la maison d'Hanovre vit la veuve, sans enfants, du dernier prétendant à cette couronne, solliciter une pension de la générosité du monarque. Après avoir resté quelques semaines en Angleterre, elle retourna à Paris, et repassa de là en Italie pour se fixer à Florence. Si jamais cette note tombe sous ses yeux, *puisse-t-elle lui faire connaître le profond* souvenir que l'éditeur de ces lettres conserve des marques de bonté qu'il a reçues de sa part, et des heures agréables qu'il a passées dans sa compagnie, tant en Italie qu'à Paris!

fera un plaisir infini. Il y est fort question du Prince noir, et ce sera pour vous une grande satisfaction; je ne saurais me persuader que cela soit, ni que vous en ayiez beaucoup à apprendre nos nouvelles. Cependant je vais faire comme la grosse duchesse, et vous dire, non ce qui est arrivé, mais ce qu'on dit qui arrivera avant que vous ayiez reçu cette lettre.

Le vicomte du Barri (3) aura la place de premier écuyer du roi; il en a, dit-on, le brevet depuis quinze jours. MM. de Coigny et de Polignac, qui espéraient l'avoir, en seront dédommagés; le premier par la charge de premier gentilhomme de la chambre de M. le comte d'Artois, et le second par celle de son premier écuyer. M. de Beauvau obtiendra aussi quelque dédommagement.

La vente des tableaux de M. de Choiseul a été portée à un prix inouï; elle monte à quatre cent cinquante mille livres. Je n'irai point à Chanteloup, ma santé ne me le permet pas. Je ne vous parlerai plus de mes ennuis, vous démentez trop bien ce vers de Corneille ou de Racine:

A raconter ses maux souvent on les soulage.

---

(3) Neveu du mari de la comtesse du Barri. Il avait épousé mademoiselle de Tournon.

Ah! bon Dieu! c'est tout le contraire.

Croyez que je vois bien tout ce que vous pensez, et ce que vous supposez que je pense; vous vous trompez, je n'attends rien, je n'espère rien; je vous surprendrais et vous ne me croiriez pas, si j'ajoutais: je ne désire rien. Cependant je me trompe fort moi-même, si cela n'est pas vrai.

Pour ne pas grossir mon paquet, je vais copier tout de suite les corrections de l'orthographe, et ce que nous avons changé dans le style que je crois que nous avons gâté. — (Il n'y a rien à changer au titre) (4).

Avis de l'Editeur sur cette nouvelle édition.

« On ne prétend donner qu'une édition des
» Mémoires du Comte de Grammont, plus cor-
» recte que les précédentes. Ce livre unique
» n'a pas besoin d'éloge, il est pour ainsi dire
» devenu classique dans tous les pays de l'Eu-
» rope. Le fond de l'histoire est véritable,
» l'agrément du style l'a fort embelli. Les pre-
» miers éditeurs avaient estropié plusieurs
» noms propres, on les a corrigés dans cette
» édition. On a encore rectifié la *confusion*

---

(4) Le titre de son édition des Mémoires du Comte de Grammont.

» qui s'était introduite dans l'histoire des deux
» Hamilton, l'auteur et son frère, on n'a pas
» touché au texte.

» L'éditeur aurait voulu ajouter les portraits
» des principaux personnages ; mais il a trouvé
» trop de difficultés, il s'est borné à ne donner
» que ceux de mademoiselle d'Hamilton, de
» l'auteur le comte Antoine d'Hamilton, et de
» son héros le comte de Grammont. Malheu-
» reusement il n'a pu donner les deux derniers
» que d'après des tableaux faits dans leur vieil-
» lesse ; il n'existe de portrait du comte de
» Grammont que dans la salle des chevaliers
» du Saint-Esprit, aux Grands-Augustins, à
» Paris. L'éditeur a eu la permission de M. le
» marquis de Marigny d'en faire tirer une copie.

» Celui d'Hamilton est, d'après son estampe,
» faite aussi dans ses dernières années. On a
» refusé à l'éditeur de faire tirer des copies des
» portraits des deux frères Antoine et George,
» et de la belle Jennings, qui se conservent
» dans une branche de la famille de cette der-
» nière. »

A Madame ***.

« L'éditeur vous consacre cette édition,
» comme un monument de son amitié, de son

» admiration et de son respect, à vous dont les
» grâces, l'esprit et le goût retracent au siècle
» présent le siècle de Louis XIV, et les agré-
» ments de l'auteur de ces mémoires. »

Je suis honteuse en faisant copier ceci; je sens combien peu je mérite de tels éloges, et je ne comprends pas comment ils peuvent sortir de votre plume.

D'Alembert fut élu jeudi dernier secrétaire de l'académie française, vacante par la mort de Duclos (5); de vingt-sept qu'ils étaient à l'académie, il eut dix-sept voix pour lui, et l'abbé le Batteux en eut dix. Il y a un logement au Louvre attaché à cette place, sans doute il ne l'occupera pas; il y a aussi douze

___

(5) Duclos avait succédé à Voltaire comme historiographe de France, lorsque ce dernier s'expatria, et renonça au titre et aux honneurs de sa place, dont il chercha néanmoins, à ce qu'on dit, à conserver la pension. A la mort de Duclos, elle fut donnée à Marmontel.

Duclos ne voulut jamais rien publier pendant sa vie en sa qualité d'historiographe; mais il laissa à sa mort trois volumes curieux et authentiques, de mémoires sur *la régence et sur les premières années du règne de Louis XV*, écrits avec une franchise qui n'a permis de les publier que quelque temps après le commencement de la révolution.

cents francs d'appointements, sur lesquels il doit entretenir le feu de l'académie; je ménagerais le bois, en y jetant tous leurs beaux ouvrages.

LETTRE CXXXV.

Paris, mercredi 22 avril 1772.

Je suis un monstre, une folle, une insensée; si vous m'envoyez promener, si vous ne voulez pas entendre parler de moi, vous aurez raison, je ne serai point en droit de m'en plaindre, mais je serai dans le dernier désespoir. Oui, j'en conviens, ma lettre du mercredi 15 (1), est le comble de la folie et de l'impertinence; je ne prétends point l'excuser. Cependant, si quelque chose pouvait le faire, c'est que je ne me portais point bien, j'étais pleine de vapeurs, et votre lettre du 10, que je reçus ce jour-là, me parut dure, et d'une grande sévérité. Vous attribuiez mes ennuis à mon caractère, vous étiez fatigué de mes plaintes, vous trembliez en recevant mes lettres, enfin je n'y crus voir que sécheresse et dégoût, *l'humeur me prit*, et je vous écrivis des impertinences. A tout péché miséricorde, par-

---

(1) Cette lettre ne paraît point.

donnez-moi, mon ami, suivez l'exemple du seigneur avec la Madeleine ; dites comme lui, *beaucoup de péchés lui sont remis, parce qu'elle a....* ah ! je n'achève pas, je gâterais mes affaires, au lieu de les raccommoder. Au nom de Dieu, ne me grondez pas, ou ce qui serait bien pis, ne me boudez pas ; nous étions si bien ensemble ! J'ai fait une grande faute, je l'avoue, il faut me la pardonner ; vous devez voir que je ne suis pas incorrigible, je vais faire comme si j'avais obtenu mon pardon, et causer avec vous en toute liberté.

Le lendemain de cette lettre, jour du jeudi saint, je reçus vos deux petites caisses, je les ouvris avec grand empressement ; la bouilloire fut trouvée charmante, sur-le-champ je la plaçai au milieu de ma table, les porcelaines furent rangées autour ; il manquait une jatte pour le parfait assortiment, et vite, vite, j'en envoyai chercher chez madame Poirier. Madame de Mirepoix, qui était prévenue de l'arrivée de la bouilloire, arriva sur les six heures pour me demander du thé ; depuis ce jour-là je tiens thé ouvert, et tout le monde admire la bouilloire ; oh ! si vous la voyiez en place, je n'aurais rien à désirer ; ma joie cependant était troublée par mes remords ;

pour me soulager, je vous écrivis une longue lettre pleine de repentir, pleine de reconnaissance ; je me satisfis en l'écrivant, mais comme elle ne devait partir que le lundi, j'eus tout le temps de la réflexion, je crus que cette lettre pourrait vous déplaire plus que celle qui causait mes remords, je la jetai au feu, et je résolus d'attendre à aujourd'hui. Celle que je reçois me plaît infiniment. Vous voilà occupé dans votre petit château. Comment pourrez-vous raccommoder vos apôtres ? et comment pourront-ils redevenir entiers de fracassés qu'ils ont été (2) ? ce ne sera pas le moindre de leurs miracles.

Voilà donc ces oiseaux (3) en chemin, j'en suis désolée, ils n'arriveront pas en vie, nous venons d'avoir trois jours de froid qui les auront tués ; au nom de Dieu, ne suivez jamais mes conseils ; je suis bien résolue de ne vous en plus donner ; mais que sait-on ? j'ai des premiers mouvements dont je ne suis jamais maîtresse. Ah ! mon Dieu, j'ai bien

---

(2) Les vitrages peints de M. Walpole à Strawberry-Hill. Ils avaient été cassés par l'explosion des magasins à poudre de la bruyère de Hounslow.

(3) Les oiseaux étrangers que M. Walpole envoyait à la duchesse de la Vallière.

des défauts, il est bien tard pour se corriger.

Je prévois beaucoup d'ennui. La demoiselle St.-Chrysostôme n'a pas le talent de les écarter. M. le prince de Conti m'enlèvera Pontdeveyle, pendant un mois qu'il passera à Pongues. La grosse duchesse sera à Ruel, les Caraman à Roissy, madame de Jonsac à Jonsac, les Broglio à Ruffec ; il ne me restera que la mère Oiseau, encore ira-t-elle peut-être en Lorraine, et son prince avec elle, ou en Franche-Comté ; j'aurai donc pour toute ressource le Caraccioli, le Creutz et quelque virevousse de madame de Mirepoix, mais rien que jusqu'à Compiègne, alors je n'aurai plus personne. Les Beauvau font leur quartier qui ne finira qu'au 1er. juillet, et tout de suite ils iront à Chanteloup. A propos d'eux, le prince vient d'obtenir une gratification annuelle de vingt-cinq mille francs, en attendant le premier gouvernement qu'on lui promet. De toutes les nouvelles que je vous annonçais, c'est la seule qui se soit encore réalisée. Il y aura une infinité de mariages la semaine prochaine : *M. de Canillac avec mademoiselle de Roncherolle* ; M. de Matignon, fils de madame de la Vaupallière, avec la fille du baron de Breteuil ; M. d'Albon, neveu de ma belle-sœur (4), avec mademoiselle de Castellane, ce dernier m'intéresse un peu, mais fort peu.

Vous savez que je destine le très-bel éventail que vous m'avez envoyé, pour la fête de madame de Luxembourg qui est le 22 juillet; dans mes insomnies, j'ai imaginé d'y joindre un bouquet de marjolaine et de muguet, et sa mauvaise humeur qui était assez grande ces jours passés m'a inspiré le couplet que je vais vous dire, et qui ne sera point envoyé.

*Sur l'*AIR : *Vive le vin, vive l'amour.*

C'est le même air où j'en ai fait un que vous connaissez, qui commence : *Malgré la fuite des amours.*

> J'ai préféré dans ce bouquet,
> La marjolaine et le muguet,
> A la fleur dont on craint l'épine :
> L'emblème aisément se devine :
> On ne veut point craindre en aimant;
> On veut qu'amour devienne un bon enfant,
> Qui, sans blesser, toujours badine.

Voici un autre couplet de madame de Boufflers sur un autre air du Déserteur.

---

(4) La marquise de Vichy.

Air : *Tous les hommes sont bons.*

J'ai trouvé le moyen,
En ne dépensant rien,
De manger tout mon bien.
J'ai joué,
J'ai perdu ;
Pour payer,
J'ai vendu
Ma chemise,
Et chez moi l'on ne voit pas,
Même aux heures des repas,
Nape mise.

Ne trouvez-vous pas ce couplet plaisant ?

Madame de Cambise est favorissime de madame de Luxembourg et de l'idole ; elle revint aujourd'hui avec tout le paganisme de l'Isle-Adam (5), où ils étaient depuis le mercredi saint.

Voilà bien des riens que je vous conte. Vous serez bientôt las de tels récits, vous pourrez me l'avouer sans me fâcher ; j'en fais serment, jamais, non, jamais je ne me fâcherai plus contre vous.

Et le pauvre Selwyn ! je suis bien fâchée de son état, *ce serait une perte pour vous ;* malgré le respect que j'ai pour votre philosophie, je

---

(5) La société du prince de Conti, à son château de plaisance.

vous crois très-sensible à la perte de vos amis ; vous avez beau dire, la société est nécessaire, on ne peut pas toujours vivre sur son propre fond, et les dissipations qu'on a par les choses inanimées ne suffisent pas.

LETTRE CXXXVI.

Paris, mercredi 29 avril 1772.

Ah ! je n'y comprends rien, je m'attendais à une lettre terrible, et jamais je n'en ai reçu de plus douce ; mais comme je vous sais incapable de feindre, je crois que vous n'avez point été choqué de ma mauvaise humeur, que vous avez jugé que j'étais plus digne de pitié que de colère, et que vous avez cru qu'il y aurait de l'inhumanité à augmenter mes peines. Tout ce qui me déplaît un peu de votre lettre, c'est qu'elle a eu *de l'intention* ; mais ne dois-je pas vous en avoir de l'obligation ? Et ne serait-ce pas d'un esprit bien de travers d'y trouver quelque chose à redire ? Ce serait faire du poison de tout. On se plaint pour être plaint, et quand on s'aperçoit qu'on inspire de la compassion, on en est fâché ; l'amour-propre n'a pas le sens commun.

D'où vient, mon ami, me prodiguez-vous

tant de louanges? est-ce cela que je désire de vous? Vos blâmes, vos critiques, vos réprimandes me flattent bien davantage; je trouve qu'elles prouvent plus votre amitié. Enfin, je ne veux point vous communiquer toutes mes pensées, vous êtes trop pénétrant pour ne les pas deviner.

Vous serez bien étonné de la lettre qui a précédé celle-ci, elle est l'amende honorable de celle dont vous paraissez content, et qui effectivement ne devait pas vous irriter, en démêlant mon état et mon intention; mais ce que j'espère, c'est que cette lettre qui est du 22, doit vous prouver combien je crains d'être mal avec vous, que je regarde votre amitié comme le plus grand bonheur de ma vie, et que je sacrifierais toutes choses au monde pour la conserver.

Sans être plus modeste qu'un autre, je ne pourrais pas souffrir que mon nom fût à la tête d'un de vos ouvrages; il suffirait, auprès de bien des gens, pour vous attirer leur critique ; mais je vous sais un gré infini de votre intention, parce que je suppose qu'elle a été en vous un premier mouvement, et non pas une marque de reconnaissance réfléchie, et que vous me connaissez assez pour savoir que ce ne sont pas des éloges que je désire et que j'attends de mes amis; c'est pour l'ordinaire de la fausse monnaie, et comme ce n'est pas celle que je distribue, je désire de n'en point recevoir.

Je m'attendais à quelque nouvelle plus particulière de votre flotte; tous ces jours passés on disait qu'elle était partie, et qu'elle allait à Copenhague; mais hier on changea de langage, et l'on dit qu'elle ne partirait pas. Mais ce qui est de certain, c'est que madame la maréchale de Luxembourg partit hier pour Chanteloup; rien n'est plus étonnant, mais rien ne doit étonner d'elle.

Adieu, mon ami, je suis contente, je craignais d'être mal avec vous; heureusement cela n'est pas, voilà tout ce qu'il me faut.

LETTRE CXXXVII.

Paris, lundi 11 mai 1772.

Je commence aujourd'hui ma lettre, parce que j'ai plusieurs bagatelles à vous dire, et que peut-être mercredi je ne trouverai pas de moments favorables pour écrire; je donnerai ce jour-là le thé à mesdames de Caraman et de Cambise. La première part jeudi pour Roissy, cela me fâche un peu; je ne la vois pas bien souvent, mais c'est une des maisons où je me plais le plus. Je soupai hier au Carrousel, avec madame de Senneterre (1), le maréchal d'Armentières, sa femme et le petit Senneterre, l'ambassadeur de Sardaigne, le Craufurd, l'abbé Pernetty (2) (qui est une nouvelle connaissance que j'ai faite) et puis la jeune duchesse (*de Chatillon*) et madame Berthelot. Vos oiseaux furent admirés, la duchesse but à votre santé; vous êtes dans cette cour-là tout au mieux, et par bricole j'y suis fort bien aussi; peut-être y irai-je encore demain, parce qu'après cela je pourrai être quelque temps sans y retourner. L'abbé Barthélemi est parti ce matin, ou il partira demain; il ne reviendra pas sitôt; madame de Grammont partira jeudi, pour rendre visite à l'évêque d'Orléans, et ensuite à M. de la

---

(1) La marquise de Senneterre, née Crussol de Saint-Sulpice, et mère de la maréchale d'Armentières.

(2) L'abbé Pernetty était un vieil ecclésiastique qui avait été long-temps jésuite. C'était un grand admirateur et amateur de curiosités. Il avait, entre autres, une dent de la célèbre Héloïse, montée en or, et pendue à sa montre. Il disait l'avoir prise lui-même dans son tombeau au Paraclet, lorsqu'on l'ouvrit vers le milieu du dernier siècle.

Borde, elle sera de retour le 28. Madame de Luxembourg, sans doute, reviendra bientôt. Madame de Brionne part aujourd'hui ; l'évêque d'Arras partira jeudi avec une dame de ses amies, il n'y sera que quinze jours au plus.

Il s'est passé de grands événements à l'académie ; on fit jeudi les deux élections des places vacantes, l'abbé de Lille (3) pour celle de M. Bignon (4), et Suard (5) pour celle de Duclos. La règle est d'envoyer au roi l'élection pour qu'il l'approuve, et il a fait le contraire ; M. de Beauvau, protecteur de Suard, prit la liberté de lui faire des représentations sur ce qu'il flétrissait deux honnêtes gens, qui étaient irréprochables par leurs mœurs, et qui n'avaient jamais écrit contre la religion. La réponse fut que le premier était trop jeune, qu'il pourrait se présenter dans quelques années, et que pour l'autre, il n'en voulait point ; et comme le prince insista, il dit qu'ayant écrit

---

(3) Le célèbre poète de ce nom.

(4) Bibliothécaire du roi. Il fut ensuite prévôt des marchands.

(5) De l'académie française, avantageusement connu par une traduction de l'*Histoire de Charles V*, de Robertson, et par d'autres bons ouvrages.

il ne pouvait pas se dédire. Le prince dit que cela n'était pas impossible et sans exemple, que Louis XIV avait une fois exclu La Fontaine et puis qu'il l'avait admis. Le roi dit que cela était fait et qu'il ne le changerait pas. Et sur Suard, il a dit que ses liaisons lui déplaisaient. Le prince de Beauvau est porté jusqu'aux nues sur le courage avec lequel il a soutenu les opprimés ; sa vérité, sa justice sont exaltées. Pour moi, je voudrais qu'il les eût réservées pour quelques sujets plus importants ; mais je me tais, parce que tout cela ne me fait rien.

Voltaire m'écrit continuellement, j'en ai reçu deux lettres à la fois ces jours-ci, dont l'une était pour que je l'envoyasse à Chanteloup. Il m'a envoyé aussi son conte de la Bégueule, il a l'air de n'en pas faire grand cas ; si c'est de bonne foi, il a bien raison.

LETTRE CXXXVIII.

Mercredi 20 mai 1772.

JE n'ai reçu qu'hier 19, votre lettre du 7 ; le courrier ne l'a apportée que le 17. Je vous dirai pour quoi je l'ai reçue deux jours après son arrivée, quand j'aurai satisfait ma colère.

Il est indigne à vous de me quereller sans cesse, de répéter des menaces ; il faut que quelques magiciens vous fascinent les yeux en vous faisant trouver dans mes lettres ce qui est bien éloigné d'y être, et qui, je vous jure, n'y sera jamais ; non vous n'y trouverez plus des sentiments d'aucune espèce, si ce n'est ceux d'estime, que vos accès d'humeur pourraient peut-être diminuer.

Je vais actuellement vous dire des choses qui vous surprendront. Devinez d'où je vous écris : d'un lieu où vous ne m'avez jamais vue, où je n'avais jamais été, où je ne devais jamais aller, où l'on ne m'attendait point, où je me trouve fort bien, où j'ai été admirablement, singulièrement reçue ; devinez-vous ? Ah ! oui, cela est bien difficile. C'est de Chanteloup. Eh bien ! oui, cela est vrai. Vous aimez les détails, je ne vous en épargnerai aucun.

Depuis trois semaines je me portais beaucoup mieux, mais je n'avais point le dessein de faire une telle entreprise. J'avais écrit à la grand'maman, ainsi qu'à vous, que j'étais trop vieille, que je ne pourrais pas soutenir la fatigue d'un voyage, que je ne pourrais causer que de l'embarras, que tout le monde se moquerait de moi, que chacun dirait: peut-on se flatter à son âge d'être désiré? ne devrait-elle pas voir qu'elle ne doit l'empressement qu'on lui marque qu'à la politesse et à une sorte de reconnaissance qu'on lui doit? ne se trouvera-t-elle pas déplacée au milieu de gens qu'elle ne connaît pas et dont les attentions qu'ils auront pour elle, par égard pour les maîtres de la maison, leur seront à charge? et ils s'en dédommageront en lui cherchant des ridicules qu'ils n'auront pas de peine à trouver. Voilà ce que je pensais, ce que je me disais, et ce qui m'a fait vous écrire plusieurs fois que je ne sortirais pas de chez moi. Voici ce qui a produit le changement.

Dimanche, 10 de ce mois, madame de Mirepoix vint prendre du thé chez moi. Nous étions tête-à-tête, quand, une ou deux heures après, on annonça M. l'évêque d'Arras. Ah! vous voilà à Paris, monseigneur, et depuis quand? — D'hier au soir, madame la marquise. — Y resterez-vous du temps? — Selon que vous l'ordonnerez. — Comment cela? — C'est que je viens vous proposer d'exécuter notre ancien projet. — Ah! je l'ai abandonné. — Pourquoi donc? — J'étale alors toutes les raisons ci-dessus. — Ah! mon Dieu, quelle folie! vous vous portez fort bien, ainsi votre santé n'est point un obstacle ; vous aurez assez de force pour soutenir le voyage, vous coucherez trois nuits, quatre nuits, cinq nuits, s'il le faut, en chemin. Si vous vous trouvez incommodée, vous ne continuerez point votre route, je vous ramènerai chez vous, nous aurons deux voitures, la mienne qui est très-grande sera pour vos deux femmes, votre valet de chambre et le mien, et pour tous vos paquets ; nous ne resterons que le temps que vous jugerez à propos. Loin que ce voyage vous incommode, je suis bien persuadé qu'il vous fera du bien ; d'ailleurs, pour vos autres craintes elles sont ridicules, rapportez-vous-en à madame la maréchale. La maréchale, loin de me détourner, me presse de me rendre à ces propositions. Enfin, je me laissai persuader, et nous arrêtames de partir à la fin de la semaine, et nous prîmes la résolution de n'en parler à personne. Je ne voulais pas même confier ce secret à l'abbé Barthélemi qui était à Paris, et qui devait partir le lendemain. La maréchale ne fut point de cet avis, parce que, dit-elle, il fallait qu'il eût soin que je trouvasse à mon arrivée un logement tel qu'il me le fallait, ce qu'il pouvait faire sans qu'on s'en aperçût; tout cela décidé, la compagnie survint; l'abbé venant me faire ses adieux, je le fis passer dans mon cabinet pour lui apprendre cette étonnante nouvelle; il en fut dans la plus grande surprise, et les premiers mouvements (qui sont rarement trompeurs) furent de la plus grande joie; je lui fis faire serment qu'il ne m'annoncerait point, et qu'il laisserait au grand-papa et à la grand'maman toute la surprise. Je ne devais point trouver madame de Grammont, elle était prête à partir pour aller rendre visite à l'évêque d'Orléans, et à M. de la Borde; il n'y avait d'habitants que madame de Brionne, mademoiselle de Lorraine, MM. de Castellane, de Bouflers, de Bezenval et quelques Suisses, mesdames de Luxembourg et de Lauzun qui étaient sur leur départ, et que je rencontrerais vraisemblablement en chemin.

Toutes ces circonstances, jointes au beau temps, me convenaient infiniment; me voilà décidée, et dans la plus grande impatience de partir; je n'en dis mots à mes gens de toute la journée; le lendemain, lundi, je leur appris qu'il fallait qu'ils fissent leurs paquets et les miens, que je partirais pour Chanteloup le jeudi ou le vendredi au plus tard; ils furent fort étonnés, et ajoutèrent peu de foi à ce projet; je leur recommandai le secret, il fut bien gardé ce jour-là. L'après-dînée, je vis Pontdeveyle à qui je ne dis mot, non plus qu'à mademoiselle Sanadon. Le mardi, même silence. Le soir j'allai souper au Carrousel, je crus honnête d'informer madame de la Vallière, je lui écrivis un petit billet que je lui donnai, qui la mettait au fait de tous mes arrangements; elle le lut, le jeta au feu et ne dit mot. Le mercredi, tous les domestiques de la cour voyant des ouvriers travailler à ma berline, des valises, des portemanteaux que l'on portait, pénétrèrent ce grand secret. Mademoiselle Sanadon et Pontdeveyle me firent des reproches; je leur dis que j'avais voulu éviter toutes représentations, contradictions et critiques, que je ne voulais pas encore en parler à tout le monde, que je partais vendredi et que le lendemain jeudi j'en instruirais les gens de ma connaissance, ce que je fis en effet à tous ceux qui vinrent chez moi : j'écrivis à mesdames de Jonsac, de Beauvau, de Boufflers, d'Aiguillon, à l'archevêque de Toulouse, etc. Je soupai encore ce même jour chez madame de la Vallière, je lui fis tout haut mes adieux, ainsi qu'à tout ce qui était chez elle.

En voilà assez pour aujourd'hui, demain ou cette après-dînée, je commencerai la relation du voyage, j'y joindrai celle de la réception, du séjour, et je me propose de vous écrire tous les jours tant que je resterai ici.

Jeudi 21, à dix heures du matin.

Je reprens mon récit. Le vendredi, je me portais fort bien, je me sentis beaucoup de courage, j'attendis jusqu'à trois heures (heure indiquée pour le départ) monseigneur l'Evêque. Il arriva, nous nous établîmes tous les deux dans ma berline, nos gens dans la sienne, et nous voilà en marche. Nous arrivâmes à Etampes à huit heures, moi assez fatiguée; je fis un très-méchant souper, je me couchai tout de suite, je dormis assez mal; nous partîmes le samedi, à onze heures; pendant la route, une assez bonne conversation, la lecture de quelques articles de l'Encyclopédie de Voltaire, et nous arrivâmes à Orléans entre six et sept heures; j'étais plus fatiguée que la veille, et je n'eus rien de plus pressé que de me coucher.

Nous avions délibéré en chemin si nous n'irions pas débarquer chez l'évêque d'Orléans qui était à Meun, sa maison de campagne, à quatre lieues d'Orléans; j'en perdis bien promptement toute idée, nous apprîmes que mesdames de Grammont et du Châtelet y étaient arrivées ce jour-là; mon évêque me dit qu'il avait envie d'y aller souper et coucher, et qu'il viendrait me retrouver le lendemain matin de bonne heure. J'y consentis très-volontiers et je lui recommandai de ne point parler de moi. Après deux bonnes heures de sommeil, je m'éveillai entre huit et neuf heures, je fis encore un nouveau souper, je dormis mal le reste de la nuit, je me levai entre dix et onze; l'évêque arriva à midi. J'oublie de vous dire qu'à mon réveil Wiart me dit que la princesse de Ligne avait passé la veille au soir par Orléans pour aller à Meun, et qu'un de ses gens lui avait remis une lettre; c'était de la grand'maman. Colman, qui l'avait reçue depuis mon départ, ayant su celui de madame de Ligne par un de ses gens, lui avait donné cette lettre; elle était datée du 13, elle prouvait clairement que l'abbé avait fidèlement gardé mon secret; elle m'envoyait un fromage. L'évêque, de retour de Meun, me dit qu'il n'avait pas dit un mot de moi; mais madame de Ligne, à son arrivée, débuta par lui demander où j'étais, qu'elle m'avait apporté une lettre. Alors, madame de Grammont lui demanda ce que cela voulait dire. — Madame du Deffand, lui dit-il, est à Orléans. Comment, dit madame de Grammont, cela est vrai! pourquoi ne l'avez-vous pas amenée ici? M. d'Orléans et moi nous allons la chercher. Mon évêque dit que j'étais trop fatiguée, et que je m'étais couchée. — Eh bien! nous irons lui rendre une visite. Mon évêque s'y opposa. — Mais, dit madame de Grammont, est-elle attendue à Chanteloup? Non, madame, elle se fait un plaisir de les surprendre. — Je vais faire partir un courrier tout à l'heure pour les prévenir; madame de Choiseul serait furieuse de ne pas avoir été avertie. L'abbé était-il instruit de son dessein? — Il le savait, madame, mais il lui avait promis le secret. — Cela est infâme à lui de l'avoir gardé; madame de Choiseul, mon frère et moi, ne lui pardonnerons jamais. Pourquoi a-t-elle pris le temps où je partais? combien y restera-t-elle? — Je l'ignore, mais ce ne peut pas être bien long-temps. — Ah! elle ne peut pas y rester moins de deux ou trois mois; on ne fait pas un tel voyage à son âge pour peu de jours : je serais excessivement fâchée, si je ne la trouvais pas ; je suis dans l'admiration de cette marque d'amitié, j'en suis touchée jusqu'aux larmes; je vais faire partir mon courrier. — Au nom de Dieu! n'en faites rien et n'ôtez pas à madame du Deffand le plaisir de les surprendre. Elle le promit. L'évêque d'Orléans se plaignit de ce que je n'avais point voulu venir chez lui, et fit promettre à mon évêque qu'il m'y amènerait à mon retour.

Je pars à une heure d'Orléans ; j'arrive à Blois vers les huit heures; je débarque à l'évêché, j'y fus bien couchée, je dormis fort bien, j'en pars à deux heures et j'arrive à Chanteloup à six. Je trouve dans la cour la grand'maman, madame de Luxembourg et le grand abbé. On arrête le carrosse, on ouvre la portière, on fait descendre l'évêque, la grand'maman monte à sa place, se précipite dans mes bras, nous nous étouffons mutuellement à force de baisers et de caresses, on me trouve belle comme le jour, le meilleur visage du monde; enfin des cris de joie, des transports très-naturels, très-vrais, très-sincères: la grand'maman jouait la surprise; mais la feinte dura peu, elle avoua qu'ils avaient reçu un courrier de madame de Grammont (elle n'aurait pu nous le cacher, car nous l'avions rencontré qui retournait à Orléans); elle en avait reçu une lettre, et le grand papa aussi, toute remplie d'éloges de mon procédé; elle m'aurait, dit-elle, chargée sur ses épaules pour m'emmener; elle les excitait à ne me point laisser partir jamais, et surtout de lui donner entière assurance que rien ne les ferait consentir à me laisser partir avant son arrivée. Le lendemain, en partant d'Orléans, elle a encore écrit sur le même ton, et a de plus prié la grand'maman de me donner l'appartement qu'elle occupe (et qu'elle ne veut point qu'on donne à personne), si elle juge que j'y serai plus commodément. Elle dit des horreurs de l'abbé, elle veut qu'on le châtie de sa fausseté; je crois en effet qu'il n'avait point parlé; il n'était pas, m'a-t-il dit, bien sûr que j'exécutasse mon projet. Vous êtes étonné que je ne vous dise rien du grand-papa; il était à la chasse avec tout le reste de la compagnie, il n'arriva qu'une heure après; j'étais à la toilette de la grand'maman; il se jette à mon cou, se récria : enfin vous voilà donc ! je ne l'espérais plus, etc., etc. Il me quitta pour aller voir madame du Châtelet qui était arrivée avec son mari une demi-heure après moi; il ne faut pas que j'oublie madame de Luxembourg; elle devait partir le lundi, mais dès qu'elle sut que j'arrivais ce jour-là, elle retarda son départ jusqu'au mercredi.

En voilà assez pour aujourd'hui, il faut que je me repose.

L'après-dîner.

Je viens de relire ce que je vous ai écrit ce matin. Oh! l'ennuyeuse relation, quels misérables détails! me voilà bien corrigée de raconter.

Il faut pourtant que j'ajoute que je suis contente de tout le monde; que pour plaire à la grand'maman on me fête, on me caresse; mais cela ne m'empêche pas de me trouver étonnée d'être si loin de chez moi. Mon évêque, qui n'a pas fait le voyage pour un seul objet, est actuellement à Marmoutier, abbaye auprès de Tours, pour exécuter une commission dont il est chargé; il en reviendra samedi, il y retournera lundi; il y fera plusieurs voyages, et sitôt que ses affaires seront terminées, nous partirons, ce qui ne peut pas être plus tard que le 15 de juin. Cette lettre-ci partira lundi 24, vous la recevrez lundi 29. Que votre réponse, je vous en conjure, ne soit point sévère; ne condamnez point mon voyage, j'ai suivi ce que vous me dictiez pour l'année passée, je suis parti dans la belle saison; mon séjour sera court, j'aurai donné une marque d'affection; plus mon âge me donnait de dispense, plus on me sait gré de l'effort que j'ai fait. Je n'en serai point incommodée, et j'aurai la satisfaction d'avoir marqué mon amitié. Enfin, n'empoisonnez pas une action que j'ai crue honnête, et qui ne me causera que du contentement, si vous ne la désapprouvez pas. J'entends la grand'maman qui arrive, il faut que je vous quitte.

Vendredi 22, à 8 heures du matin.

Cette visite était une attention, elle craignait que je ne fusse malade, parce que j'avais paru plus tôt les jours précédents; une heure après, le grand-papa vint chez moi, je fus très-contente de tout ce qu'il me dit; et ce qui me contenta bien davantage, c'est qu'un quart-d'heure après être descendue, je reçus votre lettre du 15, je ne l'aurais reçue qu'un jour plus tôt si j'avais été à Paris. Je vais répondre à cette lettre.

Il faut que vous me grondiez toujours, et que me voulant toutes sortes de bien, vous ne discontinuiez pas à me faire du mal. N'est-il pas bien injuste de vous fâcher de ce que je vous demande plus souvent de vos nouvelles, si vous êtes incommodé, et n'y a-t-il pas de la férocité à me déclarer que, si vous êtes malade, je n'en saurai rien ? Voilà ce que vous avez d'insupportable ; quand votre imagination est une fois frappée, vous n'en revenez plus, vous ne vous apercevez pas qu'on soit corrigé, vous ne vous embarrassez pas de causer de vrais chagrins, vous ne savez pas qu'une lettre qui m'afflige est un chagrin qui dure quinze jours ; cependant, faites comme vous le jugerez à propos.

Mesdames de Luxembourg et de Lauzun partirent mercredi matin. Nous n'avons ici que les du Châtelet, mesdames de Brionne et de Ligne (1), le baron de Bezenval s'en va demain, et je ne vois pas qu'on attende sitôt personne. La vie qu'on mène me convient fort ; on déjeûne à une heure, y va qui veut,

---

(1) La princesse de Ligne, dont il est ici question, était la fille du marquis de Mezières. Sa mère était anglaise, mademoiselle Oglethorpe, sœur du vieux général Oglethorpe. La princesse de Ligne était la tante maternelle de madame de Brionne, et mère du prince de Ligne encore vivant.

on reste après dans le salon tant et si peu qu'on veut; sur les cinq ou six heures, chasse ou promenade; on soupe à huit heures, et l'on se couche à toutes sortes d'heures, aussi tard et d'aussi bonne heure qu'on veut; on joue à toutes sortes de jeux, on jouit d'une grande liberté, on fait très-bonne chère; je suis logée le plus commodément du monde, mon appartement est au premier, il est très-beau; mes femmes, Wiart, et mes deux laquais sont tous auprès de moi, enfin rien ne me manque que votre approbation, elle n'arrivera qu'au moment que je serai bien près de mon départ, car je ne pourrai recevoir de réponse à cette lettre que le 4 ou le 5 de juin; qu'elle soit douce, je vous en supplie; ayez égard à ma faiblesse, pardonnez-la-moi, et ne me menacez plus à l'avenir.

La grand'maman m'a bien recommandé de vous parler d'elle, elle serait enchantée que vous fussiez ici; il est fâcheux qu'elle soit un ange, j'aimerais mieux qu'elle fût une femme, mais elle n'a que des vertus, pas une faiblesse, pas un défaut. Je suis parfaitement contente du grand-papa, on ne peut-être plus aimable, plus doux, plus facile; il s'amuse de tout, ce séjour-ci est délicieux. L'abbé est charmant;

il m'a bien recommandé de vous parler de lui. Le marquis de Castellane veut aussi que je le nomme. Madame de Brionne est très-douce, très-polie ; madame de Ligne loge à côté de moi ; comme elle ne descend point pour le déjeûner, nous avons le projet de prendre notre thé souvent ensemble. Voilà une assez longue lettre.

Vous serez sans doute surpris que dans ma lettre du 13, je ne vous aye point parlé de mon voyage, j'avais beaucoup de répugnance à vous l'apprendre, et j'avais presque pris la résolution de ne vous en parler qu'à mon retour, mais je n'ai pu me résoudre à cette dissimulation, et je me suis permis seulement de ne vous l'avouer que quand, par mon calcul, l'annonce de mon retour toucherait presque à la nouvelle de mon départ.

LETTRE CXXXIX.

Chanteloup, jeudi 11 juin 1772.

JE ne sais en vérité quel parti prendre, rien *n'égale votre sévérité ;* avec vous les punitions surpassent de beaucoup les crimes. Je ne vous répèterai point ce que je vous ai dit dans les deux lettres que vous avez reçues de moi depuis que je suis ici ; à quoi cela servirait-il ? à vous fatiguer, et à m'attirer de nouveaux dégoûts. Si je n'étais pas convaincue de votre sincérité, de votre vérité, oserais-je ajouter de votre amitié, je croirais que votre colère, votre silence me prouvent aujourd'hui que vous ne cherchiez qu'un prétexte pour rompre avec moi. Qu'est-ce qui vous faisait exiger que je ne vinsse point ici ? apparemment la crainte des inconvénients qui en pouvaient être la suite. Qu'est-ce qui avait fait faire le serment de n'y point venir ? la même crainte, et celle de vous déplaire qui était la plus forte de toutes. Je vous ai dit comment j'avais changé de résolution. Ce qui me reste à vous dire aujourd'hui, c'est que mon séjour s'est aussi bien passé et a aussi bien tourné que je pouvais le désirer ; mais on ne se permet des détails que lorsqu'on est persuadé de l'intérêt ; votre conduite m'annonce la plus parfaite indifférence, cependant vous avez écrit un billet à mademoiselle Sanadon, c'est laisser entrevoir quelque lueur ; elle s'est contentée de me mander ce qu'il contenait, elle ne me l'a pas envoyé ; je lui ai demandé si vous le lui aviez défendu, ou bien si elle jugeait qu'il me chagrinerait trop, elle m'a répondu : je n'ai point eu de défense, mais vous avez deviné.

Je ne sais ce que tout ceci deviendra, si je ne suis point effacée de votre souvenir : vous pouvez juger de la situation où je suis. Vous m'avez quelquefois entendu dire que, pour que j'aimasse véritablement, il fallait que j'eusse quelque crainte de ce que j'aimais. Je trouve qu'aujourd'hui la dose est un peu trop forte ; je n'ose ni parler, ni me taire : il me semble que quelque parti que je puisse prendre, il me tournera à mal. Je crains de ne plus entendre parler de vous. Si je reçois une de vos lettres, je l'ouvrirai en tremblant ; si vous y exercez toute votre sévérité, vous me ferez bien de la peine. En arrivant à Paris je n'y trouverai qu'un désert, je ne puis rien trouver d'agréable que le rétablissement de notre correspondance, c'est cette seule espérance qui me détermine à quitter ce lieu-ci où l'on m'accable de soins, d'attentions, et où l'on voudrait me retenir toujours, ou du moins jusqu'au mois d'octobre. Je n'ai pas été ébranlée un moment, et sans les affaires que l'évêque a dans ce pays-ci, et qui l'ont retenu bien plus long-temps que je ne l'aurais voulu, je ne serais restée ici que quinze jours. Ces affaires seront terminées samedi, je l'attends ce jour-là, et comme il n'a vu qu'en passant les maîtres de cette maison, il a exigé que je consentisse qu'il restât avec eux deux jours, je n'ai pu le refuser. Nous partirons donc décidément, sans que rien puisse y mettre obstacle, mardi prochain, 16 de ce mois; je coucherai ce jour-là à Blois, le mercredi à Orléans, le jeudi à Etampes et le vendredi à St.-Joseph. J'ai tout lieu d'espérer que je soutiendrai aussi bien la fatigue de ce second voyage que du premier; mais ce que je ne soutiendrai point, c'est votre colère, ou, ce qui serait cent fois pis, votre indifférence.

Cette lettre n'aura pas le même sort de quelques autres, elle ne sera pas déchirée, elle partira; je prie Dieu qu'il l'accompagne de sa grâce, et qu'elle en trouve en vous.

Adieu, mon ami, que je ne vous donne point ce nom en vain, je vous prie. Comment peut-on hésiter quand il dépend de soi de causer le bonheur ou le malheur?

LETTRE CXL.

Chanteloup, samedi 13 juin 1772.

Vous avez dû juger, par ma dernière lettre, que je n'en avais point reçu de vous, quand je vous l'ai écrite; c'est hier seulement que m'est parvenue celle du 2 juin. Je dis parvenue, car ce n'est pas sans peine qu'on s'est déterminé à me l'envoyer; il y a eu un combat entre la demoiselle Sanadon et Colman; celui-ci, guidé par son attachement, voulait me la faire tenir; l'autre, glorieuse de l'honneur de votre confiance, voulait de plus en plus la mériter, en exécutant vos ordres à la rigueur, qui étaient, prétendait-elle, de retenir jusqu'à mon retour tout ce qui pourrait venir de vous pour moi; heureusement Colman a été le plus fort, et cette lettre m'a bien surprise; je ne savais plus si j'en recevrais de ma vie.

Je conviens que vous avez dû être fâché de mon voyage; le succès me justifie, et je ne puis le défendre par aucune autre raison; j'ai tout lieu d'espérer que je soutiendrai le voyage qui me reste à faire. Quant au séjour, il s'est passé au-delà de mes souhaits. Je ne suis point en train aujourd'hui d'entrer dans aucun détail;

je vous dirai seulement que je crois m'être parfaitement bien conduite, que tout le monde a été content de moi, et que je suis contente de tout le monde. La foule commence à arriver, c'est le véritable moment pour mon départ; je quitterai le tonneau de Chanteloup pour celui de St.-Joseph, que je retrouverai avec autant de plaisir, que si je n'en avais pas eu dans celui de Chanteloup.

Je voudrais que vous pussiez avoir une assez bonne lunette pour voir ce qui se passe ici; je ne reviens point d'étonnement de la paix qui y règne; elle est dans tous les propos, dans toutes les actions, et certainement dans l'âme; tout le monde est d'accord, chacun fait ce qu'il veut, chacun dit ce qu'il pense, on ne s'observe point, on ne se contraint point, et tout est dans le plus parfait unisson; le grand-papa est étonnant, il a trouvé en lui tous les goûts qui pouvaient remplacer les occupations, il semble qu'il n'ait jamais fait d'autre étude que de faire valoir sa terre; il fait bâtir des fermes, il défriche des terreins, il achète des troupeaux dans cette saison, pour les revendre au commencement de l'hiver, quand ils auront engraissé les terres, et qu'il aura vendu leurs laines. Je suis intimement persuadée qu'il ne regrette rien, et qu'il est parfaitement heureux ; je suis ravie d'en avoir jugé par moi-même, je n'aurais jamais cru tout ce qu'on m'en aurait dit. Ne croyez point que dans ce récit il y ait de l'engouement ni de l'enthousiasme, c'est la pure vérité. Je me suis fort plu ici, j'y ai mené une vie fort douce, mais cela n'a pas empêché qu'il n'y ait eu bien des moments où je ne me sois trouvée très-déplacée, et que votre silence ne m'ait causé bien du chagrin ; mais tout prend fin. Adieu.

LETTRE CXLI.

Chanteloup, mardi 16 juin 1772.

JE ne pars point aujourd'hui, un contre-temps insupportable a tout dérangé ; l'évêque, après avoir terminé toutes ses affaires, revint samedi ici, il se plaignit d'un très-grand mal de tête, quelques moments après il lui survint un frisson qui fut suivi d'une très-violente fièvre qui lui dura la nuit et toute la journée du lendemain ; par bonheur elle fut accompagnée d'une abondante sueur ; on fit venir un médecin d'Amboise, qui ne porta d'abord aucun jugement sur son état, il voulut attendre au lendemain : hier matin, le trouvant sans fièvre, il lui fit prendre trois grains d'émétique qui réussirent fort bien, le soir il était sans fièvre. Je viens dans le moment d'envoyer savoir de ses nouvelles; il a très-bien passé la nuit, il a pris, il y a une heure, une médecine de rhubarbe, il descendra cette après-dînée dans le salon, et vraisemblablement rien ne nous empêchera de partir vendredi; j'ai une impatience extrême de me trouver chez moi; vous savez que je n'ai pas le talent de dissimuler, ainsi je n'ai pas pu le cacher; on m'en fait des reproches, on prétend que je m'ennuie, j'ai été obligée de confier à la grand'maman la véritable raison de cette impatience (1), elle ne se contentait point de celle que je lui donnais, la crainte d'être importune n'étant bonne à rien, celle de tomber malade, d'être déplacée au milieu d'un monde que je ne connaissais guère, et à qui je devais paraître un personnage bien hétéroclite; elle détruisait tout cela par la manière dont j'étais traitée, et par les empressements, et les attentions qu'on avait pour moi; elle n'a pas voulu combattre l'autre raison que je lui ai confiée, de peur de me faire de la peine. J'ai

---

(1) Celle de recevoir plus tôt et plus régulièrement des lettres de M. Walpole.

bien vu qu'elle ne la trouvait pas solide; mais comme son cœur est excellent, elle sent qu'il y a telles espérances, fussent-elles vaines, qu'on préfère à des réalités, quelqu'agréables qu'elles puissent être. J'espère donc partir vendredi, et pour que vous soyiez absolument sûr de ma marche, je ne fermerai cette lettre que ce jour-là. La grand'maman m'a demandé si je vous parlais d'elle, et si je vous avais rendu compte de ce que son mari m'avait dit pour vous, du plaisir qu'il aurait de vous revoir ici; je lui ai dit que je n'y avais pas manqué. — Eh bien! pourquoi ne viendrait-il pas? Je ne doute pas, ai-je répondu, que vous n'en fussiez fort aise; que je connaissais votre estime pour le grand-papa, et votre tendre attachement pour elle. En vérité, il faut les voir ici pour connaître parfaitement tout ce qu'ils valent, je dis l'un et l'autre, car le mari est aussi excellent dans son genre, qu'elle l'est dans le sien. Je suis parfaitement contente de la belle-sœur; j'aurais des sujets d'entretiens avec vous pour une année. J'aurai passé ici cinq semaines, et je puis vous dire, avec la plus grande vérité, que je n'y ai pas eu un moment d'ennui, pas éprouvé le plus petit dégoût; la plus légère contradiction; l'abbé, le marquis de Castellane ont eu de moi des soins infinis, j'ai joui de la plus grande liberté, c'est le ton de la maison, point de compliments, on ne se lève pour personne, on reste chez soi, on va dans le salon, on cause avec qui l'on veut; les uns vont à la promenade, les autres restent dans la maison; on est dix-huit ou vingt à table, les premiers arrivés s'y placent, on y arrive à l'heure qu'on veut, on n'attend personne; au sortir de table on reçoit les lettres de la poste, chacun lit les siennes en particulier, on se dit les nouvelles qu'on apprend, on s'arrange ensuite pour le jeu, on joue, ou on ne joue pas, cela est égal; après le jeu, va se coucher qui veut, ceux qui restent font la conversation qui est très-gaie, très-agréable, parce qu'il y a beaucoup de gens d'esprit et de très-bonne compagnie; le grand-papa, la grand'maman et la sœur restent toujours les derniers, je ne les ai pas fait veiller une minute de plus qu'ils ne le voulaient et qu'ils n'ont coutume. Vous voyez que cette vie est assez agréable, et qu'il serait assez naturel de la quitter avec regret; cependant rien n'est si vrai que j'ai la plus grande impatience d'être chez moi. Je trouverai encore Pontdeveyle à mon retour, mais peu de jours après il suivra son ennuyeux prince aux eaux de Pougues où il restera un mois. Sans le Carrousel, je serais totalement privée de toute compagnie ; et dans ce Carrousel je n'y trouverai pas la fille, elle est aux eaux de Bourbonne pour deux mois.

Les Beauvau, immédiatement après leur quartier qui finit le 1er. juillet, viendront ici où ils resteront deux mois aussi ; et puis le 6 de juillet on ira à Compiègne, ce qui achèvera de m'ôter quelques étrangers, et les apparitions de la maréchale de Mirepoix. Les Broglio vont dans leurs terres pour jusque au mois de janvier. Vous voyez que, pour quelqu'un qui craint l'ennui, le parti que je prends est courageux, et qu'il faut que je sois bien sensible au plaisir que je reçois de la poste une fois la semaine.

Mercredi 17.

La princesse de Tingri arriva hier à neuf heures du soir ; elle nous apprit une nouvelle qui vous fâchera et qui m'afflige infiniment, la mort de madame d'Aiguillon ; elle n'en savait aucune circonstance, sinon que c'était d'apoplexie, et qu'elle était à Ruel ; *les lettres du soir n'en dirent rien, apparemment qu'il n'y* avait pas encore eu le temps. Madame de Tingri l'avait apprise le lundi à onze heures du soir, et c'est ce même jour-là qu'elle était morte. C'est une perte pour moi, mais je ne veux vous rien dire de triste, je détourne toute réflexion.

Mon évêque se porte bien; nous partons toujours vendredi; la chaleur est diminuée, il pleut; j'espère que notre voyage se passera bien, que je trouverai de vos nouvelles en arrivant.

Jeudi 18, à 8 heures du matin.

Rien de changé pour mon départ, point de confirmation de la mort de madame d'Aiguillon; je ne la crois pas moins véritable, il n'y eut point hier de lettres de Paris. Je me fais un grand plaisir de me retrouver chez moi. Je ne me repens point d'être venue ici, mais je ne ferai plus de semblables escapades, je vais conformer ma conduite à mon âge, et mériter, si je puis, l'estime et la considération; on m'en a beaucoup marqué ici, et je pars remplie de reconnaissance et de satisfaction.

Si quelque accident imprévu apportait quelque changement, je l'ajouterais à cette lettre, je ne la ferai mettre à la poste que quelques heures avant son départ, qui sera quelques heures avant le mien; si je n'ajoute rien, c'est que je serai partie.

Vendredi, à 8 heures du matin.

Enfin rien n'est si sûr, je pars aujourd'hui à six heures du soir. Je ne comprends pas qu'on puisse joindre tant de plaisir à tant de regret; jamais je ne pourrai vous peindre, vous faire comprendre la manière dont j'ai été traitée ici; le cœur le plus sensible et le plus tendre aurait été satisfait de l'amitié qu'on m'a marquée; l'orgueil, la vanité, l'amour-propre n'auraient rien eu à désirer, en attention, en égard, en politesse, en préférence. Ah! je croirai avoir rêvé; les souvenirs pendant quelque temps me tiendront lieu de compagnie. J'aime la grand'-maman plus que jamais. Le grand-papa est étonnant : enfin ce sera matière à lettres pour long-temps, d'autant plus que ce que je vais trouver ne fournira pas grande chose à dire.

Je crains un peu la chaleur que j'aurai pendant le voyage, voilà quatre jours qui seront assez pénibles. Je n'arriverai que lundi 22, jour auquel cette lettre sera mise à la poste, vous ne la recevrez que le 26; mais tout va rentrer dans l'ordre accoutumé, et c'est ce qui vous rend raison de la joie que j'ai de partir.

Hélas! hélas! rien n'est si vrai que notre

grosse duchesse mourut lundi dernier, d'apoplexie, en une demi-heure de temps; elle était à Ruel et dans son bain, c'est une très-grande perte pour moi; il m'en reste bien peu à faire; je tremble pour Pontdeveyle, quoiqu'il se porte bien présentement.

Je croirai, en me retrouvant à Saint-Joseph, m'être rapprochée de vous. Si par impossible je pouvais m'en trouver encore plus près, j'aurais de quoi vous amuser long-temps, non-seulement par des récits, mais par des lectures. J'ai rencontré ici un ancien ami qu'il y avait trente ans que je n'avais vu, avec qui j'ai renoué, et qui me prêtera des manuscrits bien curieux, dans le goût de ceux qui m'ont été refusés, mais d'une bien meilleure plume, et d'une personne qui a joué un grand rôle.

Si je ne trouve pas de vos nouvelles en arrivant, cela sera bien triste.

LETTRE CXLII.

Paris, mardi 23 juin 1772.

VOTRE plume est de fer trempé dans le fiel. *Bon Dieu!* quelle lettre! Jamais il n'y en eut de plus piquante, de plus sèche et de plus rude; j'ai été bien payée de l'impatience que j'avais de la recevoir.

J'arrivai hier à cinq heures du soir, me portant à merveille, sans être fatiguée du voyage, dans la plus grande joie de me retrouver chez moi, dans le plus grand contentement de mon séjour à Chanteloup, dans l'espérance de trouver de vos nouvelles, et que votre lettre mettrait le comble à ma satisfaction. Ah! mon Dieu, que j'ai été surprise! elle a produit un effet tout contraire, tout mon bonheur a été détruit, un instant m'a fait plus de mal que les cinq semaines ne m'avaient fait de bien.

Mercredi 24.

Madame de Mirepoix revint de Versailles hier pour souper avec moi ; elle a vu madame votre cousine (1), elle la trouve belle et bien faite, bon air, bonne grâce, elle en est charmée ; je n'ai point encore entendu parler d'elle, on ne m'a point dit qu'elle eût envoyé chez moi.

Le courrier d'aujourd'hui ne m'a point apporté de lettre ; si je n'en dois plus recevoir (comme vous me le faites entendre), je voudrais savoir quelle en est la raison ; je croyais

---

(1) Madame Damer, qui se trouvait alors à Paris avec son mari.

qu'il n'y avait que le tribunal de l'inquisition où l'on punissait les gens, sans leur dire pourquoi.

J'allais fermer ma lettre, mais je ne puis me résoudre à la laisser partir sans vous parler naturellement. Vous me rendez par trop malheureuse, est-ce votre intention? vous me dites que vous m'avez beaucoup d'obligations; quelles sont-elles, si ce n'est mon amitié pour vous? est-ce la reconnaître que de refuser de me donner de vos nouvelles? Si vous avez jamais éprouvé de l'inquiétude, vous devez savoir que c'est un mal insupportable; je vous demande en grâce, mais avec la dernière instance, de ne m'y pas condamner. Je ne sais pas quel sujet de plainte (excepté mon voyage) je vous ai donné. J'ai une tête qui se trouble encore plus facilement que la vôtre, ne m'exposez point à rien faire qui puisse vous déplaire.

P. S. A 6 heures du soir.

Ma lettre a été interrompue par l'arrivée de madame Damer; Pontdeveyle était chez moi qui la trouve infiniment jolie, et moi je la trouve infiniment aimable; je lui ai dit qu'elle serait la maîtresse de me voir aussi souvent qu'elle voudrait ; je me flatte que vous ne doutez pas de mes attentions, elle soupera chez moi samedi, et peut-être vendredi, si je puis avoir madame de Mirepoix.

LETTRE CXLIII.

Paris, 8 juillet 1772.

Ma dernière lettre, Monsieur, vous aura fait connaître que vous auriez pu vous dispenser de m'écrire celle-ci ; elle doit vous rassurer à tout jamais sur la crainte que je ne vous attire des ridicules. Comme vous ne doutez point que tout ce que nous nous écrivons fait d'abord l'amusement des bureaux, et parvient ensuite à la cour, je veux m'expliquer ainsi que vous, et ne leur pas laisser l'impression que vous leur donnez de moi.

Voici donc, Monsieur, la déclaration que je leur fais. Je vous ai sincèrement aimé, j'ai cru l'être de vous, jamais mes sentiments n'ont été par-delà l'amitié, et si on compare mes lettres à celles de madame de Sévigné, et si on lit celles que j'écris à madame la duchesse de *Choiseul*, on n'y trouvera aucune expression plus vive, et plus tendre que celle d'une mère pour une fille, et d'une amie pour une amie. De plus, mon âge me devait mettre si fort à l'abri de tout soupçon, que je ne devais pas craindre les interprétations ridicules. Mais enfin tout est fini ; il y a long-temps que je devais connaître que notre liaison vous était à charge, tout m'annonçait votre changement ; je ne m'en plains pas, Monsieur, rien n'est si libre ; mais ce dont je me plains, et dont je suis extrêmement offensée, c'est de votre procédé ; on ne traite point une femme de mon âge, et qui a quelque considération dans la société, d'une manière aussi méprisante. Beaucoup de vos lettres m'ont fort désobligée, ainsi que celle-ci, mais celle d'avant celle-ci m'a mortellement blessée ; je vous la renvoie, vous jugerez vous-même si j'y pouvais répondre autrement que j'ai fait (1). Celle que je reçois aujourd'hui ne change rien aux dispositions où j'étais. Tous vos griefs sont si puérils qu'on n'y peut répondre. *Etre inquiète de votre santé ; vous demander trois fois consécutivement si vous avez entendu un article de ma lettre* (dont je n'ai actuellement aucun souvenir) *ce sont*, dites-vous, *les façons d'une coquette.* L'énumération de mes crimes aura apprêté à rire à MM. des bureaux.

―――――――――

(1) Cette lettre n'a pas été trouvée.

Je ne veux, dites-vous encore, *que faire des esclaves, je n'aime que moi, et comme aussi vous n'aimez que vous, nous ne pouvons jamais nous accorder.*

Eh bien! Monsieur, ne nous accordons pas, et terminons une correspondance qui n'est pour vous depuis long-temps *qu'une persécution.*

Le reproche que vous me faites d'aimer le *romanesque*, ferait rire tous ceux qui me connaissent; jamais personne n'en a été moins soupçonnée; je trouve assez singulier d'être si peu connue de vous, je ne me serais jamais attendue que vous seriez la personne du monde qui me connaîtrait le moins, et qui aurait pour moi le moins d'estime; toute *coquette* que je suis, Monsieur, je me souviens quelquefois de mon âge; il me console des dégoûts et des chagrins de la vie, parce qu'il me reste peu de temps à les supporter.

Je finis en vous rassurant sur la crainte de recevoir souvent de mes lettres, vous n'en aurez jamais qu'en réponse aux vôtres.

Madame votre cousine (2) a beaucoup de succès, sa figure, son maintien, son esprit, ses agréments plaisent à tout le monde, et en

---

(2) Madame Damer.

particulier à madame de Mirepoix qui a pour elle des attentions infinies. Vous y entrez pour beaucoup, Monsieur, elle est ravie qu'une occasion aussi agréable la mette à portée de vous prouver la continuation de ses sentiments.

J'ai chez moi depuis deux mois un paquet de M. Mariette pour vous; il est trop considérable pour qu'on puisse le donner à aucun particulier, voulez-vous qu'on vous l'envoie par les voitures publiques, ou qu'on le fasse partir avec les bagages de Milord Harcourt? Wiart attendra vos ordres, vous pourrez toujours l'employer à tout ce qui vous conviendra, il exécutera vos commissions avec le même zèle.

LETTRE CXLIV.

Paris, 30 août 1772.

Est-ce que je n'aurai plus de vos nouvelles? je commence à le croire. Est-ce ainsi qu'on finit avec une amie? Les fautes que vous me reprochez sont-elles d'un genre à autoriser cette conduite? Je vous propose la paix; oublions de part et d'autre le passé. *Donnez-moi de vos nouvelles*; souvenez-vous que vous m'avez dit mille fois que vous seriez toujours mon ami. Malgré toutes les apparences, je ne puis croire que vous ne le soyez plus.

LETTRE CXLV.

Paris, 14 octobre 1772.

Je m'en étais doutée, et j'aurais cru en être sûre dans tout autre temps, mais j'avais pris pour une continuation de la pénitence que vous m'aviez imposée pour mes forfaits, votre long silence. Voilà donc ce silence expliqué, et dans le moment même où, en attendant et en espérant une lettre, je faisais le projet de celle que je vous écrirais en réponse, je me préparais à vous dire, en cas que vous vous moquassiez de moi, ou que vous me traitassiez de Turc à More, que comme les gens avec qui je vis étaient beaucoup moins éclairés que vous, je vous priais de ne les point aviser de remarquer de mes défauts ceux qui leur étaient échappés; l'esprit romanesque, par exemple, parce que jusqu'à présent ils avaient cru que le peu d'esprit que j'avais, était simple et sans recherche, et surtout éloigné de toute emphase et affectation; j'aurais ajouté que votre silence ne me faisait point de peine, parce que je ne voulais de vous aucune complaisance, et qu'il fallait que vous eussiez autant de besoin de m'écrire et de recevoir de mes lettres, que je peux en avoir moi-même.

De plus, je vous aurais encore dit que j'avais une grâce à vous demander, qui était de me donner votre parole d'honneur que si vous étiez malade, ou même incommodé, vous me le manderiez, afin que dans les temps où je n'entendrais point parler de vous, je fusse sûre que vous vous portiez bien, et que je n'eusse pas deux inquiétudes à la fois, l'une de votre santé, et l'autre de ce mot exécrable (1).

Je voudrais pouvoir vous égayer, et avoir un caractère aussi heureux que le vôtre; mais on a, comme vous savez, celui qu'on a reçu de la nature, qui ne nous a pas consultés en nous donnant le jour; j'aurais rejeté tous ses dons, si j'en avais été la maîtresse.

Je vous envoie des vers de Voltaire que l'on a extraits de sa tragédie des *Lois de Minos* (2), que l'on représentera cet hiver, et j'y joins des vers qu'il a faits pour mademoiselle Clairon, à l'occasion d'une ode que Marmontel avait faite

---

(1) Amitié.

(2) On regardait ces vers comme faisant allusion à la conduite du parlement, et de la punition qu'on venait de lui infliger.

pour lui, pour l'inauguration de sa statue, et qu'elle récita chez elle, habillée en prêtresse, ayant mis le buste qu'elle a de lui sur une table, en posant sur sa tête une couronne de lauriers (3).

La duchesse de Sully, fille de M. de Poyanne, à l'âge de vingt ans, est morte cette nuit, après une maladie de quinze jours d'une suite de couche. Madame de Poix a passé ces quinze jours entiers auprès de son lit, sans se coucher que deux ou trois heures dans les vingt-quatre heures, prenant le temps où son amie paraissait plus tranquille. Les Beauvau devaient souper ce soir chez moi, mais ils n'y viendront pas, ils ne sauraient la quitter, elle est dans une affliction qui ressemble au désespoir : où placerez-vous ce sentiment ? Il ne vous paraîtra pas vraisemblable ; oserez-vous dire qu'il est romanesque ? Il ne paraît ainsi à personne, et moins à moi (je l'avoue) qu'à qui que ce soit. Adieu.

---

(3) Voyez ces vers et la relation de cette fête dans les Mémoires de Marmontel.

ACTE III.

Du ciel qui conduit tout la sagesse infinie
Réserve, je le vois, pour de plus heureux temps
Le jour trop différé de ses grands changements :
Le monde avec lenteur marche vers la sagesse,
Et la nuit des erreurs est encor sur la Grèce.
Que je vous porte envie, ô rois trop fortunés !
Vous qui faites le bien dès que vous l'ordonnez ;
Rien ne peut arrêter votre main bienfaisante ;
Vous n'avez qu'à parler, et la terre est contente.

ACTE IV.

Allez : dites-leur bien que dans leur arrogance,
Trop long-temps pour faiblesse ils ont pris ma clémence ;
Que de leurs attentats mon courage est lassé ;
Que cet autel affreux par mes mains renversé,
Est mon plus digne exploit et mon plus grand trophée ;
Que de leurs factions enfin l'hydre étouffée
Ne distillera plus les flots de son poison
Sur moi, sur mon état, sur ma triste maison.
Je suis roi, je suis père, et veux agir en maître ;
Et vous, qui ne savez ce que vous devez être,
Vous, qui toujours douteux entre Pharès et moi,
Vous êtes cru trop grand pour servir votre roi,
Prétendez-vous encore, orgueilleux Mérione,
Que vous pouvez abattre ou soutenir mon trône ?
Ce roi dont vous osez vous montrer si jaloux,
Pour vaincre et pour régner n'a pas besoin de vous.

Votre audace aujourd'hui doit être détrompée.
Ou pour ou contre moi tirez enfin l'épée :
Il faut dans ce moment, les armes à la main,
Me combattre ou marcher sous votre souverain.

Vers adressés à mademoiselle Clairon.

   Les talents, l'esprit, le génie
   Chez Clairon sont très-assidus ;
   Car chacun aime sa patrie.
     Chez elle ils se sont tous rendus,
   Pour célébrer certaine orgie
   Dont je suis encor tout confus.
   Les plus beaux moments de ma vie
   Sont ceux que je n'ai point vus.
     Vous avez orné mon image
   Des lauriers qui croissent chez vous ;
   Ma gloire, en dépit des jaloux,
   Fut en tous les temps votre ouvrage.

LETTRE CXLVI.

Dimanche 15 novembre 1772.

Vous m'avez crue folle, je vous le pardonne ; vous croyez que la sensibilité et la tendresse ne doivent point être dans l'amitié, qu'elles supposent d'autres sentiments ; vous vous trompez, mais j'abandonne cette matiere. Tout ce que vous pourrez penser du passé ne me fait plus rien, vous n'aurez pas de sujets à l'avenir de porter des jugements aussi faux.

M. Craufurd vous rendra plusieurs rogatons que j'hésite un peu à vous envoyer, mais je suppose que dans vos heures de loisir vous pourrez les parcourir.

L'affaire de M. de la Borde pourra vous surprendre ; j'en fis la proposition à M. de Beauvau sans trop imaginer qu'elle fût acceptable ; mais mon âge, et la facilité que ces personnes ont à se défaire de ces sortes d'effets sans risquer d'y perdre, m'y détermina (1).

Les autres papiers sont des plaisanteries que vous trouverez peut-être bien fades, mais que puis-je vous dire de plus piquant ? M. Craufurd vous racontera la vie que je mène, il vous dira, s'il veut parler franchement, qu'il me trouve successivement vieillie et de corps et d'esprit ; que le nombre de mes connaissances est assez étendu, mais que je n'ai pas un ami,

---

(1) M. de la Borde. Madame du Deffand lui avait fait *proposer*, par *son ami*, le prince de Beauvau, de convertir quelque capital qu'elle avait dans les fonds publics, en une rente viagère, dans l'idée d'augmenter par-là ses revenus.

excepté Pontdeveyle, qui les trois quarts du temps m'impatiente à mourir ; que la Sanadona est d'une platitude extrême, que je vis cependant fort bien avec elle, qu'elle me fait faire une étude de la patience et de l'ennui; qu'enfin je suis assez raisonnable, mais pas infiniment heureuse, étant fort peu contente de tout ce qui m'environne, et moins de moi que de personne. Ma santé est médiocre, mais je n'en désire pas une meilleure, je serais fâchée d'avoir plus de forces et d'activité ; mais ce que je voudrais, ce serait d'être dévote, d'avoir de la foi, non pas pour transporter des montagnes, *ni pour passer les mers à pied sec*, mais pour aller de mon tonneau à ma tribune, et remplir mes journées de pratiques qui, par un nouveau tour d'imagination, vaudraient pour le moins autant que toutes mes occupations présentes. Je lirais des sermons au lieu de romans, la Bible au lieu de fables, la Vie des Saints au lieu de l'histoire, et je m'ennuierais moins ou pas plus de ces lectures que de toutes celles que je fais à présent ; je supporterais plus patiemment les défauts et les vices de tout le monde, *je serais moins choquée, moins révoltée des* ridicules, de la fausseté, des menteries que l'on entend, et qu'on trouve sans cesse ; enfin j'aurais un objet à qui j'offrirais toutes mes peines, et à qui je ferais le sacrifice de tous mes désirs. Voilà les châteaux en Espagne que je fais dans mes insomnies. Quand je vous en parle, ce n'est pas pour m'en plaindre, c'est souvent dans les vingt-quatre heures le temps où je m'ennuie le moins.

Demain j'aurai une grande assemblée chez moi. Le Kain viendra lire les Lois de Minos que l'on donnera le mois prochain; Voltaire l'en a prié par un billet qu'il m'a envoyé pour lui, en même temps que son épître à Horace que je vous envoie, et qui vous fera convenir, si je ne me trompe, que vous n'êtes pas le seul Horace qui reçoive d'ennuyeuses épîtres. Je continuerai celle-ci jusqu'au départ de M. Craufurd.

Samedi 21, à 11 heures du matin.

J'ai depuis le mois de juillet trois in-folio et deux in-quarto des lettres de madame de Maintenon au cardinal, et au maréchal de Noailles; un de ces in-quarto est des lettres de madame des Ursins à madame de Maintenon (2); je fais copier celles-ci, et je chercherai quelques occasions de vous les envoyer;

___

(2) Ces lettres ont été publiées depuis.

elles sont assez curieuses, elles contiennent tout ce qui s'est passé depuis la fin de 1706, jusqu'à la fin de 1709. Il est plaisant qu'on me laisse ces manuscrits! j'attends qu'on me les redemande, peut-être les a-t-on oubliés: il ne valent pas les Mémoires de St.-Simon, il s'en faut bien.

Je suis un peu honteuse de toutes les rapsodies que je vous envoie, ce sont les événements importants de la vie que je mène.

P. S. A 5 heures d'après midi.

Comment donc! c'est un prodige, il m'arrive ce que je désirais. Je reçois une lettre que je n'espérais que mardi ou mercredi, et le commencement de cette lettre est ravissant! mais ce qui suit n'est pas de même, et ce pied douloureux, et cette main qui s'enfle me font craindre que ce ne soit pas une affaire finie.

Vous me demandez de quoi fournir à la conversation; vous recevrez une grande abondance de pauvretés dont vous ne pourrez pas faire usage, si ce n'est du paquet de Voltaire.

Je ne me souviens plus si je vous ai envoyé les *systèmes* et les *cabales*. Wiart prétend que oui ; si vous ne les avez pas, je vous les enverrai par quelque autre occasion ; notre littérature ne nous produit que des platitudes abominables ; c'est un de mes plus grands malheurs de ne savoir plus que lire : je rabache tous les anciens livres. Je voudrais de tout mon cœur pouvoir vous amuser, mais je ne sais plus ce que c'est qu'amusements.

Mon paquet de Chanteloup était fermé, je ne l'ouvrirai pas, mais je vous envoie des chansons qui furent faites pendant que j'y étais. Vous savez que la mode est le parfilage, tous les présents qu'on fait sont de fils d'or à qui l'on donne toutes sortes de formes, chapeau, perruque, puits, souricière, chien, chat, oiseau : c'est la folie présente, et qui fait briller le faste et la magnificence, parce qu'on réduit à rien ce qui est fort cher. Je n'ai point donné dans ce travers, et je m'en tiens à faire de rien quelque petite chose. J'ai déjà fait de mon effilage soixante-dix aunes de tricot. Bon ! il n'est pas vrai que vous ayiez trouvé votre habit joli ? oserez-vous le porter ? J'ai pensé que sa destination serait d'être donné à Philippe, et je m'en serais contentée; jugez de ma gloire, si vous daignez le porter.

Notre chose publique va toujours de même. Le chancelie et le d'Aiguillon sont toujours à couteaux tirés, tous les ministres sont réunis avec ce dernier, il n'y a que le Monteynard qui soit du parti de l'autre. La dame (*madame du Barri*) est toujours triomphante; plusieurs dames se présentent pour grossir sa cour, on les essaye, et on rejette la plupart.

Madame la duchesse de Mazarin (3) est à demi admise, c'est-à-dire qu'elle est comme sont les doubles au théâtre. La princesse de Kinski (4) a été rejetée; la princesse de Montmorency (5) s'est retirée depuis qu'on a reçu madame de Mazarin. Ce qu'il y a de bien plaisant, c'est que toutes les dames ne veulent point aller au spectacle avec celles qui sont admises.

Voilà tout ce que vous aurez pour le présent; si le Craufurd ne part pas demain, je pourrai ajouter à cette lettre.

---

(3) La fille du duc de Duras.

(4) La princesse de Kinski, née Palfy.

(5) La princesse de Montmorency, née Montmorency, d'une branche de cette illustre maison établie en Flandres. Elle fut mariée au prince de Montmorency, fils aîné du prince de Tingri.

LETTRE CXLVII.

Lundi 16 novembre 1772.

La poste cette fois-ci n'a retardé que d'un jour. Je n'ai jamais songé à vous faire des reproches, je n'ai qu'à me louer de votre exactitude; je ne m'en suis prise qu'aux vents qui me faisaient recevoir de vos nouvelles de trop ancienne date.

Celles que vous me donnez aujourd'hui de votre goutte m'affligent extrêmement. Deux mois de souffrances! rien n'est si terrible; est-ce que les bottines n'ont plus aucun succès? vous devez être d'une étrange faiblesse. Je comprend que tout doit être fatigue pour vous, que vous ne pouvez pas parler, et que même vous ne pourriez pas entendre lire; je sens, comme je le dois, l'effort que vous vous faites pour m'écrire.

Mardi 17.

Hier au soir j'eus assez de monde à souper; le Kain (1), à la prière de Voltaire, vint nous faire la lecture des Lois de Minos. Ah! je fus bien confirmée que la vieillesse ne fait que des

---

(1) Célèbre acteur du Théâtre Français.

efforts impuissants; le temps de produire est passé, il ne faut plus penser à augmenter sa réputation, et pour ne la point diminuer, il ne faut plus faire parler de soi. Je suis bien trompée, si cette pièce a le moindre succès; il y a cependant quelques beaux vers. Dès qu'elle sera imprimée, je vous l'enverrai. On ne peut refuser à Voltaire la curiosité de le lire, tant pis pour lui s'il s'expose à la critique. Son exemple doit servir de leçon non seulement aux gens à talents, mais à tout le monde en général. On ne doit plus dans la vieillesse prétendre à aucun applaudissement, il faut consentir à l'oubli, et le consentement qu'on y donne de bonne grâce peut du moins mettre à l'abri du mépris. Le petit Craufurd a assisté à cette lecture; il vous en rendra compte, mais il ne vous confiera pas combien les belles dames sont empressées pour lui; il soupe ce soir chez l'idole qui voudrait bien qu'il lui trouvât plus d'esprit qu'à personne; demain ce sera chez madame de Bussy (2), celle-là voudrait être trouvée la plus belle. Madame de Cambise a aussi ses prétentions d'être

---

(2) Madame de Bussy, née Messey, sœur de l'évêque de Valence, et mariée à M. de Bussy, qui a commandé dans l'Inde.

jugée la plus piquante ; enfin il est si occupé par les empressements qu'on a pour lui, qu'il l'est beaucoup moins de sa santé. Je crois qu'il partira dimanche ; il soupera chez moi vendredi avec le duc et la duchesse de Manchester, et samedi avec sa bonne amie madame de Roucherolles ; elle et moi nous sommes d'anciennes connaissances, des amies solides ; les petits soins ne sont pas pour nous, mais nous possédons une certaine confiance dont, en mon particulier, je suis fort satisfaite. Je vous répète encore qu'il vous portera de vrais rogatons, et qu'il m'a bien promis de ne vous les remettre que quand vous les lui demanderez.

Je viens de relire ma lettre, je la trouve ennuyeuse à la mort, mais elle passera telle qu'elle est ; quand je raisonne, je ne sais ce que je dis.

LETTRE CXLVIII.

Paris, dimanche 13 décembre 1778.

Ce dont je suis le plus pressée en ouvrant vos lettres, c'est d'en savoir la date ; toujours Strawberry-Hill ! Ne verrai-je donc jamais, de Londres ? Quelle abominable goutte ! il y a trois mois qu'elle dure. Je crois que notre ami Craufurd vous trouvera terriblement changé ; j'exige de lui un récit fidèle. Qu'y a-t-il à gagner d'être trompé ? Je crois que vous ne m'avez rien caché de vos souffrances; de tout ce que vous valez, c'est votre vérité que j'estime et que j'aime le plus ; elle ne m'est pas souvent favorable, mais j'ai la satisfaction de ne point traiter avec un masque, de ne point recevoir de fausse monnaie; je sens parfaitement à qui j'ai affaire, et si je suis trompée, je ne peux m'en prendre qu'à moi. Je me suis plu quelquefois, je l'avoue, à me tromper ; c'était une faiblesse d'enfant, mais j'en suis bien revenue.

J'ai peu de choses à vous dire aujourd'hui qui me soient personnelles. Madame de Mirepoix doit m'amener cette après-dînée mademoiselle Pitt (1) ; elle prétend qu'elle a demandé à me voir, et qu'elle aurait très-mauvais air à son retour en Angleterre, si on savait qu'elle ne m'a point vue. C'est apparemment à vous que je dois cette célébrité ; si elle était vraie, j'en serais très-flattée, mais je sais trop ce qu'il en faut rabattre.

---

(1) Mademoiselle Anne Pitt, sœur unique du premier comte de Chatham.

Les Beauvau, qui ont fait un voyage en Lorraine, sont de retour de jeudi au soir; j'ai vu hier et avant-hier le prince et non la princesse, mais elle soupera chez moi demain; elle est venue fort à propos; on espère beaucoup en elle pour empêcher M. le duc d'Orléans de suivre l'exemple que vient de lui donner le prince de Condé, en se réconciliant avec le roi, malgré la protestation qu'il avait signée avec les autres princes, par laquelle ils faisaient serment de ne jamais reconnaître le nouveau parlement, et protestaient contre ce que la force ou la faiblesse pourrait leur faire faire; c'est M. le comte de la Marche (2) (qui était le seul qui n'eût point signé la protestation) et M. de Soubise qui ont été les négociateurs (3); il y en a qui disent aussi l'abbé

---

(2) Fils du prince de Conti, le seul des princes du sang qui se soit constamment tenu du côté de la cour, dans ses discussions avec le parlement de Paris.

(3) Il paraît que la réconciliation du prince de Condé avec le roi, et sa réapparition à la cour, le 7 décembre 1772, à l'insu ou sans le consentement des autres princes du sang, à qui il s'était joint dans la protestation des princes contre l'autorité du nouveau parlement, peut être attribuée à l'impatience de son fils, le duc de Bourbon, d'être décoré de l'ordre du Saint-Esprit,

Terray, mais on affirme que le chancelier, ni le d'Aiguillon, ni la dame (4) n'y ont pas eu la moindre part. Personne ne doute que le duc d'Orléans n'ait le plus grand désir de faire comme son cousin : il n'y a que son fils qui le retienne ; c'est un jeune homme très-entêté, et qui croit, ainsi que son oncle le prince de Conti, jouer un grand rôle en étant à la tête d'une prétendue faction, qui n'a produit, ni ne produira jamais d'autre effet que de n'être bonne à rien, et de ne pouvoir procurer du bien à leurs amis, à leurs domestiques, à la chose publique et à leurs propres affaires. Ce n'est pas ici comme chez vous : il faut être ici à la tête d'une armée quand on veut faire des remontrances. Ces grands princes, depuis leurs protestations, sont devenus des bourgeois de la rue Saint-Denis ; on ne s'aperçoit point à la cour de leur absence, ni à la ville de leur présence.

On nommera incessamment la maison du comte d'Artois ; quand la liste paraîtra, je vous

---

auquel tous les princes du sang pouvaient prétendre à l'âge de 15 ans. On dit à cette occasion : « Que le père » et le fils étaient allés à Versailles chercher le Saint-» Esprit. »

(4) Madame du Barri.

l'enverrai, et vous saurez ce qu'on peut écrire par la poste. Quand je trouverai des occasions sûres, je vous dirai tout ce qui viendra à ma connaissance; j'ai préféré cette fois-ci de vous écrire par Couty (5), à M. de Lauzun qui a dû partir cette nuit pour aller passer six semaines chez vous; qu'y va-t-il faire? C'est ce qu'il ne sait pas, je crois, mieux que moi. Je vous envoie la réponse de la Harpe (6), une chanson et de petits vers sur M. le prince de Condé; il y en aura sans doute une infinité d'autres, je recueillerai ceux qui en vaudront la peine, et vous les aurez quand j'en trouverai l'occasion.

M. de Choiseul a eu un très-gros rhume; il s'est cru de l'eau dans la poitrine, et pour la première fois de sa vie il était devenu fort triste et fort inquiet. Vous devez juger de l'état de la grand'maman. Dans ce même temps arriva la clavicule de l'abbé (7), et une compagnie de vingt personnes dont elle n'était

---

(5) Le frère d'une femme de chambre de madame du Deffand, qui était domestique en Angleterre.

(6) Cette pièce avait pour titre: *Réponse d'Horace à M. de Voltaire*, en réponse à son *Épître à Horace*.

(7) L'abbé Barthélemi s'était, par une chute, cassé la clavicule.

l'objet d'aucune ; cette femme, pas plus grosse qu'une petite poupée, a un courage de lion ; tout le monde devrait l'adorer et l'aimer, mais elle ne produit point cet effet ; on l'estime, mais elle ennuie, parce que les vertus, quoique supérieures aux sentiments, ne sont pas si agréables : on est forcé à les admirer, mais cette admiration est une sorte d'effort qui fatigue. Voilà un raisonnement tout à fait dans son goût ; n'allez pas vous révolter contre, songez que je vous parle à l'oreille, et qu'excepté Wiart, qui est une sorte de muraille, personne ne m'entend.

Voici la chanson, sur l'air : *Réveillez-vous, belle endormie.*

<blockquote>
Pour faire une fausse démarche
Condé se montre le premier ;
Crainte que son cousin la Marche
Des hommes ne fût le dernier.
</blockquote>

Vers adressés à Madame de Monaco.

<blockquote>
Quand le prince est à vos genoux,
Vous sentez que le prince est roux ;
Et lorsque le prince vous lorgne
Je vois que son altesse est borgne.
</blockquote>

Je donne à madame de Luxembourg, pour ses étrennes, un coffre de parfilage, c'est-à-dire couvert de fils d'or; c'est la mode; ce coffre sera rempli de diablotins, elle les aime à la folie; j'ai prié vainement Pontdeveyle de me faire des couplets; il ne l'a pas voulu, je les ai faits moi-même; ils sont détestables, qu'importe? les voici. Air: *Réveillez-vous, belle endormie.*

> Je désirais que cette étrenne
> Fût accompagnée d'un couplet;
> Je n'ai pu tirer de ma veine
> Un seul vers qui m'ait satisfait.

> Je me suis adressée aux diables,
> A leurs ministres, les lutins;
> Mais les trouvant peu secourables,
> Mon recours est les diablotins.

LETTRE CXLIX.

Paris, 11 janvier 1775.

Vous avez vu, par ma dernière lettre, pourquoi j'ai été quelque temps sans vous écrire. Vous me demandez si l'on est content de vos Grammont; on trouve le *papier fort beau*, les gravures mauvaises, le caractère pourrait être plus net, on voudrait plus d'intervalle entre les lignes, et le format trop carré; voilà toutes les critiques que j'ai recueillies. Pour l'épître dédicatoire, personne ne l'a remarquée, du moins on ne m'en a pas parlé, et j'en ai été fort aise. Je suis si fatiguée de la vanité des autres, que j'évite les occasions d'en avoir moi-même.

Depuis les deux visites dont je vous ai parlé, de mademoiselle Pitt, je ne l'ai point revue; on dit qu'elle ne se porte point bien, et qu'elle restera encore ici quelque temps; je lui crois une sorte d'importance qu'elle ne veut pas commettre en s'abaissant à me rechercher; en effet elle me ferait trop d'honneur. Je donnerai à souper jeudi aux Manchester et à votre ambassadeur (1), qui ne me plaît point du tout; j'aime mieux son secrétaire (2), qui me paraît bon homme et fort officieux.

Le Caraccioli me visite fort assidûment; il adore madame de Beauvau, son éloquence l'a subjugué; cet homme est un peu braillard, mais il est doux, et a de la franchise et de la candeur; sa santé n'est point bonne. Pour moi, je sors rarement de mon tonneau, et ja-

---

(1) Le comte de Mansfield, alors vicomte de Stormont.

(2) M. Saint-Paul.

mais avant neuf heures ; je retranche tous les jours sur mon manger et je me porte bien, aux insomnies près ; mais depuis huit ou dix jours je ne dors pas plus de trois ou quatre heures par nuit, quoique j'en reste douze ou treize dans mon lit ; mais comme je ne souffre point, je prendrais le mal en patience, si j'avais des livres qui pussent m'amuser; mais tout ce qu'on nous donne de nouveau est détestable ; le style d'aujourd'hui est horrible, lâche, recherché, de la philosophie partout, une morale rebattue, sèche. Il y a un roman de M. Dorat, dont le titre est *les Malheurs de l'Inconstance;* il est par lettres, il est rempli de toutes les pensées, les idées, les réflexions qui lui ont passé par la tête depuis qu'il est né. Les événements ne cheminent point ; j'ai eu la patience de lire le premier tome ; pour le second, je n'ai lu que la fin de chaque lettre. Ah ! vous avez raison, les lettres pleines de raisonnements sont bien ennuyeuses ; il vaut bien mieux qu'elles soient à bâton rompu.

Nous avons une actrice nouvelle (3), je crois vous en avoir parlé ; les uns la trouvent divine, les autres qu'elle le deviendra, et moi je pense

---

(3) Mademoiselle Raucourt.

qu'elle sera médiocre, c'est-à-dire peut-être un peu au-dessus de mademoiselle Vestris, mais qu'elle n'aura jamais une manière à elle, et qu'elle sera au-dessous de mademoiselle Clairon et de mademoiselle Dumesnil, quand elle a été bonne. Je continuerai cette lettre, s'il me survient quelque chose à vous dire.

Mardi 2.

La journée d'hier n'a rien fourni, je ne sortis qu'à neuf heures pour aller chez les Caraman ; la compagnie était madame de Cambise, le comte de Broglio, son frère l'évêque, et l'évêque de Mirepoix ; la conversation fut douce et facile, et c'est sans comparaison la maison où je me plais le plus ; ma liaison avec eux se fortifie tous les jours, mais il y a de nécessité tous les ans une absence de six mois qu'ils passent à Roissy ; je peux y aller tant que je veux, mais je ne saurais découcher ; et faire dix lieues pour un souper me devient chaque année une corvée plus difficile ; je n'ai de ressource fixe pour les étés que le Carrousel, mais à chaque jour suffit son mal, et jusqu'au mois de mai je ne manque pas de compagnie.

Par grand extraordinaire j'ai dormi cette

nuit; je me trouve un peu réparée. Hier j'étais si fatiguée, que je m'endormis dans mon tonneau et que je reçus des visites tout d'un somme; la duchesse de Boufflers entra et sortit de chez moi sans que je m'en doutasse, je ne l'appris qu'à mon réveil.

A 5 heures du soir.

Je suis seule, je n'ai rien à faire et vous ne haïssez pas les longues lettres quand elles sont en style de gazette. Je vous dirai donc que je viens de recevoir une lettre de la grand'maman: voici ce qu'elle me mande après m'avoir parlé de votre santé.

« Remerciez-le bien pour moi, je vous prie,
» du présent qu'il me fait (4), et ayez la bonté
» de me faire relier ce livre en beau maroquin
» rouge, parce qu'il sera placé dans mon petit
» cabinet particulier avec l'estampe de notre
» Horace. Il me ferait un présent bien plus
» précieux encore, s'il voulait bien me donner
» ses œuvres; je goûterais le prix de l'ouvrage
» et je sentirais celui de l'amitié qui m'en aurait
» gratifié. »

Il paraît depuis quelques semaines un livre

---

(4) L'édition des Mémoires du comte de Grammont, par M. Walpole.

qui a pour titre : *Les Trois Siècles de notre Littérature* ou *Tableau de l'Esprit de nos Écrivains, depuis François I*ᵉʳ *jusqu'en* 1772, *par ordre alphabétique* (5).

J'ai été contente des deux premières pages de la préface, elles annoncent un bon ouvrage; mais la suite en est si ennuyeuse, que je n'ai pas pu la continuer. Après vous avoir écrit ce matin, je me suis fait lire l'article de Voltaire, qui contient quarante-trois pages in-octavo; je parierais qu'il n'est pas de la même main que le reste de l'ouvrage; je m'imagine qu'à peu de chose près vous en seriez fort content. Si ce livre n'est point chez vous, et que je puisse l'avoir, je vous l'enverrai.

Vous aurez les Lettres de madame des Ursins par la première occasion que je trouverai.

Je vous dirai que je soupçonne d'avoir fait l'article de Voltaire, M. de Pompignan; il respire la vengeance, et parmi les gens qu'il reproche à Voltaire d'avoir outragés, dont la liste est fort grande, il n'est point nommé. Je vais chercher l'article Pompignan, et je vous dirai demain s'il me confirme mes soupçons.

---

(5) M. l'abbé Sabatier de Castres.

Mercredi 13.

Je lus l'article Pompignan hier, je me confirmai dans l'idée que celui de Voltaire était de lui, et qu'il était aussi l'auteur du sien. J'ai relu ce matin l'un et l'autre ; mais soit qu'ils m'ayent été plus mal lus ou que je varie dans mes jugements, je n'ai plus d'opinion ; ce peut être de Palissot, de Fréron, enfin de qui on voudra, je n'y ai point trouvé l'énergie que j'avais hier cru y trouver ; ce n'est pas la peine de vous l'envoyer.

Les gens qui avaient critiqué le format de Grammont s'en dédisent; ainsi, si vous faites une nouvelle édition, croyez-moi, n'y changez rien, cela vous coûterait de la peine et des frais ; si vous voulez toujours que l'épître soit à la tête, gardez-vous bien d'y mettre mon nom. Je suis très-touchée et reconnaissante des marques de votre considération et je ne prétends pas en tirer aucun autre avantage, et de plus, je ne veux point exciter de jalousie et donner occasion de parler de moi.

Je vous envoie un petit écrit sur les Jésuites.

Trouvez-vous cette lettre un peu longue? elle vous déplairait moins à Strawberry-Hill, elle est déplacée à Londres, où vous avez mieux à faire.

LA PASSION DES JÉSUITES.

Le Pape présente à divers souverains de l'Europe le général des Jésuites, en leur disant ECCE HOMO; *à quoi répondent ces princes, savoir :*

Le roi de Portugal . . .	*Tolle, tolle, crucifige.*
Le roi d'Espagne . . .	*Reus est mortis.*
Le roi de France . . .	*Vos dicitis.*
La reine d'Hongrie. . .	*Quid mali fecit!*
L'empereur	*Non invenio in eo causam.*
Le roi de Prusse . . .	*Quid ad me?*
La république de Venise.	*Non in die festo, ne forte tumultus fiat in populo.*
La république de Lucques.	*Virum non novi.*
Le roi de Naples et l'infant duc de Parme. . . .	*Nos legem habemus, et secundum legem debet mori.*
Le roi de Sardaigne. . .	*Innocens sum a sanguine ejus.*
Le Pape réplique . . .	*Corripiam et emendatum vobis eum tradam.*
Le général des Jésuites .	*Post tres dies resurgam.*

Tous les ordres religieux disent au Pape :

Jube ergo custodiri supulchrum usque in diem tertium, ne forte

veniant discipuli ejus, et
furentur eum, et dicant plebi :
SURREXIT A MORTUIS, et erit novissimus error pejor priore.
Le Pape réplique . . . . *Ite, custodite, sicut scitis.*

LETTRE CL.

Paris, 5 janvier 1773.

Les facteurs ne rendent les lettres dans ce temps-ci que le lendemain de leur arrivée, par le grand nombre qu'ils en ont à distribuer; ainsi, quoique je vous aye écrit dimanche, je vous écris encore aujourd'hui, pour répondre à votre lettre du 27 que je reçus hier; je vois avec peine que vos forces reviennent bien lentement; j'admire votre courage, et de vos vertus c'est celle que j'envie le plus et que je n'aurai jamais; ce n'est pas à mon âge qu'on peut l'acquérir; j'en suis bien fâchée, connaissant parfaitement tous les inconvénients de la faiblesse.

J'ai reçu par madame Damer deux exemplaires des Lettres de madame de Pompadour; j'ai fait grand plaisir à Pontdeveyle, en lui en donnant un. Vous pouvez lire ces lettres, elles ne sont sûrement pas de madame de Pompadour, mais elles ne sont pas ennuyeuses ni de mauvais ton ; il y a du mal de beaucoup de gens. Je suis curieuse de savoir comment vous aurez trouvé celle de M. le duc d'Orléans (1) ; j'avoue qu'elle me paraît très-bonne ; il me semble seulement qu'elle s'est fait trop attendre ; c'est le sujet de toutes les conversations et de toutes les disputes.

Je ne reçois plus de nouvelles de Voltaire, peut-être m'a-t-on fait des tracasseries avec lui. Il a écrit à d'Alembert que le roi de Prusse lui avait envoyé une jatte de porcelaine où il y avait un Amphion, une lyre, et une couronne de laurier ; Voltaire par sa réponse, lui a demandé *s'il mettait ses armes partout.* Ce roi lui a répliqué par application de ces trois choses à son Henriade, à tous ses autres ouvrages, et même à ses bâtiments, car il prétend avoir construit une ville. Voltaire a envoyé copie de cette lettre que l'on dit être charmante, et à qui par conséquent le récit que je viens de vous faire ne ressemble pas.

―――――

(1) Une lettre du duc d'Orléans au roi. Le duc, à ce qu'il paraît, ne tarda pas à suivre l'exemple de son *cousin, le prince de Condé*, en se réconciliant avec la cour. Le motif de cette soumission, et la récompense qui en fut le prix, était la permission du roi, d'épouser, avec certaines restrictions, madame de Montesson.

Le livre dont vous êtes charmé réussit parfaitement ici, mais il vient d'être défendu. Tout le monde dit qu'il est de l'abbé Raynal (2), on en doit être étonné; car les ouvrages qu'il a faits précédemment ne donnaient pas lieu de penser qu'il en pût faire un aussi bon que le dernier; je ne l'ai point lu, je n'ai pas l'esprit assez solide pour faire de telles lectures, elles demanderaient une application dont je suis incapable, et un désir de s'instruire que je n'ai pas; je ne cherche qu'à tuer le temps, faute de trouver les moyens de le bien employer. Je ne veux pas vous faire perdre le vôtre par une plus longue lettre. Adieu.

Que vous dirai-je de mademoiselle Pitt? elle m'a rendu deux visites, elle doit m'en rendre encore une avant que de partir, à ce qu'elle m'a fait dire. Je crois qu'elle a beaucoup d'esprit, qu'elle a du goût, qu'elle juge bien des ouvrages. Je ne sais si elle juge aussi bien les hommes, elle les voit peut-être à vue d'oiseau, et se croit fort supérieure à tous; elle parle bien, mais pesamment, je lui trouve quelques rapports avec feu madame de

---

(2) L'*Histoire philosophique et politique des deux Indes*.

Sandwich (3). Ne serait-elle pas un peu envieuse et jalouse? mais, à dire le vrai, je ne la connais pas assez pour la pouvoir juger; je pense qu'elle ne manque pas d'agrément quand elle est à son aise, mais moi je ne le suis pas en vous parlant d'elle, car je ne suis pas en état de la définir.

LETTRE CLI.

Paris, lundi 25 janvier 1773.

Je suis on ne peut pas plus affligée de ce retour de goutte, mais vous auriez eu grand tort de me le laisser ignorer ; je me repose sur la confiance que j'ai que vous m'informerez toujours exactement de votre santé, je compte que sur cet article vous me parlerez avec autant de vérité que vous avez fait tant de fois sur d'autres, c'est-à-dire sans aucun ménagement.

Vous enverrez, dites-vous, à la grand'-

---

(3) La comtesse de Sandwich, mère du feu comte de ce nom. Elle était fille de Wilmot, comte de Rochester, vécut long-temps à Paris, où elle mourut dans un âge fort avancé. C'est à cette dame que Ninon de Lenclos donna son portrait, qui se trouve actuellement dans la collection de Strawberry-Hill.

maman, non seulement tout ce que vous avez fait, mais tout ce que vous avez imprimé (1). Je vous dirai naturellement que je ne vous le conseille pas, elle n'entend point l'anglais. La demande qu'elle vous a faite est une politesse, et un mouvement d'amitié pour vous et pour moi ; elle ne s'en souvient peut-être déjà plus ; attendez qu'elle vous renouvelle sa demande. Ignorez-vous que dans notre pays on a une civilité banale qui ne signifie rien ? La grand'maman a mieux que cela, j'en

―――――――――――――――――――――――――――

(1) M. Walpole avait dit : « J'obéirai aux ordres de
» la grand'maman comme imprimeur, non comme
» auteur. Elle aura tous les livres de ma presse, dont
» quelques-uns sont de moi. Ils se vendront en futur
» comme des raretés, pas comme de bons écrits ; mais
» voilà le seul titre sous lequel j'aurai la hardiesse de
» les offrir à madame de Choiseul. Ce n'est pas que je la
» soupçonnerais d'être capable de me traiter comme a
» fait Voltaire, qui me demanda mon Richard III, et
» puis m'accusa de lui avoir envoyé mes ouvrages sans
» qu'il me les eût demandés. Je ne savais pas que la
» grand'maman lût l'anglais ; si elle ne le sait point,
» j'aurai le plaisir de lui marquer mon attachement. Je
» craindrai l'abbé, si pour rendre complète la suite de
» mes impressions, j'y mets ma tragédie ; j'ai moins de
» répugnance pour mon *Château d'Otrante* qui peut
» passer pour une plaisanterie, mais une tragédie dont
» le sujet est révoltant, voilà qui est curieux. »

conviens, elle a de la bonté, elle veut obliger, elle veut qu'on soit content d'elle, mais excepté son mari, soyez sûre qu'elle n'aime rien ; gardez vos livres, croyez-moi.

Comment avez-vous pu croire que Voltaire fût à Paris, et que je ne vous l'eusse pas mandé? Il n'est pas assez fou pour y venir, et je suis bien éloignée de le désirer. Je n'entends plus parler de lui, il n'a pas répondu à la lettre où je le remerciais de la lecture que le Kain m'était venu faire de ses Lois de Minos; si je n'avais pas conservé cette lettre, je croirais qu'il y avait quelque chose qui aurait pu lui déplaire; je l'ai relue, et je n'ai pas cette crainte.

Vous et M. Selwyn vous êtes de mauvais puristes dans notre langue (2); j'ai consulté un très-grand grammairien, M. de Beauvau, pour

---

(2) Voici la manière dont M. Walpole s'était exprimé : « M. Selwyn et moi nous trouvons que votre commerce » avec nous autres Anglais vient d'influer sur la pureté » de votre style. Avons-nous raison de nous formaliser » d'une expression dans votre dernière lettre où vous » vous servez de cette phrase — *par extraordinaire* — » j'ai dormi cette nuit *par grand extraordinaire*, nous a » l'air extrêmement anglais. Nous voilà puristes ! que je » trouve quasi crime dans les lettres familières dont les » négligences sont des beautés. »

savoir si j'avais fait une faute en écrivant, *par un grand extraordinaire, j'ai dormi, etc.* (3) C'est une expression, m'a-t-il dit, fort usitée dans la conversation, dans les lettres et dans les discours familiers. Ce n'est pas que je prétende au beau langage, je ne sais pas un mot de grammaire, ma manière de m'exprimer est toujours l'effet du hasard indépendant de toute règle et de tout art, aussi je ne suis point flattée quand on me dit que j'écris bien, car je n'en crois rien.

Si vous faites une seconde édition de Grammont, il y faudra observer bien des choses ; que les caractères soient plus nets, l'encre plus noire et moins grasse, les lignes moins pressées et l'orthographe mieux observée ; surtout substituez le mot *aimable* à la place d'*amiable*, ce dernier n'est point en usage. Voilà ce qui regarde le public. Pour ce qui me regarde en particulier, et que j'ai fort à cœur, c'est que mon nom ne soit jamais imprimé ; j'ai craint qu'il ne le fût dans votre première édition, je crains bien plus qu'il ne le soit dans la seconde ; on croirait que, mécontente de ce que l'on ne m'a pas devinée, j'ai obtenu que vous me fissiez

---

(3) Voyez la lettre CXLIX, du 11 janvier 1775.

connaître; je suis bien éloignée de chercher la célébrité, je crains la considération qu'on n'exprime que par la jalousie et l'envie; trouvez bon que je me contente d'être considérée par vous, je recevrai toujours avec reconnaissance et plaisir toutes les marques d'estime que vous voudrez bien me donner, mais de vous à moi (4).

LETTRE CLII.

Paris, lundi 1ᵉʳ février 1773.

Si mes inspirations vous font rire, vos appréhensions me font le même effet. Est-il possible que vous en ayiez encore? Je vous croyais le tact plus fin; mais laissons cela. Ce qui est bien éloigné de me faire rire, c'est l'obstination

---

(4) M. Walpole lui dit en réponse : « Les critiques de » mon Grammont ne me choquent point, elles sont bien » légères. Je trouve votre éloignement pour y voir votre » nom, très-déplacé. On en aura dit tout ce qu'on en » pourrait dire, et qu'importe? — La jalousie des en- » vieux doit-elle être obstacle à la déclaration de mon » amitié et de ma reconnaissance? Il me semble que » l'omission me donne *mauvaise grâce, et a l'air de* » *partir de ma timidité* plutôt que de la vôtre. C'est » pourquoi j'insiste, et vous supplie de m'accorder la » permission. »

de cette maudite goutte, mais c'est encore sur quoi il faut me taire.

J'eus bien envie de vous écrire l'ordinaire d'avant celui-ci, pour vous apprendre la nouvelle du jour; c'est que madame de Forcalquier avait été à Choisy le mardi 26. Il y eut comédie ce jour-là; la nouvelle actrice y jouait le rôle d'Hermione; la dame soupa avec le roi; la voilà admise aux voyages, j'en suis fort aise par rapport à madame de Mirepoix : tandis que tout le monde s'en étonne, moi je ne suis étonnée que de ce que cela n'a pas été plus tôt.

On ne parle ici que de bals d'après-dînées; il y en a trois ou quatre par semaine. Les Brienne, les du Châtelet, M. de Monaco, M. de Bouzolle, etc., etc., sont ceux qui en donnent le plus souvent. Je soupe ce soir chez madame de Luxembourg, pour entendre réciter par La Harpe, sa tragédie des Barmécides toute entière, car nous n'en entendîmes que trois actes il y a aujourd'hui quinze jours.

J'attends votre réponse sur les Trois Siècles de notre Littérature et sur l'Almanach Royal; j'y joindrai les Lois de Minos, et si vous voulez *tout cela, je vous l'enverrai par les Manchester* qui partiront dans le courant de ce mois; ils souperont jeudi chez moi.

Mardi 2.

J'ai entendu les Barmécides, j'ai eu du plaisir; il y a de très-beaux vers; je crois qu'il y a beaucoup à critiquer, et que la chaleur avec laquelle l'auteur l'a lue a pu faire illusion; si elle est bien jouée, je crois qu'elle aura du succès; il n'y a pas de comparaison aux Lois de Minos.

Mercredi 3.

J'eus hier à souper les Beauvau, madame de Luxembourg, l'évêque de Mirepoix, M. de Stainville, le comte de Broglio, Pontdeveyle et l'ambassadeur de Naples; jamais je ne me suis plus ennuyée. Nous débutâmes par lire un long écrit de Voltaire que l'ambassadeur avait apporté, et nous annonça comme devant nous faire mourir de plaisir; c'est l'éloge des philosophes et de la philosophie. Il prouve, par cent exemples, qu'il n'y a point eu d'états heureux et bien gouvernés, que lorsque les philosophes ont dominé; cet écrit a trente ou quarante pages. Nous eûmes après, quantité de *petites histoires*, de *petits récits* que nous fit la princesse, et tous étaient à sa plus grande gloire : je me contins avec une fermeté héroïque et une prudence consommée pour ne point laisser entrevoir ce que je pensais. Je m'aperçois avec plaisir que les efforts que je fais me sont très-utiles, non-seulement pour éviter l'écueil présent, mais pour me faciliter de me garantir de ceux à venir; je me dis souvent: si M. Walpole était témoin de ma conduite, il en serait content.

LETTRE CLIII.

Dimanche 7 février 1773.

CECI est un hors-d'œuvre, mais vous ne vous en apercevrez que par la date; je suis toute seule et de très-mauvaise humeur. Il n'y a point eu de courrier aujourd'hui et je l'attendais avec impatience, étant (s'il m'est permis de le dire) fort inquiète de votre santé; être dix jours sans recevoir de nouvelles me semble un peu long; j'espère en apprendre demain, et que vous aurez été en état d'écrire. Si votre main était entreprise, M. Craufurd, je me flatte, prendrait la peine d'y suppléer.

Il n'y a rien ici de nouveau; il devait y avoir un bal mercredi chez M. d'Aiguillon, une espèce de fête qu'il devait donner à madame la comtesse (1); mais le roi fait un voyage ce jour-là, je ne sais pas si c'est partie remise ou rompue.

Les Manchester partent dans le courant de cette semaine ; je compte que votre première lettre m'apprendra si vous voulez les Trois Siècles de notre Littérature; vous les avez peut-être chez vous, mais si vous ne m'en parlez point, je vous les enverrai toujours avec les Lois de Minos qui vous surprendront. Comment, quand on a fait de si bonnes choses, peut-on se résoudre à en faire de si médiocres? pourquoi ne se pas taire quand on n'a rien à dire? Il n'y a que les fous et les bêtes à qui il est permis de parler toujours, parce qu'ils n'ont pas plus d'idée dans un temps que dans un autre. M. Francés croit m'avoir trouvé un traducteur, je n'abandonne point le projet de faire traduire votre tragédie ; je ne l'exposerai point à la critique ; je devrais supposer qu'elle n'en est point susceptible, mais nous sommes des gens fort difficiles, ce qui est hardi nous paraît extravagant, et ce qui n'est pas fade nous paraît grossier : oh! nous avons le goût bien délicat. Quand je dis nous, j'ai tort, je

---

(1) Du Barri.

dois m'en excepter, je ne saurais lire les ouvrages d'aucun de nos beaux-esprits; ils n'apprennent rien, c'est toujours l'éloge de la philosophie, ou plutôt celui des philosophes; ils ne veulent pas qu'on croye en celui-ci, qu'on obéisse à celui-là; ce sont de sottes gens; ils ont un grand nombre de partisans aussi sots qu'eux.

Je pensais ce matin que j'étais bien vieille, et je m'examinais pour savoir si je serais bien aise de revenir à trente ans. En vérité, en vérité, j'ai senti que non. De quoi remplirais-je le temps que j'ai à vivre? Il faudrait toujours en venir au terme où je suis; je suis quitte actuellement des malheurs que j'ai éprouvés, je ne serais pas bien aise d'avoir à recommencer; ce n'est pas que je ne craigne la mort, mais comme on ne peut l'éviter, je ne m'afflige point du peu d'espace qu'il y a entre ce moment-là et celui où je suis. Tout ce que je désirerais, ce serait d'avoir un caractère semblable au vôtre, de ne pas connaître l'ennui; c'est un mal dont on ne peut se délivrer, c'est une maladie de l'âme dont nous afflige la nature en nous donnant l'existence; c'est le ver solitaire qui absorbe tout, et qui fait que rien ne nous profite. Ne renvoyez point à la raison : à quoi est-elle bonne ? Tout ce qu'elle nous apprend, c'est de souffrir sans se plaindre, mais elle n'empêche pas de souffrir ; elle enseigne encore, je l'avoue, à avoir des égards, à ménager les gens avec qui l'on vit, à supporter leurs ridicules, à conserver ses sociétés, à n'écarter personne de soi, je conviens de cela : eh bien ! je n'en suis pas moins toute seule aujourd'hui ; jusqu'à ma chère compagne la Sanadona qui m'a quittée pour aller à l'Opéra avec monseigneur le duc de Praslin, dont elle est grande favorite. C'est à son absence que vous devez vous en prendre, si mon bavardage vous ennuie.

LETTRE CLIV.

Jeudi 10 février 1775.

Ce sont les Manchester (1) qui se chargent de vous remettre ce paquet ; si vous les voyez, ne manquez pas, je vous prie, de leur dire tout le bien que je vous ai mandé d'eux. Rien n'est plus aimable que la duchesse (2), et si vous la connaissiez, elle vous plairait infini-

---

(1) Le feu duc de Manchester et sa famille.
(2) Elisabeth d'Ashwood, duchesse douairière de Manchester.

ment ; elle a réussi auprès de tout le monde ; on dit sa figure très-agréable ; et pour ses manières, je m'en rapporte à moi-même ; personne n'est plus doux, plus poli, et n'a le désir de plaire d'une façon plus agréable ; elle est prévenante sans être empressée, et a infiniment l'usage du monde, et de cet usage fait pour tous les pays. Vous m'en croirez engouée ; non, je l'ai vue peu souvent, je n'ai pas désiré de la voir davantage, je n'aurais su de quoi l'entretenir, et j'aurais craint de l'ennuyer.

Je vis hier le fameux M. Burke (3) ; il parle notre langue avec la plus grande difficulté, mais il n'a pas besoin de sa réputation pour se faire juger homme de beaucoup d'esprit ; il trouva assez de monde chez moi et bonne compagnie, entre autres le comte de Broglio, l'évêque de Mirepoix et le Caraccioli ; il me fut amené par un M. Warte, qui me paraît le mâle de feu madame Hesse ; vous ne connaissez peut-être pas l'un, et vous n'avez peut-être jamais vu l'autre ; je leur donnerai à souper mercredi.

Le courrier du mercredi a manqué ; je n'attendais pas absolument de vos nouvelles, mais

---

(3) Le célèbre Edmond Burke.

je trouvais qu'il n'était pas impossible que j'en reçusse. Me voilà remise à dimanche, j'attends avec impatience d'apprendre quel est votre état et celui de M. votre neveu.

Peut-être ne vous soucierez-vous guère de tout ce que je vous envoie.

LETTRE CLV.

Mercredi 17 février 1773.

Ce que vous me mandez de votre état m'afflige infiniment, et surtout l'idée que vous avez de ne jamais guérir. Je suis bien éloignée de penser de même; le retour du beau temps vous guérira, je le crois, je l'espère; je sais bien qu'il n'y a point de conseil à vous donner sur votre régime, vous avez toujours observé le plus sévère, et vous ne vous êtes point attiré les maux que vous souffrez. Est-ce une consolation de n'avoir point de reproches à se faire? Si c'en est une, elle est bien faible. Est-ce un bonheur d'être né? dites, le pensez-vous? mais je me tais, il ne faut pas ajouter la tristesse et l'ennui à tous vos autres maux.

Je prévoyais bien que les Lettres de madame des Ursins ne vous amuseraient guère; celles de madame de Maintenon ne vous auraient pas été beaucoup plus agréables ; on y trouve plus la femme d'esprit, mais il y règne une réserve, une contrainte qui ôte tout le plaisir. On aura incessamment les nouvelles Lettres de madame de Sévigné, j'ai remis à les lire quand elles seraient imprimées ; je doute qu'elles soient aussi agréables que celles à sa fille ; toute lettre où l'on ne parle pas à cœur ouvert, où l'on ne dit pas tout ce qu'on pense, tout ce qu'on voit, tout ce qu'on fait, où l'on n'écrit que pour écrire, où l'on démêle de la réserve, de la contrainte, devient une lecture bien fade. Celles que je reçois du grand abbé ne sont pas dans ce goût-là ; elles sont gaies et naturelles, et s'il n'y dit pas tout, il le laisse deviner. Il m'annonce un petit voyage ici dans le courant du mois prochain ; j'en aurais du plaisir, si je pouvais en avoir.

La Bellissima en est restée à sa première sortie, elle n'a été suivie d'aucun autre voyage, elle n'est invitée à aucune fête, elle essaye de faire passer tout cela pour de la dignité ; elle s'est rendue, dit-elle, à une invitation que personne n'oserait refuser. Cette raison serait *bonne, si à cette soumission nécessaire* elle n'avait pas ajouté une visite d'une heure qui ne l'était nullement ; mais l'obscurité dans laquelle elle vit, couvre tout; comme on pense peu à elle, on ne la blâme qu'en passant.

Il y a un monde énorme chez mes parents, c'est un bruit, un tintamarre qui accable la grand'maman; pour le grand-papa, il en est ravi. Ils auront une bien plus belle visite les premiers jours de carême, de M. le duc de Chartres, cela surprend tout le monde. L'archevêque de Toulouse et son frère y arrivent aujourd'hui. Enfin qu'est-ce qui n'y va pas ? il n'y a que ceux qui ne cherchent pas la considération.

Je donne ce soir à souper à votre M. Burke; il y a des gens ici qui l'appellent *Junius* (1), il me paraît avoir infiniment d'esprit, il parle très-difficilement notre langue; je lui donne une compagnie que j'ai tâché de lui assortir; un M. Dubucq qui est aussi un grand esprit (2);

---

(1) Beaucoup de monde soupçonnait alors que M. Burke était l'auteur des célèbres Lettres de Junius.

(2) Dans les *Mélanges de madame Necker* il est fait mention de ses opinions sur différents sujets et de ses traits d'esprit. Il avait été premier commis de la marine sous le duc de Praslin, durant l'administration du duc de Choiseul, et jouissait de la réputation d'un homme à grands talents, et d'une rigoureuse probité.

le comte de Broglio, l'évêque de Mirepoix, madame de Cambise, les Caraman, etc. Adieu.

LETTRE CLVI.

Paris, mercredi 24 février 1773.

Ah! je le vois bien, il est impossible que vous soyez jamais content de moi; tantôt c'est une chose, tantôt c'est une autre qui vous choque ou qui vous déplaît. Mais je ne sais d'où vient vous vous êtes fait de moi une idée dont il ne vous convient pas de revenir; gardez-la si cela vous fait plaisir; pourvu que vous n'ayiez plus de goutte, ni de fièvre, tout m'est égal; je désirerais seulement n'être pas obligée à m'observer quand je vous écris; on est quelquefois entraîné à parler de soi, à dire ce qu'on désire, enfin tout ce qui passe par la tête; mais cela ne vous convient pas, je m'en abstiendrai, mes lettres seront plus courtes et même moins fréquentes, si vous le voulez; je suis résignée à tout, excepté à faire des gazettes; quel intérêt prend-on à Londres à ce qui se passe à Paris? qu'importe à Milords et Messieurs de savoir les fêtes que l'on donne à la cour, les succès d'une nouvelle actrice, les tracasseries des bals ? il faut être sur les lieux pour que cela intéresse ; et quand on a l'océan entre le pays qu'on habite et celui dont on reçoit des nouvelles, c'est à peu près comme si on en recevait de la Chine ou de l'autre monde. Je vous dirai pourtant que M. le duc de Chartres voulait aller à Chanteloup, qu'il en avait eu la permission, c'est-à-dire qu'on lui avait dit, comme on dit à tout le monde : faites ce que vous voudrez. Il écrivit le 18 de ce mois au grand-papa qu'il irait lui rendre visite les premiers jours de mars ; le grand-papa a refusé cet honneur par une lettre très-respectueuse et très-raisonnable, et telle qu'il convient à sa situation. Un homme qui est dans la disgrâce ne peut, ni ne doit point recevoir des marques de bontés si distinguées de ceux qui appartiennent au maître. Mais qu'est-ce que cela vous fait ? rien, et à moi pas grand chose.

Adieu ; guérissez-vous, et portez de moi tels jugements que bon vous semblera ; j'ai renoncé aux vanités de ce monde ; vous me donnez une commission que je doute de pouvoir exécuter (1). Quel ouvrage faites-vous

---

(1) Cette commission était conçue en ces termes : « On m'a conté une anecdote dont je suis très-curieux

donc qui vous rend cette connaissance nécessaire ? une bâtarde de Jaques II, le nom de sa mère, etc. Je ne connais point de vieux catholique anglais, je ne connais que des anglais hérétiques et modernes ; enfin j'y tâcherai, mais ne comptez pas sur le succès.

Cette histoire de M. Blaquière est-elle nouvelle ? il me semble que je l'ai lue dans des livres d'anecdotes anciennes (2).

Il me paraît que milord Stormont a assez d'indifférence pour ce que je pense de lui; il a raison. Nous avons encore ici un Anglais

---

» d'apprendre les détails. C'est qu'il mourut, il y a cinq » ou six ans, à Saint-Germain-en-Laye, une vieille » femme qui s'appelait madame Ward ; après sa mort » on vérifia sur ses papiers qu'elle était fille naturelle de » notre roi Jacques II. Je tiens cette histoire de bonne » main, et je vous serais très-obligé si vous vouliez vous » donner la peine de vous informer de tout ce qui la » regarde ; comme le nom de la mère, son propre » âge, etc., etc., vous savez combien j'aime les particularités historiques. »

(2) M. Walpole avait écrit à madame du Deffand que le colonel Blaquière s'était battu en duel avec un irlandais, qui se prétendait offensé de ce que le colonel Blaquière était secrétaire d'ambassade avec le lord Harcourt à Paris, et avait refusé de le présenter à Versailles, parce qu'il n'avait jamais été présenté à Saint-James.

que vous ne connaissez je crois pas, c'est-à-dire que vous ne voyez pas, car vous en entendez bien parler, c'est M. Burke; il est très-aimable; il vous portera un livre dont il fait grand cas; on ne l'a point encore en Angleterre, et je juge par le plaisir qu'il lui a fait, qu'il vous en fera aussi (3). Si vous voyez ce M. Burke, il pourra vous parler de moi, je me flatte qu'il s'en louera; j'ai eu pour lui toutes les attentions possibles, tous mes amis et mes connaissances m'ont secondée, il partira content de notre nation.

LETTRE CLVII.

Paris, 26 février 1773.

JE vous écris d'avance, je ne sais quand vous recevrez cette lettre, ce sera M. Burke qui vous la portera. Si ce livre (1) que je vous envoie ne vous plaît pas, prenez-vous-en à lui; il me l'a tant vanté, que je me suis imaginée qu'il vous ferait plaisir. On a quelques difficultés à l'avoir, on en a fait une seconde

---

(3) *La Tactique* de M. le comte de Guibert, le même à qui sont adressées les lettres de mademoiselle de Lespinasse.

(1) *La Tactique* du comte de Guibert.

édition à laquelle on a mis des cartons, celle-ci n'en a point; c'est le discours préliminaire qui charme tout le monde; il pourra bien ne vous pas faire le même effet, mais vous me saurez gré de l'intention.

Je vous envoie la lettre de M. le duc de Chartres au grand-papa avec la réponse. On a fait beaucoup de couplets sur les princes, sur les ministres; ils sont très-méchants et très-mauvais. Je les ai envoyés à Chanteloup sans en garder de copie; si je puis les ravoir, je vous les enverrai.

Je ne puis bien entendre ce que vous me dites à l'occasion de votre tragédie, avant de l'avoir lue; tout ce que je sais, c'est que je comprends mieux, je l'avoue, les sentiments, que la grossièreté des passions. Je ne suis nullement attachée à la pureté ni même à la politesse du style; je déteste les phrases et j'aime l'énergie, et c'est ce qui me fait aimer vos lettres, même celles dont les jugements ne me paraissent pas justes, mais vous y dites toujours vos pensées avec force et vérité. J'entends par vérité ce que vous croyez vrai, *quoique très-souvent il me paraisse le contraire.*

Je me flatte que cette explication ne vous

déplaira pas, je l'ai crue nécessaire pour qu'elle nous sauvât à l'avenir toute méprise, toute fausse interprétation, et toute manière indirecte.

Vous m'avez donné une commission que j'ai crue d'abord impossible à exécuter, cependant le désir de vous obliger m'en a fait chercher les moyens. J'ai écrit à madame de la Marck qui connaît tout St.-Germain et qui y règne, ainsi que M. de Noailles son frère; elle m'a fait une réponse très-polie dans laquelle elle me marque qu'elle va prendre toutes les informations que je désire; je souhaite qu'elle réussisse à satisfaire votre curiosité.

M. Burke ne partira que lundi; je pourrai reprendre cette lettre, s'il me survient quelque chose à vous dire.

Samedi 27.

Nous apprîmes hier la mort du roi de Sardaigne (2). Le mariage du comte d'Artois avec la sœur de la comtesse de Provence était déjà arrêté, mais aujourd'hui il y aura double alliance; Madame, sœur de M. le dauphin,

---

(2) Victor Amédée.

épousera le duc de Savoie (3), l'échange se fera, dit-on, dans le mois de novembre; on dit qu'il est très-certain que madame de Forcalquier sera dame d'honneur de la comtesse d'Artois; rien n'est plus surprenant, je voulais parier que cela ne serait pas, mais on m'a bien conseillé le contraire.

J'ai reçu ce matin des nouvelles de Chanteloup; la grand'maman ne se porte pas trop bien, elle est maigre, elle est faible, son pauvre petit corps n'a pas autant de force que son âme a de courage. Le grand-papa se conduit parfaitement avec elle, d'une manière simple, naturelle, même affectueuse. La belle-sœur ne manque à rien; mais malgré tout cela, excepté l'abbé qui ne vit que pour elle, elle est toute isolée, et son amour-propre doit beaucoup souffrir. Vous pouvez remarquer que dans la lettre de M. le duc de Chartres, elle n'y est pas nommée (4). Les séjours de madame de Beauvau sont rudes à passer.

───────────────────────────

(3) Après la mort de son grand-père, il devint prince de Piémont.

(4) Voici ce que M. Walpole remarqua sur cette omission : « L'omission du nom de la grand'maman est » d'une malhonnêteté outrageante. Le grand-papa l'a » rétablie à son honneur. Il devrait faire rougir ce » prince. »

Que dites-vous des troupes que nous rassemblons à Dunkerque, à Calais, à Cambrai ? ce ne sont encore que des régiments étrangers ; les enverra-t-on à Stockholm ? en ce cas, seront-ce nos vaisseaux qui les conduiront ? seront-ce les vôtres ? en vous payant quarante-cinq francs par homme, y consentirez-vous ? voilà ce qu'on ignore. L'ambassadeur Creutz paraît content ; il est le seul ministre étranger qui ait été admis à la fête de M. d'Aiguillon, et à celle de madame du Barri.

On me dit hier que Voltaire avait écrit à M. d'Alembert une lettre charmante, et lui avait envoyé une épître qu'il a écrite au roi de Prusse, plus gaie et plus jolie que tout ce qu'il a jamais écrit ; si je parviens à l'avoir, je vous l'enverrai ; je n'entends plus parler de lui, apparemment que les encyclopédistes m'ont fait quelque tracasserie ; je ne m'en soucie guère, et je perds sans regret cette correspondance.

Je compte que M. Burke partira lundi ; peut-être soupera-t-il *chez moi ce soir, mais* je souperai certainement avec lui demain chez madame de Luxembourg, où je l'ai fait inviter ;

il y entendra les Barmécides de La Harpe; je serai fort aise si vous le voyez; il se propose de vous rendre lui-même ma lettre, et ce livre de M. Guibert : vous me direz, après avoir lu le discours préliminaire, si vous en êtes content (5); je n'en ai lu que cela; si vous n'en êtes pas content, vous pourrez laisser le livre à M. Burke qui en est si charmé.

Dans cet instant même l'ambassadeur de Naples m'envoie cette épître de Voltaire qu'il m'avait dit si parfaitement gaie et jolie; vous n'en porterez pas le même jugement, à ce que je crois.

Ce Thiriot, dont l'épître fait mention, est mort il y a quelques mois; il avait été ami, confident, colporteur de Voltaire; il était devenu le correspondant du roi de Prusse, qui lui donnait une médiocre pension pour cet emploi. Jadis on avait fait cette épigramme sur Voltaire :

---

(5) M. Walpole répondit : « Je viens de lire le discours de M. Guibert, j'en suis bien médiocrement frappé. Le sujet demande de la profondeur, et ce monsieur n'est pas profond. Les comparaisons sont puériles, et sentent l'esprit d'Ovide. *J'aime mieux la seconde partie, apparemment parce que je l'entends moins.* »

Malgré les gens qui me détestent,
Je suis satisfait de mon lot;
Deux illustres amis me restent,
Le roi de Prusse et Thiriot.

Madame la comtesse de la Marck a fait faire toutes les perquisitions possibles touchant l'origine, l'état et la résidence de madame Ward. Les plus anciens irlandais qui demeurent au château de Saint-Germain ont été interrogés, aucun ne se rappelle d'avoir jamais entendu parler de ce nom, aucun ne sait si cette âme existe; on a de plus feuilleté les registres mortuaires depuis 1750 jusqu'à présent; il ne s'y trouve aucun nom qui approche de celui que l'on cherche; il est cependant une ancienne femme de chambre de madame de Chambon, nommée Ward, âgée de cinquante ans environ, dont on connaît parfaitement l'origine, qui n'est rien moins qu'illustre : ainsi elle ne peut être la personne dont il est question, puisqu'on la suppose d'ailleurs morte depuis cinq ou six ans; voilà tout ce qu'on a pu découvrir, et le résultat des informations qu'on a faites.

Copie de la lettre de M. le duc de Chartres à M. le duc de Choiseul, du 13 février 1773.

Je suis au comble de ma joie, M. le duc; je

n'ai pas cru devoir demander plus tôt au roi la permission d'aller vous voir; je viens de la lui demander, et il m'a laissé le maître de faire ce que je voudrais sur cela. Vous connaissez trop, j'espère, mon amitié pour vous et madame de Grammont, et la reconnaissance que j'ai de celle que vous avez toujours eue pour moi l'un et l'autre, et dont vous m'avez donné tant de preuves, pour n'être pas sûr qu'il ne pouvait pas me faire un plus grand plaisir. Je profiterai de cette permission, si vous le trouvez bon, dans la première semaine de carême.

Oserais-je vous prier de dire à madame de Grammont combien je suis aise de penser que je vais la revoir, et que je pourrai jouir de son amitié que, j'espère, elle a bien voulu me conserver?

Réponse de M. le duc de Choiseul, 20 février.

MONSEIGNEUR,

Mon premier mouvement et mon premier sentiment, en recevant hier au soir la lettre dont V. A. S. m'a honoré, a été de lui exprimer ma respectueuse reconnaissance de son souvenir, et de l'honneur qu'elle veut bien me faire. Je n'ai vu d'abord, ainsi que madame de

Choiseul et madame de Grammont, que l'avantage que nous aurions de vous faire notre cour; mais en réfléchissant sur l'éclat qui est la suite de toutes les démarches de V. A. S., et sur la réserve qu'exige de moi ma position, j'ai craint que la marque de bonté dont vous voulez m'honorer, ne produisît des inconvénients pour vous-même, Monseigneur, et plus certainement pour moi.

Dans le moment où le roi a laissé à V. A. S. la liberté de venir ici, il n'a pas pensé qu'il était contre le respect qui lui était dû, qu'un prince de son sang eût aucune communication avec un de ses sujets dans sa disgrâce; et entre les autres preuves des disgrâces que j'ai éprouvées successivement depuis deux ans, je ne puis pas me dissimuler que l'exil n'en soit une très-positive. Il pourrait arriver qu'on représentât au roi que V. A. S. ne devait pas lui demander une permission interdite aux princes du sang et aux disgraciés; que l'on parvînt à vous faire un démérite de vos bontés, Monseigneur, et que l'on regardât comme un tort pour moi d'en avoir profité.

J'ai cru devoir mettre sous vos yeux ces réflexions; c'est, je vous assure, avec autant de regret que de peine. Ma sœur partage mes sentiments à cet égard, et nous espérons, Monseigneur, que dans des temps plus heureux, nous pourrons jouir sans inconvénient de vos bontés, vous marquer notre reconnaissance et les sentiments d'attachement que nous vous devons, ainsi que le profond respect avec lequel j'ai l'honneur d'être, etc.

LETTRE CLVIII.

Jeudi 18 mars, à 6 heures du matin.

LE roi déclara aux ambassadeurs, mardi dernier, le mariage du comte d'Artois avec la princesse Thérèse de Savoie; leur maison n'est point encore nommée; on ne doute point que madame de Forcalquier ne soit la dame d'honneur; on cherche, dit-on, un mari à madame Boucault (1) pour qu'elle soit dame d'atour. De quatre à qui on l'avait proposée, aucune n'a accepté. Madame de la Ferrière (2) était hier au soir à la dernière extré-

---

(1) Madame de Boucault, née Bron. M. de Boucault avait été dans la finance.

(2) *Madame de la Ferrière, née Parens, était la mère* de madame de Malesherbes, épouse du président Lamoignon de Malesherbes.

mité. Beaucoup des oiseaux de madame de la Vallière sont morts, les vôtres, et plusieurs perroquets. M. de Souza, ambassadeur de Portugal, doit épouser mademoiselle de Canillac (3), qui a dix-sept ou dix-huit ans, qui est belle et bien faite, mais qui n'a pas un sou. L'abbé Barthélemi arrive au plus tard les premiers jours de la semaine prochaine. S'il était permis de parler de soi, je dirais : j'en suis fort aise. Il est extraordinaire que M. Burke vous ayant parlé du Connétable (4), ne vous ait pas dit un mot des Barmécides (5).

Comme il faut que cette lettre soit à la boîte avant huit heures, je finis ma gazette; le reste à l'ordinaire prochain.

---

(3) Mademoiselle de Canillac était d'une famille illustre d'Auvergne. Elle mourut à Paris fort regrettée, en 1791.

(4) *Le Connétable de Bourbon*, tragédie de M. le comte de Guibert.

(5) Tragédie de la Harpe.

LETTRE CLIX.

Paris, 31 mars 1773.

Depuis votre lettre du 12, vous ne m'avez point écrit et je ne vous ai point écrit depuis le 18; c'est aujourd'hui le quinzième jour que je n'ai eu de vos nouvelles. Je ne saurais croire que ce soit que vous soyiez malade, vous n'auriez pas la dureté de me le laisser apprendre par d'autres, vous n'avez jamais eu ce mauvais procédé; ce n'est pas non plus que vous soyiez fâché contre moi, parce que vous n'avez pas sujet de l'être; souffrez qu'en deux mots je vous rappelle nos dernières lettres.

Je vous ai extrêmement ennuyé en vous parlant de mes ennuis; vous m'écrivîtes le 5 mars *que vous étiez excédé de mes lettres, que vous les haïssiez à la mort, que vous aimeriez mieux être une connaissance que mon ami.* Je fus si blessée de cet aveu, que je vous écrivis quatre lignes dont je me souviens très-bien; je vous disais que je vous avais cru mon ami, parce que vous m'aviez dit que vous l'étiez; que ne voulant plus être que ma connaissance, il fallait bien y consentir. Depuis je reçus votre lettre du 12, beaucoup plus douce que celle du 5, mais où vous me marquiez encore du mécontentement; je crus de la meilleure foi du monde que je ferais bien de vous écrire en forme de gazette, que vous ririez, et seriez content de cette idée; mais il faut que tout me tourne mal; cependant je ne croirai jamais que vous vouliez rompre avec moi. Voici les conditions auxquelles je m'engage pour l'avenir : de ne point abuser de votre complaisance en exigeant que vous ne vous assujettissiez à aucune règle pour m'écrire; que ce ne soit que quand cela vous sera agréable; de ne vous jamais entretenir de mes ennuis ni de mon dégoût de la vie; de ne me plaindre de personne en particulier, ni en général ; de n'avoir plus *d'épanchement* comme vous l'appelez, c'est-à-dire de ne vous plus communiquer ni pensées ni réflexions. Je consens, si je manque à une de ces quatre conditions, à éprouver le plus grand malheur qui puisse m'arriver jamais, à être mal avec vous. Vous avez dû voir mon attention à éviter tout ce que vous traitiez de romanesque, et vous devez en conclure que je serai fidèle à tenir l'engagement que je prends aujourd'hui, mes lettres pourront n'être pas amusantes, mais elles ne vous attristeront pas.

Les conversations d'aujourd'hui ne roulent que sur la politique. Les mouvements du nord inquiètent beaucoup, on dit que nous n'entrerons point en danse, mais que nous pourrions bien payer quelques violons, ce qui fera que nous autres serons très-mal payés.

L'on commence à moins parler du mari de madame Boucault; il y en a qui prétendent que son mari est trouvé, que c'est M. de Bourbon Busset, et qu'elle l'épousera le lendemain de la Quasimodo. Il y aura, dit-on, quarante-deux mariages dans cette semaine-là.

Le quartier de M. de Beauvau commence demain, à mon grand déplaisir; il ne finira qu'au 1er juillet, qu'il ira tout de suite à Chanteloup passer un mois ou six semaines, autant en Lorraine, et c'est le temps où il n'y a personne à Paris.

Je ne me porte point bien, mes insomnies sont pires que jamais, et je ne comprends pas ce qui les cause, je diminue tous les jours ma nourriture.

On me dit hier que milord Stormont était de retour et qu'il avait eu en arrivant une conférence de trois heures avec M. d'Aiguillon;

j'espère que vous ne rentrerez pas plus en danse que nous, je souhaite passionnément que nous restions en paix. Si je désire qu'elle soit entre nos nations, jugez si je désire bien vivement qu'elle soit entièrement, parfaitement et solidement rétablie entre vous et moi ; songez quelquefois que vous avez toujours été constant pour tous vos amis et amies, et que ce ne doit pas être moi qui vous fasse changer de caractère.

Je vous prie de considérer que si je ne reçois de vos lettres qu'en réponse à celle-ci, je serai encore quinze jours sans recevoir de vos nouvelles. M. Craufurd n'est pas capable d'avoir l'attention de m'en donner.

LETTRE CLX.

Paris, mercredi 21 avril 1773.

UNE fois pour toutes, en vous rappelant vos fâcheries, rappelez-vous quels en ont été les sujets ; et quand vous serez de bonne humeur, vous verrez que je n'ai pas été fort coupable ; mais laissons tout cela et ne querellons plus.

Je crois aisément que vos forces ne sont point revenues, les changements de temps doivent vous être fort contraires, l'été pourra vous rétablir. Pour moi je fais de grandes enjambées vers ce que vous savez, mes nuits sont épouvantables, j'épuise toutes les lectures. Je viens de lire les mémoires de madame de Staal, ils sont plus agréables pour moi que pour toute autre; elle était mon amie, je passais ma vie avec elle, je connaissais tous les gens dont elle parle. Actuellement je lis Shakespear.

On a nommé les officiers de la maison de M. le comte d'Artois; on ne fera la maison de la princesse qu'il doit épouser qu'après le mariage de madame de Boucault; on croit qu'il se fera demain avec M. de Bourbon-Busset. Rien n'est si glorieux pour madame de Forcalquier que ce retardement; je crois vous avoir dit qu'elle ne voulait accepter d'être dame d'honneur qu'à condition que son amie serait dame d'atour.

D'où vient que vous ne me parlez plus de Rosette? est-ce qu'elle est morte?

LETTRE CLXI.

Paris, 12 mai 1775.

Je sens, comme je le dois, vos attentions pour le baron (1); je suis étonnée de la con-

---

(1) Le baron de Gleichen, envoyé extraordinaire de la cour de Copenhague en France, et qui, à cette époque, voyageait en Angleterre pour sa santé. M. Walpole a dit de lui : « Votre baron est allé voir des courses » *de chevaux*. Il s'y ennuiera, mais nos folies pour- » raient lui faire du bien. Il a véritablement du bon sens, » mais il a trop donné dans celui de gens qui l'affichent » sans en avoir. Il se perd en définitions de choses qui » n'en demandent point, et se noie dans une cuillerée » d'eau, à force de vouloir aller au fond. S'il s'efforce » de nous connaître comme une grande nation, on lui » bouleversera toutes ses idées; car ne parlant pas notre » langue, il prendra ses informations des ministres » étrangers qui sont des gens bien mal habiles, et qui » raisonnent sur les gazettes. Il nous mesurera à la » toise de ce qu'il a lu, ou sur ce qu'il a entendu dire en » France. Il cherchera de la philosophie et n'en trouvera » point; il croira donc que nous n'agissons que par po- » litique, et il s'y trompera davantage. Nous ne sommes » que les restes d'un grand peuple, et ce ne sera que le » siècle futur qui décidera de ce que nous sommes, et » de ce que nous serons ; actuellement nous n'avons » que ce qu'on peut appeler une routine. Le luxe est

fiance qui l'a conduit chez vous ; je ne la lui avais pas inspirée ; j'avais évité de prononcer votre nom devant lui ; je craignais qu'il ne me demandât une lettre, je la lui aurais refusée ; il a plus d'audace que moi, et nous nous en trouvons fort bien l'un et l'autre. Il m'a écrit à son arrivée à Londres ; il ne vous avait point encore vu, et n'avait vu personne ; il se désespérait d'ennui. Ma crainte est qu'il ne vous soit à charge. Quoique je lui trouve de l'esprit, je conviens qu'on peut le trouver ennuyeux.

Nous avons toujours ici milady Spencer ; elle réussit parfaitement, c'est à qui lui donnera à souper ; j'eus cet honneur vendredi passé, et je le répéterai une fois avant son départ pour Spa, qui sera à la fin du mois ; ce sera à peu près le temps, à ce que je crois, du départ de madame Greville, soit qu'elle retourne à Londres ou qu'elle aille à Spa.

Pontdeveyle se porte mieux ; et comme il y a peu de monde à Paris, et que ce qui y reste

» l'objet, et l'intérêt personnel le moyen. Tout le monde
» veut être riche, parce que nous n'avons ni principe,
» ni point d'honneur; tout le monde veut se ruiner parce
» que c'est la mode. On n'est pas avare; on n'est que
» corrompu. »

sont nos amis communs, nous soupons presque tous les jours ensemble, plus souvent chez moi qu'ailleurs.

La maison de la comtesse d'Artois n'est point encore nommée, ce qui surprend tout le monde ; mais apprenez ce qui m'a bien troublée avant-hier. M. Francés me dit qu'il avait reçu une lettre de chez vous, où l'on lui mandait que vous ne désarmiez pas ; et tout de suite M. de Presle me vint dire tout bas que M. Chamier lui avait écrit que nous allions avoir la guerre avec vous, et que c'était notre faute ; tous mes diplomatiques m'ont assuré que la nouvelle était fausse ; je ne puis être cependant parfaitement rassurée que par ce que vous me direz.

La comtesse de Choiseul, que la grand'-maman appelle la Petite Sainte, s'est embarquée dimanche dernier sur la Seine, et ira par eau à Chanteloup, où elle restera quinze jours, et puis continuera sa route pour se rendre à Barège ; c'est une fort jolie femme avec qui je suis assez liée.

Madame de Luxembourg est à Chanteloup depuis dix jours ; elle en reviendra à la fin du mois et ira tout de suite à Montmorency ; je suis dans la plus haute faveur auprès d'elle. Il n'en est pas de même de l'autre maréchale (*de Mirepoix*) ; elle me traite avec froideur sans qu'elle puisse en avoir d'autre raison que de ce que je vois souvent sa belle-sœur, ce qui ne peut être autrement, aimant et devant aimer autant son frère.

Voilà bien des riens que je vous écris ; il me reste à vous parler de mes lectures ; je suis tout au travers des Tudor de M. Hume; je n'y trouve pas un grand plaisir, mais cela ne m'ennuie pas extrêmement ; conseillez-moi quelques lectures (2).

---

(2) M. Walpole répondit : « Je ne sais quelles lec-
» tures vous conseiller. Quand on a épuisé tous les
» sujets, une manière nouvelle de les redire, ne les rend
» pas nouveaux, quoi qu'on en dise. Encore cet avantage
» tombe-t-il en partage à bien peu de gens. On a tout
» dit, on a contredit tout. Peut-être recommencera-t-on
» à rebâtir ce qu'on vient de détruire, et l'on n'y gagnera
» rien. On a dit que le soleil s'est usé, moi je crois
» que c'est l'esprit humain. Il est possible qu'avec le
» temps on voie quelque nouveauté dans l'Amérique.
» Mais à moins d'un *déluge* (je ne sais si c'est le mot
» français) l'Europe fournira aussi peu que la Tar-
» tarie. Les jésuites tombent, faute d'être méchants.
» Nos méthodistes ne renversent pas l'église établie,
» faute d'absurdités nouvelles, et vos philosophes
» se trompent en s'attendant à renverser des trônes

Comme il me reste une page, je vais la remplir par une chanson de la marquise de Bouflers, sur l'air : *Ton humeur est, Catherine.*

>Dimanche, j'étais aimable ;
>Lundi, je fus autrement ;
>Mardi, je pris l'air capable ;
>Mercredi, je fis l'enfant ;
>Jeudi, je fus raisonnable ;
>Vendredi, j'eus un amant ;
>Samedi, je fus coupable ;
>Dimanche, il fut inconstant.

Une autre du chevalier de Bouflers sur M. de Beauvau, qui dînait chez la marquise de Bouflers, sur l'air : *Si le roi m'avait donné Paris sa grand'ville.*

>Sans plaisir, vous écoutez
> A la comédie ;
>Sans raison, vous disputez
> A l'académie ;
>A mon bureau vous jugez,
>A ma table vous grugez ;
>Mais qui vous en prie, ô ! gué !
>Mais qui vous en prie ?

» comme Luther et Calvin, quand les livres ne sont plus
» une mode nouvelle. »

Autre sur la statue de Voltaire, faite par Pigal.

Air : *O filii.*

Voici l'auteur de l'Ingénu ;
M. Pigal l'a fait tout nu ;
M. Fréron le drapera,
Alleluia.

LETTRE CLXII.

Paris, dimanche 23 mai 1773.

Est-ce que je ne vous ai jamais parlé de l'amour effréné de M. le duc d'Orléans pour madame de Montesson (1) ? il y a je ne sais

---

(1) Madame de Montesson était une demoiselle Delahaye ; sa naissance, sans être illustre, était distinguée, et sa figure, sans être jolie, était agréable. A l'âge de seize ou dix-sept ans, elle captiva le cœur du vieux et riche marquis de Montesson, du pays du Maine, qui la voyait souvent au jardin du palais du Luxembourg, où elle avait coutume de se promener avec sa mère. M. de Montesson était à la fois fort laid et singulièrement dégoûtant. Après quatre ou cinq ans de mariage il mourut ; et laissa sa veuve, fort jeune encore, avec une honnête fortune, qui bientôt s'accrut par la mort de son frère unique, M. Delahaye. Sa conduite était exempte de reproches ; son aimable caractère et ses talents la firent rechercher dans le monde. Elle était une des quatre

combien d'années qu'il dure. L'honnêteté des mœurs de la dame, la pureté de ses sentiments, ou si vous l'aimez mieux son ambition, lui ont fait faire une résistance qui a déterminé le duc à l'épouser. Le chef de la famille a refusé son consentement; ainsi, selon nos usages, le mariage ne peut être qu'illégal, la femme ne saurait prendre ni le nom, ni les titres du mari sans le consentement authentique dudit chef. Mais un mariage clandestin visiblement caché se peut faire, et se fera sans doute, mais n'est point encore fait. La dame voyage à Spa, en Hollande, et ne sera de retour qu'au mois de

---

femmes à la mode, à qui Champfort (juge difficile) accordait le mérite d'être des actrices accomplies. Elle ne fut pas également heureuse comme auteur dramatique : une de ses pièces, *la Femme sincère*, jouée au théâtre français à Paris, malgré toute la prévention favorable qu'on en avait, et tous les efforts qu'on fit pour la faire réussir, fut froidement reçue par le public. Son mariage avec le duc d'Orléans eut lieu dans le temps et dans les circonstances dont parle ici madame du Deffand, et avec le consentement verbal du roi, à condition qu'elle ne prendrait jamais le nom de duchesse d'Orléans ni ses armes. Le duc mourut en 1786. Le caractère reservé et les manières affables de madame de Montesson, la sauvèrent des dangers de la révolution. Elle mourut à Paris en 1809.

juillet, et ce sera dans cedit mois que se fera la célébration, où il n'assistera que le nombre de témoins nécessaire. On prétend que le duc promit à son fils de ne conclure cette affaire que dans deux ans du jour qu'il lui parlait, et ce terme expire au mois de juillet prochain. Sa passion, loin de se refroidir, n'a pris que de nouvelles forces. Si cette femme fait mal ou bien de consentir à un tel hymen, c'est un problème, les avis sont différents. Je suis de l'avis de ceux qui l'approuvent, sa réputation demeure intacte. Si elle était d'une naissance illustre, elle aurait tort, parce que plusieurs exemples lui donneraient le droit d'être reconnue publiquement ; mais une très-petite demoiselle, veuve d'un petit gentilhomme, ne peut sans extravagance prétendre à un état qui pourrait par la suite la mettre au-dessus de tout le monde. Le sort des enfants, s'il en survient, est ce qu'il y a de plus embarrassant ; ils ne seront point bâtards, puisqu'il y aurait un mariage en face d'église ; ils seraient inhabiles à succéder, puisque le mariage serait illégal ; il faudrait leur donner des rangs intermédiaires, mais alors comme alors. Je ne sais ce que l'*Idole* pense de cette aventure, et comment sa vanité se retournera. Celle de madame de Forcalquier vient de faire un grand pas de clerc, en acceptant une place qui la met dans la servitude et l'exposera à de grands brocards. Il n'y a pas quatre mois qu'elle disait à qui voulait l'entendre, qu'il faudrait qu'elle fût bien extravagante pour qu'elle pût consentir jamais à prendre une place qui n'ajouterait rien aux honneurs dont elle jouissait ; qu'étant une très-grande dame, jouissant d'une assez grande fortune, jamais elle ne s'assujettirait à aucune servitude. Eh bien ! elle a accepté. Madame de Bourbon-Busset, autrement madame Boucault, est dame d'atour, et elles sont aujourd'hui à Versailles pour faire leurs remercîments. Le comte de Broglio ira recevoir la princesse.

Vous savez que M. de la Marmora, qui est rappelé, est nommé vice-roi du royaume de Sardaigne ; il fait semblant d'en être fort content, mais on prétend que cette place est aussi agréable que si c'était d'être vice-roi de Sibérie ; il faut résider pendant trois ans ; l'air y est détestable et la compagnie affreuse ; nous aurons à sa place le comte de Viri, que vous avez eu chez vous (2) :

(2) Fils unique du comte de Viri, qui, pendant plusieurs années, fut ministre de Sardaigne à Londres.

nous ne nous apercevrons point du changement. Sans doute que mon baron (3) est du nombre des philosophes modernes et des plus entichés de cette manie ; je m'impatiente bien souvent contre lui ; je suis étonnée qu'il ne m'ait pas écrit depuis qu'il vous a vu ; il s'accrochera à quelque métaphysicien ; il est impossible qu'il n'y en ait pas quelques-uns chez vous ; mais votre genre d'esprit ne lui convient nullement. Notre M. Thomas est bien mieux son fait, il vient de donner un livre qui a pour titre : *Essai sur les Eloges, ou Histoire de la Littérature et de l'Eloquence.* Le baron en sera charmé. Le Caraccioli s'en extasie ; il m'a prêté le premier volume, j'en ai lu ce matin trois chapitres, ils m'ont impatientée et ennuyée ; tout est à l'alambic, rien n'y est sous sa face naturelle, c'est une

---

Sous le nom de baron de Perrier, il épousa en Angleterre mademoiselle Speed, jeune dame élevée par la vicomtesse Cobham, qui lui légua 45,000 liv. sterlings. Mademoiselle Speed se faisait beaucoup admirer par son esprit et la vivacité de son caractère. Elle est une des héroïnes d'une pièce de poésie de Gray, intitulée *Long-Story.* A la mort de son père, le baron de Perrier prit le titre de comte de Viri, et fut depuis nommé ambassadeur en France et en Espagne.

(3) Le baron de Gleichen.

abondance d'idées fausses rendues brillantes par des recherches de mots et d'expressions ; ce n'est pas l'ouvrage d'un sot inspiré, mais d'un petit esprit qui se croit un génie.

Votre lettre vaut bien mieux que toutes les lectures que je fais depuis long-temps ; elle est remplie de traits vifs et sensés : je n'entreprendrai pas d'y répondre, je connais trop le degré de mes forces, ou pour mieux dire l'excès de ma faiblesse.

LETTRE CLXIII.

Mardi 1ᵉʳ juin 1773.

Le vent a été favorable, les lettres sont arrivées aujourd'hui ; je prévois que j'aurai de quoi remplir celle-ci, et qu'elle pourra bien être l'ouvrage de deux jours.

Je soupai avant-hier dimanche au Carrousel ; en rentrant chez moi, j'appris que madame Crewe (1) était arrivée : tout mon domestique

(1) La fille de feu Fulke Greville et femme de John Crewe, de Crewe-Hall dans le Cheshire, depuis créé baron Crewe. La mère de madame Crewe, madame Greville, avait passé plusieurs mois à Paris, où elle occupait dans le couvent de Saint-Joseph, un appartement qui faisait partie de celui de madame du Deffand.

s'était occupé à préparer un gîte pour elle et sa suite.

Le lendemain, à peine furent-elles levées, et bien avant que je fusse visible, la mère et la fille allèrent s'établir au Parc Royal; l'après-dînée elles allèrent à l'Opéra-Comique avec mesdames de Bussy (2) et de Ronçai (3), et revinrent ensuite souper chez moi.

Mercredi.

Hier je fus interrompue, je reprends ma narration. Je devais souper au Carrousel; la duchesse ayant appris l'arrivée de madame de Crewe, envoya prier la mère et la fille; elles furent à la Comédie française; au retour elles vinrent chez moi et nous fûmes toutes les trois chez la duchesse où nous ne trouvâmes que sa fille, M. d'Entragues, et M. de Rose. Jusqu'à présent, tous ceux que

---

(2) Madame de Bussy, née Messey, épouse de M. de Bussy, qui avait servi long-temps dans l'Inde.

(3) Madame de Ronçai, née Vibray. Elle s'était séparée de son mari, M. de Ronçai, peu de temps après leur mariage, à cause de quelques mauvais traitements qu'elle éprouva, et qui amenèrent un dérangement d'esprit. Elle fut ensuite nommée dame d'honneur de la princesse de Condé.

j'ai vus, et qui ont vu madame Crewe, la trouvent parfaitement belle, mais c'est ce soir qu'elle subira un grand examen, et que ses succès seront décidés; l'on fera le parallèle d'elle et de milady Georgine (4); elles passeront toutes deux la soirée chez moi, j'aurai quinze ou seize personnes à souper, et plusieurs autres qui, sous prétexte de me rendre visite, viendront les voir. Vous ne saurez qu'à la fin du mois laquelle aura eu le plus de suffrages, car par notre nouvel arrangement je n'aurai de vos nouvelles que le 13 et vous ne recevrez les miennes que le 18. Vous supporterez patiemment cette attente. Madame Greville et moi nous sommes parfaitement bien ensemble, sans engouement l'une pour l'autre; j'ignore l'impression que je lui ai faite, j'ai reçu d'elle des attentions, des politesses; j'y ai répondu de mon mieux par des prévenances, et par lui laisser en même temps la plus grande liberté; j'ai souvent passé des journées entières sans la voir. Elle est fort liée avec milady Spencer, elles ne se quittent presque point; elles ont plusieurs connaissances communes, mes-

---

(4) Lady Georgina Spencer, feu la duchesse de Devonshire.

dames de Mirepoix, de Caraman, de Bussy, du Châtelet, de Ronçai, etc., etc. Madame Greville n'a presque pas rencontré la marquise de Bouflers, et elle a très-peu vu la comtesse.

Vous avez bien jugé milord Dalrymple (5); il est doux, poli, raisonnable : s'il avait tant soit peu d'âme, il serait aimable. Votre ambassadeur me plaît assez ; on le trouve, quand on le connaît, moins froid, moins pédant et moins pincé qu'il n'en a l'air. Pour M. son secrétaire, c'est un très-bon homme, très-obligeant, mais voilà tout.

M. le duc de Bouillon a gagné son procès contre M. Latour d'Auvergne, le testament de M. son père est cassé (6).

M. de Morangiés (7) fut jugé jeudi dernier

---

(5) Le lord Stair actuel.

(6) Procès entre les héritiers du duc de Bouillon et M. de Latour d'Auvergne (d'une branche collatérale de cette famille), pour une partie de la succession léguée par le duc de Bouillon (père du prince de Turenne) à M. de Latour d'Auvergne.

(7) Le comte de Morangiés, homme de famille et officier général, mais accablé de dettes, fut accusé de nier et de refuser de payer une dette de 100,000 écus, qu'il avait reçus d'un jeune homme appelé Veron. Ce procès fit grand bruit dans le temps, et donna lieu, sui-

au bailliage du Palais. Voilà l'extrait de la sentence ; il va en appeler au parlement, par qui il sera condamné, dit-on, beaucoup plus sévèrement.

Sentence de M. de Morangiés.

« Le comte de Morangiés est déchargé de l'accusation de subornation ; mais sur l'autre chef il est admonété et aumôné, condamné par corps à payer deux cent quatre-vingt-dix-neuf mille quatre cents livres, suivant le montant de ses billets, déduction faite des vingt-sept mille livres d'intérêts et des vingt-cinq louis donnés à du Jonquai ; et en

___

vant l'usage, à des mémoires et à des exposés sans fin de part et d'autre. Tous les jeunes libertins de la noblesse se rangèrent du côté du comte de Morangiés, dont ils tachèrent de soutenir la réputation, et de justifier la conduite ; tandis que les gens honnêtes et sensés n'y voyaient que les basses manœuvres d'un homme exercé depuis long-temps dans la chicane, par laquelle il avait trouvé moyen d'échapper aux poursuites de ses nombreux créanciers ; et qui cherchait maintenant à faire charger de faux et d'escroquerie, un jeune homme sans expérience et sans protection, d'une classe inférieure de la *société*, dans la seule vue d'éviter le paiement d'une forte dette, reconnue par un billet de sa propre main.

vingt mille livres de dommages-intérêts envers du Jonquai et sa mère. Desbrugnières blâmé; Dupuis admonété et aumôné; tous deux condamnés solidairement avec le comte de Morangiés à quinze cents livres de dommages et intérêts envers du Jonquai et sa mère. Gilbert déchargé de l'accusation, le comte de Morangiés en trois mille livres de dommages et intérêts envers lui : tous ces dommages et intérêts par forme de réparation civile. »

Il y a beaucoup d'autres dispositions dans la sentence qui est fort longue. Dericé bannie pour trois ans, après neuf ans d'hôpital, pour s'être rétractée dans sa déposition; son père banni pour trois ans.

Le comte, Dupuis et Desbrugnières condamnés solidairement pour les dépens. Le mémoire du comte supprimé avec affiche de la sentence; permis d'écrouer le comte.

LETTRE CLXIV.

Samedi 12 juin 1773.

JE ne veux pas attendre à demain à vous écrire, j'ai trop de choses à vous mander; premièrement, voilà un paquet que j'aime mieux vous envoyer que d'entreprendre de vous rendre compte de ce qu'il contient. Vous me ferez savoir ce que je dois mander à madame de Jonsac.

Les Spencer partent demain, ils vont coucher à Roissy; madame Greville et sa fille les y accompagneront, et y resteront trois ou quatre jours après le départ des Spencer. Les Spencer iront le lundi ou le mardi à Haute-Fontaine chez l'archevêque de Narbonne, ensuite à Liancourt, et puis à Bruxelles chez madame d'Aremberg (1), et n'arriveront à Spa que les premiers jours de juillet; madame Greville dans ce temps s'y rendra, et sa fille prendra la route de Londres; ainsi finira l'histoire.

Il n'est pas douteux que si l'on n'avait vu ici qu'en peinture milady Georgine et madame Crewe, celle-ci aurait eu toute préférence; mais la première l'a généralement obtenue; sa taille, sa physionomie, sa gaîté, son maintien, sa bonne grâce ont charmé tout le monde.

---

(1) La duchesse douairière d'Aremberg, née de la Marck, mère du duc actuel d'Aremberg. Une de ses filles, la princesse de Staremberg, resta long-temps en Angleterre avec son époux, ambassadeur de la cour de Vienne. Son départ a causé de vifs regrets à tous ceux qui l'avaient connue.

L'autre est peu animée, sa taille est médiocre, et elle demande d'être examinée pour être trouvée belle ; je crois qu'elle a de l'esprit, mais elle parle peu ; elle sait bien notre langue. Voilà tout ce que je peux vous en dire ; sa mère l'adore. Depuis qu'elle ne loge plus chez moi, je ne l'ai pas beaucoup vue ; je me flatte d'être bien avec elle, mais nous n'avons pas formé une grande liaison. Jadis on me reprochait d'être sujette à l'engoûment ; aujourd'hui j'en suis bien corrigée, je me borne à éviter de me faire des ennemis, et je n'ai plus la pensée d'acquérir des amis ; je désire de conserver ceux que j'ai, qui sont en bien petit nombre, mais je m'en contente et n'en désire pas davantage.

Il faut vous parler à présent de madame de Grammont. Elle vint chez moi le même jour que je vous écrivis ma dernière lettre ; mais comme il y avait des ambassadeurs chez moi, elle se fit conduire dans mon cabinet ; je l'y allai trouver, l'accueil fut des plus obligeants ; le lendemain elle me rendit une seconde visite où elle fut encore plus agréable ; elle me dit qu'elle désirait souper chez moi. Par ses arrangements ce ne devait être qu'un des jours de la semaine où nous allons entrer, et je devais souper demain dimanche chez madame de Lauzun avec elle, et le lundi chez madame de Luxembourg. Quelques dérangements survenus dans ses projets, lui firent me demander à souper chez moi jeudi dernier; elle savait que j'avais ce jour-là madame de Beauvau et l'archevêque de Toulouse. J'y consentis volontiers; nous fûmes sept, mesdames de Beauvau, de Poix et de Grammont, l'archevêque de Toulouse, le Caraccioli et Pontdeveyle.

Dimanche, à 7 heures du matin.

Cette seconde date est la cause de la nouvelle main.

J'ai fait mes réflexions sur les soupers d'aujourd'hui et de demain; je viens de m'excuser du souper de chez madame de Lauzun : je trouve que j'y figurerais comme les momies aux repas des anciens. Je pourrai bien aller demain chez madame de Luxembourg; cela est différent, l'ancienneté de la connaissance, plus de rapport des âges, et puis la liberté de ne me point mettre à table, et peut-être n'arriverai-je qu'après souper; enfin j'évite le ridicule autant qu'il m'est possible; je le crains presqu'autant que l'ennui. J'ai changé le souper de madame de Lauzun contre celui de madame de la Vallière, quoique j'y aye soupé hier; vous serez étonné d'apprendre avec qui, avec la Bellissima; la duchesse l'avait exigé, non avec l'intention d'un raccommodement, mais pour la facilité du commerce; il y avait beaucoup de monde, cela se passa bien, sans affectation, sans embarras; on n'observera plus de s'éviter, et on se rencontrera par hasard, sans qu'il en résulte jamais ni inconvénient ni conséquence.

Milady Spencer a eu le plus grand succès: on n'a jamais eu pour aucune étrangère autant d'empressement et rendu autant d'honneurs; elle les a mérités; on ne peut en effet être plus aimable. Je crois que vous ne la connaissez pas, et que vous connaissez peu madame Greville.

Je m'imagine que vous ne voyez guère mon baron. Depuis la lettre qu'il m'écrivit le surlendemain de son arrivée à Londres, il ne m'a pas donné signe de vie. Je n'ai rien su de lui que par vous; vous voyez que l'amitié n'est pas bien vive. Peut-être a-t-il été choqué de ce que je lui dis dans ma réponse, que votre nation ne lui convenait pas; que *le caractère des Italiens lui convenait bien mieux.*

A 2 heures après midi.

En attendant le facteur, je vais vous dire les nouvelles que j'avais oubliées. La mort de la présidente de Gourgues (2); c'est une espèce d'événement : c'était une femme importante, qui avait des amis considérables; notre ambassadeur, je crois, était du nombre; madame de Montesson l'aimait passionnément. Sur la nouvelle de sa maladie, elle est partie sur-le-champ de Spa, et est justement arrivée ici le jour de sa mort. Sa douleur est extrême ; elle est allée trouver M. le duc d'Orléans au Raincy, et quelques-unes des plus intimes de la défunte s'y sont rendues auprès d'elle. Cette dame a fait son légataire universel le président de Lamoignon son frère ; elle laisse cent mille francs à M. de Malesherbes son cousin, et à madame de Montesson ses pierreries, qui sont de peu de valeur.

Je loue mon petit logement à une madame la marquise de Beausset (3), sœur de madame de

---

(2) Elle avait été long-temps attaquée d'une maladie incurable.

(3) Née Jarente. Son mari était le neveu de l'évêque de Béziers. Elle était non-seulement fort jolie, mais aussi fort spirituelle.

la Reynière ; c'est une femme établie en province, fort belle, fort jeune, qui veut passer quelque temps à Paris. Je ne me propose point de faire une grande connaissance avec elle ; je n'aime point la société des jeunes personnes.

J'attends à cinq heures mesdames de Mirepoix, de Bouflers et de Boisgelin qui doivent venir prendre du thé avec moi. La maréchale, jusque vers la fin du mois prochain, habitera souvent sa petite maison de campagne, le Port-à-l'Anglais ; j'irai y souper quelquefois. Je compte aller aussi une fois la semaine à Courbevoie, chez madame de Valbelle (4); la compagnie y est détestable, mais on y joue au cavagnol. J'irai très-rarement à Roissy, chez les Caraman, c'est trop loin. Il est bien malheureux pour moi que Chanteloup soit à une si grande distance ; si ce n'était qu'à vingt lieues, j'aurais bien du plaisir à rendre visite à la grand'maman, et à passer avec elle les temps où il y a peu de monde. Sa santé n'est point bonne ; elle est maigre, elle est faible, elle tousse, elle dort peu, elle digère mal,

---

(4) La comtesse de Valbelle; mère du comte de Valbelle, l'amant de la célèbre Clairon.

j'en suis fort inquiète. Il n'y a pas grand monde présentement à Chanteloup; madame de Grammont y retournera dimanche ou lundi.

Voilà le facteur, une de vos lettres et une du baron (5); le baron me mande qu'il part pour les eaux de Harrowgate, et me donne une adresse, en cas, dit-il, que dans son apostille il ne la change pas, et dans l'apostille il la change, et c'est à Bruxelles qu'il faut lui écrire. Certainement il est fou.

LETTRE CLXV.

Mercredi 14 juillet 1773.

Je ne suis point en train d'écrire; je n'ai, ce me semble, rien d'intéressant ni d'amusant à vous dire. Cependant je puis vous parler de la pluie et du beau temps; la pluie que vous avez dû avoir à Strawberry-Hill m'a fort fâchée, mais elle n'aura pas continué tout le temps de votre séjour; ce qui me le fait espérer, c'est que depuis cinq ou six jours il fait le plus beau temps du monde.

Les dames du Carrousel vous aiment toujours *et me demandent souvent de vos nouvelles.*

---

(5) Le baron de Gleichen.

L'ami Pontdeveyle, M. de Tourville et la Sanadona me prient souvent de les rappeler à votre souvenir; la dernière est à Praslin depuis vendredi, elle en reviendra samedi; je serai bien aise de son retour, elle m'épargne des soins en me garantissant de l'ennui de passer des soirées seule. Cette crainte de la solitude vous surprend, vous qui la chérissez tant; mais pensez que vous avez des yeux, des goûts, des talents, ajoutez beaucoup d'affaires qui, quoiqu'elles vous fatiguent et vous fâchent, vous préservent de l'ennui.

On se divertit beaucoup à Chanteloup; on y joue des comédies où la grand'maman a le plus grand succès; il y a une trentaine de personnes tant de la cour que de la ville, toutes des plus brillantes et des plus agréables; ce n'est pas cependant en vérité le temps où je regrette de n'y pas être, tout au contraire, c'est celui qui me fait chérir mon tonneau.

Dans cet instant j'entends le canon qu'on tire pour l'entrée de madame la comtesse de Provence (1); elle fera les mêmes choses qu'a faites madame la dauphine; vous me dispensez bien de vous en faire le détail.

_____

(1) Son entrée publique à Paris, qui n'avait pas encore eu lieu depuis son mariage.

Le mariage de M. du Barry avec mademoiselle de Tournon n'est point encore fait; il se fera incessamment, et au sortir de l'église ils partiront pour Compiègne.

Madame de Luxembourg part aujourd'hui pour Villers-Coterets ; elle n'y sera que huit jours, et le 22, jour de la Madeleine qui est sa patrone, elle soupera chez moi ; je lui donnerai pour bouquet de sa fête une tresse de fil d'or faite comme les tresses de cheveux, avec ce couplet, sur l'air des *folies d'Espagne*:

> Ces beaux cheveux qu'autrefois Madeleine
> Pour plaire à Dieu raccourcit de moitié,
> Du tendre amour furent long-temps la chaîne ;
> Qu'ils soient pour nous les nœuds de l'amitié.

C'est un petit abbé de Lille qui en est l'auteur (2), il a beaucoup d'esprit et de

---

(2) Le poète qui s'est rendu depuis si justement célèbre. Madame du Deffand a toujours été scrupuleuse à nommer les auteurs des vers faits pour elle, ou donnés en son nom. L'auteur de la *Notice sur la Vie de madame du Deffand*, qui se trouve à la tête des deux volumes de sa correspondance publiée à Paris en 1809, est dans l'erreur quand il dit qu'elle s'attribuait les vers qui lui avaient été fournis par quelque homme de lettres de ses amis.

talent, mais je le connais fort peu : vous n'ignorez pas que le goût présent est de parfiler, et que l'on a épuisé toutes les formes pour faire des galanteries dans ce genre.

Je vous promets de ne point lire les trois volumes de voyages (3).

Je viens de relire Tom Jones, dont le commencement et la fin m'ont charmée. Je n'aime que les romans qui peignent les caractères, bons et mauvais. C'est là où l'on trouve de vraies leçons de morale ; et si on peut tirer quelque fruit de la lecture, c'est de ces livres-là, ils me font beaucoup d'impression ; vos auteurs sont excellents dans ce genre, et les nôtres ne s'en doutent point. J'en sais bien la raison, c'est que nous n'avons point de caractère, nous n'avons que plus ou moins d'éducation, et que nous sommes par conséquent imitateurs et singes les uns des autres.

---

(3) La première édition des Voyages du capitaine Cook dans les mers du sud.

LETTRE CLXVI.

Paris, mardi 27 juillet 1775.

La lettre dont vous aviez chargé milord Beauchamp ne m'a été rendue que tout à l'heure, quoiqu'il soit à Paris depuis samedi. Ce n'est point négligence de sa part, un billet de lui qui l'accompagnait, était daté du samedi; je ne doute pas que ce ne soit la faute de Colman (1), de qui la mémoire est très-infidèle quand il a bu.

J'ai vu vos deux cousins (2), ils me paraissent tels que vous me les dépeignez; je les ai priés à souper pour samedi, ils ont accepté; j'aurai ce jour-là l'Idole et sa belle-fille, une madame de Vierville leur complaisante; la Sanadona, Pontdeveyle et Poissonnier (3). Vous serez étonné de l'Idole; après avoir été plus d'une année sans souper avec elle, j'y aurai soupé trois fois dans l'espace de quinze jours. Les amitiés et les inimitiés ont la même allure dans ce monde-ci; il m'en prend souvent

---

(1) Un des valets de madame du Deffand.

(2) Le présent marquis d'Hertford (alors lord Beauchamp) et son frère lord Henri Seymour Conway.

(3) Habile médecin français, qui avait fait depuis peu un voyage en Angleterre.

des dégoûts effroyables, et un très-grand désir de le quitter; ne craignez point que je vous rende compte des raisons et des réflexions qui m'amènent à penser ainsi: en faut-il d'autres que la vieillesse et l'aveuglement, et le vide que l'on trouve dans tous les objets dont on est environné?

Je ne serai d'aucune utilité à vos cousins; le peu de gens de ma connaissance, soi-disant amis, sont tous dispersés; il n'y a que quelques personnages assez tristes, et faits pour ennuyer des jeunes gens, qui me soient restés; de plus, je ne me porte point bien, je m'affaiblis extrêmement, il ne me vient rien à dire, et quand je veux parler, je ne trouve plus de termes pour m'exprimer; je puis vous assurer que si l'on me trouve le sens commun, je ne le dois qu'à la prévention que quelques personnes ont daigné donner de moi; mais qu'aujourd'hui, si l'on me juge par ma valeur intrinsèque, on perdra bientôt cette prévention. Mais c'est trop vous parler de moi, et je vous en demande pardon.

Je crois que vous pourrez recevoir cette lettre avant votre départ, et qu'avant ce moment vous pourrez m'en apprendre le jour.

Je vous suis très-obligée de tous les détails

que vous me faites de vos occupations, et de toutes les petites nouvelles ; je sais combien vous aimez peu à écrire, et combien je vous dois de reconnaissance de votre complaisance ; ne croyez point que j'en veuille abuser, c'est très-sincèrement que je vous prie de n'avoir point égard à ma satisfaction, et de ne consulter et de n'agir que par la vôtre. Je comprends extrêmement la répugnance que l'on a à écrire, je l'éprouve. Ma correspondance avec Chanteloup se ralentit de jour en jour ; je me le reproche, j'appelle Wiart, il prend l'écritoire, il ne me vient rien, et il s'en retourne sans que je lui aye rien dicté. Je n'écris plus à Voltaire, je relis actuellement le recueil de ses lettres et des miennes ; cette lecture, si vous daignez jamais la faire, vous paraîtra ennuyeuse ; j'ai crayonné celles que je trouve les plus passables. Je n'ai pas le même dégoût que vous aurez ; j'ai la curiosité de voir dans quelle disposition j'étais lors que je les ai écrites.

Les comédies de Chanteloup sont cessées ou vont bientôt l'être ; l'accident de la main du grand-papa l'a un peu attristé (4) : il mange

---

(4) Il avait eu un os de la main cassé en montant un cheval fougueux.

tout seul depuis qu'il a son bras en écharpe; il ne saurait monter à cheval. La grand'maman est au bout de ses forces, les comédies l'épuisent, mais elles la détournent de bien des choses qui seraient pour elle pires que la fatigue. Je suis bien fâchée que Chanteloup soit à une si grande distance, j'aimerais à être avec cette grand'maman : on se plaît avec les gens qui sont à notre unisson.

Le comte de Broglio fut nommé, dimanche dernier, pour aller chercher la comtesse d'Artois; cette grâce, quoique légère, a rencontré de grands obstacles, les gens titrés prétendaient que cet honneur n'était dû qu'à eux. La vicomtesse du Barry (5) est trouvée admirable, on dit qu'elle ressemble en beau à madame de Châteauroux.

On prétend qu'un certain mariage (mais pourquoi ne pas nommer madame de Montesson?) se fera ces jours-ci; elle vient d'acheter, huit cent mille francs, la terre de Saint-Port (6), qui est à huit ou dix lieues de Paris.

---

(5) Née Tournon et parente du prince de Soubise. Elle avait épousé le vicomte Alphonse du Barry, qui fut tué à Bath, dans un duel avec le comte Rice, irlandais.

(6) Saint-Port ou Sainte-Assise, château magnifique

LETTRE CLXVII.

Dimanche 1ᵉʳ août 1773.

Je crains que ma dernière lettre ne vous ait déplu, je vous y faisais des rabâchages sur le retardement des vôtres. Il faut être indulgent, et me laisser quelquefois parler de ce que j'ai dans la tête.

Oui, vos cousins m'ont rendu votre lettre et vous le savez déjà, puisque vous en avez reçu la réponse.

Vous me demandez ce que je pense de vos cousins? je les trouve (si l'on peut s'exprimer ainsi) de même acabit que vous, et cet acabit n'est pas le plus commun; j'aurais bien de la peine à en trouver un quatrième. Si vous voulez que je vous parle plus clairement, je vous dirai que je les trouve d'une politesse extrême, respirant l'honnêteté, la droiture : je suis trompée, s'ils ne sont pas de la plus grande vérité; je ne crois pas qu'ils ayent autant d'âme et de chaleur que vous, mais c'est tant mieux pour eux, et peut-être tant

---

sur les bords de la Seine, à quatre lieues de Fontainebleau. Le duc d'Orléans y mourut en 1786. La duchesse de Kingston en fit ensuite l'acquisition.

mieux pour leurs amis; leur âme étant plus calme, leur humeur doit être plus égale, et leurs têtes moins aisées à se troubler. Peut-être me méprends-je dans le jugement que j'en porte; c'est plutôt deviner que juger, car je les ai très-peu vus, et n'ai point causé avec eux; ils m'ont rendu une visite; je soupai jeudi avec eux chez madame de la Vallière, et ils soupèrent chez moi hier avec les gens que je vous ai mandé; ils partent demain pour Compiègne, d'où ils iront à Rheims, et puis ils reviendront ici.

Je ferai demain un souper où j'enverrais volontiers quelque autre à ma place, c'est à Saint-Ouen, chez M. et madame Necker; ils ont voulu me connaître, parce qu'on m'a donné auprès d'eux la réputation d'un bel-esprit qui n'aimait point les beaux-esprits, cela leur paraît une rareté digne de curiosité. Eh bien! j'ai été assez sotte pour faire cette connaissance, et quand je m'interroge pourquoi, je rougis de découvrir que c'est la honte de l'ennui, et que je suis souvent aussi imbécille que Gribouille, *qui se jette dans l'eau de peur de la pluie*, (c'est un de nos proverbes ou dictons).

Je crois que M. de Guignes vous reviendra, mais pas pour bien long-temps.

Les comédies sont finies à Chanteloup. Je me reproche la paresse que j'ai à leur écrire; je ne trouve rien à dire; dans ce moment je suis dans le même cas.

LETTRE CLXVIII.

Paris, 8 août 1775.

Vous avez grand tort de me consulter (1);

---

(1) M. Walpole avait dit : « Comme vous me de-
» mandez quelquefois des lectures, je vous prie de
» relire deux pièces, que sûrement vous avez bien lues;
» mais lisez-les de grâce avec attention; c'est la Zaïre
» de Voltaire, et le Mithridate de Racine. Ai-je tort de
» les trouver pitoyables? le langage, surtout de la pre-
» mière, me paraît familier, et trivial jusqu'au burles-
» que. A l'une et l'autre nul caractère, nulle probabilité,
» et dans Mithridate pas une pensée nouvelle, un seul
» sentiment qui fasse impression. Je viens de les relire,
» parce que j'ai envie de faire une autre tragédie, et je
» fus étonné de leur médiocrité. Je ne crois pas que je
» risquerai de faire pis, quoique je trouve que depuis
» ma dernière goutte le peu d'esprit que j'avais s'est fort
» affaibli. Il me semble que c'est la gêne de la rime qui
» a été cause du peu de noblesse que Voltaire a mis
» dans ses expressions. Dites-moi si j'ai tort, et si je dois
» trouver Mithridate une belle pièce. Selon moi, c'est
» l'ouvrage d'un garçon qui sort du collége. La nature

vous ne savez donc pas comment je juge ? par
deux sensations, ennui ou plaisir ; jamais je

» y parle-t-elle ? y a-t-il rien qui surprenne à force de
» vérité même ? n'est-ce pas l'éducation qui fait faire de
» telles pièces, et non pas la connaissance intime de
» l'âme et des passions ? Je veux relire Phèdre, Britan-
» nicus, Cinna, Rodogune, Alzire, Mahomet et Athalie
» que j'ai infiniment aimés, et dont je vous dirai mes
» sentiments. J'en suis à l'Iphigénie dont j'ai lu trois
» actes, et que je suis loin de trouver un chef-d'œuvre,
» comme l'estime Voltaire. C'est qu'il faut, pour que
» j'aye une satisfaction parfaite, que je sois grandement
» ému. Il me faut un grand choc de passions, des traits
» hardis et naturels, des caractères très-marqués, mais
» en même temps nuancés, et cette connaissance du
» cœur humain qui distingue les grands maitres, et qui
» frappe comme un coup de lumière les esprits les plus
» communs. Le mécanisme d'une pièce faite pour s'as-
» surer des suffrages, et non pas pour faire de grandes
» sensations, ne me frappe non plus qu'une pendule.
» La première pendule m'aurait causé de l'étonnement ;
» j'aurais acheté la seconde à mon usage ; je donnerais
» la troisième à un enfant.

» Ce sont nos auteurs tragiques que j'aime, c'est-à-
» dire Shakespear, qui est mille auteurs. Je n'accorde
» pas, comme vous, le même mérite à nos romans.
» Tom Jones me fit un plaisir bien mince : il y a du bur-
» lesque, et ce que j'aime encore moins, les mœurs du
» vulgaire. Je conviens que c'est fort naturel, mais le

n'examine les causes. Vous pouvez avoir toute raison dans vos critiques. Si nos théâtres vous paraissent froids ou plats, ils ne valent rien pour vous. J'ai seulement fait une remarque, c'est que la disposition où nous nous trouvons influe beaucoup sur les impressions que nous recevons, et en conséquence sur les jugements que nous portons ; je crois que vous en conviendrez. Il me semble que la comparaison que vous faites de l'effet que vous aurait fait une pendule dans trois âges différents, peut s'appliquer à ce que je viens de dire.

Je ne puis pas sentir le mérite de Shakespear; mais comme j'ai beaucoup de déférence pour vos jugements, je crois que c'est la faute des

---

» naturel qui n'admet pas du goût me touche peu. Je
» trouve que c'est le goût qui assure tout, et qui fait
» le charme de tout ce qui regarde la société. Scarron
» peut être aussi naturel que madame de Sévigné, mais
» quelle différence ! mille mères peuvent sentir autant
» qu'elle ; c'est le goût qui la sépare du commun des
» mères. Nos romans sont grossiers. Dans Gil Blas il
» s'agit très-souvent de valets et de telle engeance,
» mais jamais, non jamais ils ne dégoûtent. Dans les
» romans de Fielding, il y a des curés de campagne qui
» sont de vrais cochons. — Je n'aime pas lire ce que je
» n'aimerais pas entendre. »

traducteurs (2). A l'égard de vos romans, j'y trouve des longueurs, des choses dégoûtantes, mais une vérité dans les caractères (quoiqu'il y en ait une variété infinie) qui me fait démêler dans moi-même mille nuances que je n'y connaissais pas. Pourquoi les sentiments naturels ne seraient-ils pas vulgaires ? N'est-ce pas l'éducation qui les rend grands et relevés ? Dans Tom Jones, Alworthy, Blifil, Square, et surtout madame Miller, ne sont-ils pas d'une vérité infinie ? et Tom Jones, avec ses défauts et malgré toutes les fautes qu'ils lui font commettre, n'est-il pas estimable et aimable autant qu'on peut l'être ? Enfin, quoi qu'il en soit, depuis vos romans, il m'est impossible d'en lire aucun des nôtres (3). A l'égard de

---

(2) On trouvera que, malgré les désavantages de la traduction, madame du Deffand a changé d'opinion sur ce sujet.

(3) M. Walpole dans sa réponse dit : « Nous ne sommes
» nullement d'accord sur nos romans ; c'est le défaut du
» naturel qui me dégoûte, et que vous croyez y voir.
» Les caractères sont apprêtés, et travaillés au point
» d'en découvrir tout le mécanisme. Dans Gil Blas rien
» n'est forcé ; un trait peint un caractère, et un certain
» air négligé le rend vraisemblable. *Je conviendrai de*
» tout ce que vous dites d'Athalie, mais Tom Jones ne
» me fait pas la moindre impression. »

notre théâtre, je ne m'éloigne pas de votre façon de penser; mais Athalie me paraît une très-belle pièce, et je trouve de grandes beautés dans Andromaque; le style de Racine a une élégance charmante, mais qui peut-être n'est sentie que par nous. Il y a des beautés dans Corneille qui ressemblent beaucoup (à ce que j'imagine) à plusieurs traits de votre Shakespear. Il ne me faut pas des choses aussi fortes qu'à vous : le choc des grandes passions me causerait sans doute beaucoup d'émotion, mais cela n'est pas nécessaire pour m'intéresser. Le jeu...... (ce n'est point le mot propre, je n'en puis trouver d'autre) des intérêts, des goûts et des sentiments ordinaires, quand ils sont bien nuancés comme dans Richardson, suffit pour m'occuper et me plaire infiniment. Voilà ce que j'ai pu débrouiller sur ce que je pense; vous n'en serez pas satisfait; mais songez à mon âge et à la faiblesse de mon génie.

J'ai reçu ces jours-ci une grande lettre de Voltaire, et je n'en suis point bien aise, parce qu'il a fallu y répondre (4).

---

(4) M. Walpole dit: « Voltaire reprend sa corres-
» pondance avec vous, tant mieux; il vous amusera de
» temps en temps, et vous vous amuserez à lui répondre;
» ses plus mauvaises lettres vaudront mieux que celles des

M. de Beauvau est revenu de Chanteloup, il m'a donné de très-mauvaises nouvelles de l'état de la grand'maman; elle s'affaiblit, elle maigrit; je souffre beaucoup d'être séparée d'elle, et d'autant plus qu'elle me désire.

Le voyage de Compiègne ne m'a pas causé autant d'ennui que je le craignais, j'ai eu moins de monde, mais j'ai été rarement seule; j'ai pris une résolution que j'espère soutenir, parce que je m'en trouve assez bien, c'est de vivre au jour le jour, de ne pas penser au lendemain, de ne croire aux amitiés, ni aux inimitiés, enfin de suivre la maxime de ma grand'tante, *de prendre le temps comme il vient, et les gens comme ils sont.*

J'avais beaucoup entendu parler de madame Beauclerc (5); c'est, dit-on, la femme du monde qui a le plus d'esprit; elle a eu la gloire de vous amuser, et cela me le prouve.

J'ai reçu une lettre de madame de Crewe, fort naturelle, fort tendre, fort obligeante, et d'assez bon français; je croirais assez

---

» autres. Je ne suis pas son enthousiaste, mais qui est-
» ce qui le remplacera?»

(5) Feu lady Diane Beauclerc.

qu'elle avait pris plus de goût pour moi que n'en avait sa mère, qui me paraissait craindre que j'eusse quelque part dans les attentions qu'on avait pour elle. Mon petit logement est actuellement occupé par une comtesse de Beausset, Jarente est son nom, sœur de madame de la Reynière, haute de cinq pieds sept pouces, belle, bien faite, très-pauvre, très-raisonnable, parlant de tout facilement et bien, mais à qui cependant je ne trouve rien à dire; je ne sais combien elle restera ici, cela dépend des affaires qui l'y amènent.

Il me semble que je n'ai plus rien à vous dire; j'ai répondu à tous les articles de votre lettre, j'aimerais que cela vous servît d'exemple.

Il faut que je corrige un endroit de ma lettre, c'est sur le mot *vulgaire* : vous entendez par-là des sentiments bas; en effet c'est sa signification : c'est moi qui ai eu tort en le prenant pour des sentiments ordinaires ; mais Richardson n'a point donné des sentiments vulgaires à Paméla, à Clarisse, à Grandisson, etc., etc. Il n'en donne jamais de plus grands que nature; et moi, malgré le goût que vous me supposez pour le romanesque, j'aime mieux les sentiments du peuple, que ceux des héros de nos romans, tel que dans la Calprenède, et de je ne sais combien d'autres auteurs, comme Scudéri, etc. Mais pour Quinault, j'en ferai toute ma vie un cas infini, parce qu'il n'est jamais par-delà le vrai.

FIN DU SECOND VOLUME.

www.ingramcontent.com/pod-product-compliance
Lightning Source LLC
Chambersburg PA
CBHW050252230426
43664CB00012B/1919